JN143039

水虎様への旅——津軽の水土文化

広瀬　伸

津軽書房

木造町　實相寺の水虎様（番号29）

折口信夫旧蔵のおしつこ様
（國學院大學折口博士記念古代研究所所蔵）

木造町　千年（番号30）

五所川原市　湊（番号10）

[旧市町村名で表記。番号は巻末別表に対応。注記のない水虎像は「木像河童型」として分類]

木造町　濁川(番号44)

木造町　館岡(番号35)

木造町　筒木坂(番号34)

稲垣村　中派立(番号56)

稲垣村　上野田(番号52)

稲垣村　沼崎(番号51)

柏村　上派立(番号70)

車力村　下車力(番号69)

森田村 栄田（番号68）
［石像河童型］

国立民族学博物館の「しっこさま」
（同館展示場にて1997年８月撮影）

板柳町 牡丹森（番号72）

五所川原市 川山（番号22）
［石像女神型の一種、翁型］

五所川原市 広田（番号4）
［石像女神型の双体型］

五所川原市 川代田（番号16）
［石像女神型］

森田村 漆館（番号64）
［木製お札］

稲垣村 再賀（番号46）
［石版刻字型］

木造町 中館（番号42）
［石版刻字型］

［祭りごと］

木造町 林（番号33）

1998年７月20日、水虎様の宵宮の日の午前中。夕方からの祭りに備えて、「村中」による水色の幟が立てられる。鳥居に掛けられた箱状の「御神燈」には、側面に河童が描かれていた。脇には祭りの席となるシートと筵が巻いて準備されている。

［立地］

五所川原市 高瀬（番号19）

木造町 永田（番号31）

木造町 丸山（番号36）

【参考】境の神 カヤ（茅）人形
十和田市　梅

【参考】東京江戸川区の水神
江戸川区松島 背後は小松川境川親水公園

まえがき

平成八(一九九六)年四月一日、県庁へ向かう道には雪が舞っていた。私の幸福な三年間はそこから始まった。国から出向し、青森県職員として農村のインフラ整備に携わることとなったのである。

〈人〉は〈水〉と〈土〉に働きかけて農業を営む。そこで用いる技術のうち、土木的な手段で生産の舞台をしつらえる技術や学術の分野を従来「農業土木」といい、田畑を造ることをはじめ、川に堰をかけ、ダムを造り、水路を引いて水を配ってきた。かくいう私自身も、そんな施設を造る事業に携ってきた「農業土木技術者」の端くれだ。

青森は、関西人にとってはいわば〝異界〟だった。職場も生活環境も異なるこの地で、私は一つの大きな転換点を迎えた。本文にあるような〈水土(すいど)〉とか〈水土文化〉などといった、当時は狂言綺語とも思えた概念を見出すきっかけとなったのだ。現在までさまざまなモノ／コトをそうした眼で見歩いてきた。その歩みの第一歩をここから印すことになった。

本書は、平成一一(一九九九)年三月、国への帰任直前に当時の農村計画課(現農村整備課)から行政資料として発刊され、県内の図書館や農業関係機関に配布された冊子を下敷きに、若干の補筆を行なったものである。本文中にいう「本書旧版」はこの冊子を指す。

約二〇年ぶりに陽光の下にほぼそのままの顔でお目見えすることになるから、現地調査の成果は当時の状況でしかない。少なくともその時点を表す資料としての価値はあるだろう。市町村名も合併前のまま、現時点にアップデートしていない。二〇年の歳月の推移に伴い、祭りごとなどの内容が変貌し、さらには風化あるいは消滅しているのではないかとおそれる。だが、今年わずかばかりながら確認したところでは、大勢としては変化がないと判断できた。津軽の人たちの心根は変わっていないのだと胸を撫で下ろす。

水虎（すいこ）様を巡る旅は、津軽の水土を訪ね、〈地霊（ゲニウス・ロキ）〉を求める旅だった。地霊とは、風土の語が古代ギリシャ語での「傾く」に由来するように、土地の特異な傾向とも「らしさ」ともいえる特性をいう。旅の間、私の心に執拗に引っかかっていた。農業土木技術者、つまり〈水土の知〉の職人としての諸々の仕事が水土にとって、さらにはその地霊にとってどういう意義を持つのか、と。

答えきれているかどうかは心もとない。としても、本書では、津軽を例にとり、新田地帯に独特な水虎様という民間信仰を糸口にして、地霊を生きる人々の想いにできるだけ接近しようと試みた。

水虎様は河童であるが、私は河童そのものに深入りするつもりはなかった。それが実在するのか否か、河童がそもそも何者かなどと問うことはしない。そうした詮議は徒労に終わるだろうからである。

それよりも、人々が河童にどんな想いを託してきたか、託さざるをえなかったのか、また、想いがなぜ、どのようにして今に至るユニークな水虎様の姿を取るようになったのか、関心はそういう所にあった。

水虎様は、親しみや恐れ、畏敬と、水へのいろんな感情が生き生きとしていた時代の遺産である。それが単に遺物として葬られてしまうのは実に惜しいと思う。丁重に神様として扱われる所がある一方で、百万遍や庚申のようにきちっと儀式化されていないから、各集落にあるものの、廃れている所では年に一度だけ、思い出すようにして祭りごとがなされるにすぎなくなっている。

水虎様を生み出した信仰の物質的な基盤は、新田開発が取り込みきれなかった萢（やち）と、開発が生み出さざるをえなかった錯綜する水路網だった。水死事故の多発は不幸であり不安である。そんな不幸を生み出す条件がなくなることは喜ばしいはずだ。不幸な水土から生み出された流行神の消滅を、諸手を挙げて歓迎すべきではないのか。しかも、水土の知の仕事は、それらを不便、不合理として征伐することに一役も二役も買ってきた。

だから、水虎様の衰退を嘆くのは自己矛盾かもしれない。だが、水に対するさまざまな感情が減退し、水を身近に感じられなくなることは新たな不幸ではないのか。いまだに消えない複雑な気持ちを、この旅で抱え込むこととなった。

同時に、水虎様への旅は実に幸福な記憶に包まれている。山中の新緑、ぼうっと薄赤く匂い立つ畑の果実の群れをはじめ、見慣れない多くのモノ／コトやどこまでも優しくつき合って下さった人たち、そうしたすべてに感謝したい。

本書は青森への感謝のしるしでもある。

水虎様への旅――津軽の水土文化　目次

まえがき……1

Ⅰ　魅せられて

一　青森と河童……14

河童談義……14

水の神の落ちぶれた姿?……17

メドツという言葉……18

メドツとスイコ……20

二　青森の河童に魅せられた人々……22

伝説を歩く菅江真澄……22

近世の文人たち……24

柳田國男とメドチの国……26

渋澤敬三の水虎様〝発見〟……28

おしつこ様と折口信夫……31
出逢い　31　おしつこ様を祀る　32
河童祭り　34　柳田の評価　36
泉に放たれる水虎様の魂　38
水中の友、太宰治　40
池田彌三郎と津軽の旅……41
青森の探究家たち……42

Ⅱ　メドツ伝説

一　夢か現実か―メドツの姿……48
河童の姿を見た!?……48
赤い顔、長い髪……52
手が抜ける……54
青森メドツの特徴……56
行動あれこれ……58
子供を生ませる……60
好き嫌い……63

二　伝説の世界……65
伝説と昔話……65
文使い……66
運定め……70
恩返し……72
恩返し　72　約束の作法　75　薬と骨接ぎ　76
宝物—蕪焼き長者　79　宝物と昔話　80
櫛引八幡宮の河童……83
左甚五郎とメドツ伝説……86
蛇と河童……88

三　伝説の地誌……89
伝説の分布……89
湿性世界の構図……102
実在—架空の空間論……104

四　伝説の生態……106
昔話と現代の怪談……106
望まれない子供……108

文使いと善き神・悪しき神……109
運定めと子供の成長……111
恩返し型昔話の類型……113
恵みと灌漑方式……115

Ⅲ　津軽の河童―水虎様への旅

一　水虎様の正体……120
水虎信仰……120
神の系図……121
カミサマとの関係……124
信仰の基盤……126

二　信仰の実態……128
名称……128
分布……129
立地……132
ご神体……135
ご神体の分類　135　　河童型　135　　女神型　138

石版刻字型　140　外構　141
由来……142
造立年代　142　発端　145　創始者　147
展開　148
祀り方……149
祈願の目的　149　日常管理　151
特別行事　152　行事の変化　155
他地域の水神行事との比較……157
水神の像　157　河童の神様　158

三　「実」の世界―物質的基盤……160
弘前藩の新田開発と村の姿……160
風景の「地」と「図」……164
萢―「地」　164　開発と水路網―「図」　166
津軽平野の奇観　168　堰とトメ　172
水死事故……174

四　「虚」の世界―精神的基盤……177
信仰の土壌……177

青森の水の神……179
稲荷信仰……183
守護神としての動物……185
流行神……186
心の飢えを満たす——激動期の信仰……188
魂のゆくえ……189
喪の仕事と悲哀への共感……192
地蔵信仰……194
水虎様を生み出した地域構造……196

Ⅳ　水虎様の水土文化

一　水土と水土文化……202
〈水土〉という言葉……202
〈水土〉の広がり……204
水土文化……206
二　水土文化のさまざまな顔……208
技術と人生、自然……208

つながり と配慮……210
象徴的な場所──水口……213
農業用水を巡る伝説……214
人柱 214　逆堰 217
所変われば……219
伝説が生まれる場所……221
「場」としての伝説……223
伝説の機能……225

三　水虎様の水土文化──新たなる〈知〉に向けて……227
水土文化と〈地霊〉……227
「よいかげんな知」としての化け物は進化する……229
地霊のゆくえ……232

〔別表〕水虎様・水神様……241
あとがき……242
参考文献……246

水虎様への旅

——津軽の水土文化

I　魅せられて

一　青森と河童

河童談義

河童は水辺にいると信じられてきた最もポピュラーな妖怪である。悪さをするかと思えば、力比べに負けて秘伝を差し出してしまう一面も持ち、恐れられながらも愛されている。研究が膨大に蓄積されていて、今さら私が新たな知見を付け加える余地はない。まずは少しだけ、青森の河童に関わりのある限りで頭の整理をしておくにとどめる。

現代の私たちが河童と聞いて想像する姿は、頭に水の入った皿を載せた人間の子供に似た動物で、髪はいわゆる「おかっぱ」頭、尖った口、手足に水掻きを持ち、全身ウロコで覆われて背中に甲羅がある、というものだろう。

こうした河童の姿が固まってくるのは、江戸時代中期以降のことらしい。それまでは河童の姿もさまざまで人や場所によって違い、蛇だったり猿だったり亀や川獺（かわうそ）だったりと、まさに妖怪変化だった。だが、多くの文献が現れ、売薬や寺社のお札（ふだ）のキャラクターとして使われて、次第に現在のイメージになっていった。相撲とかキュウリとか、それにまつわる伝説も、イメージが固まるのと時を同じくして収斂していく。

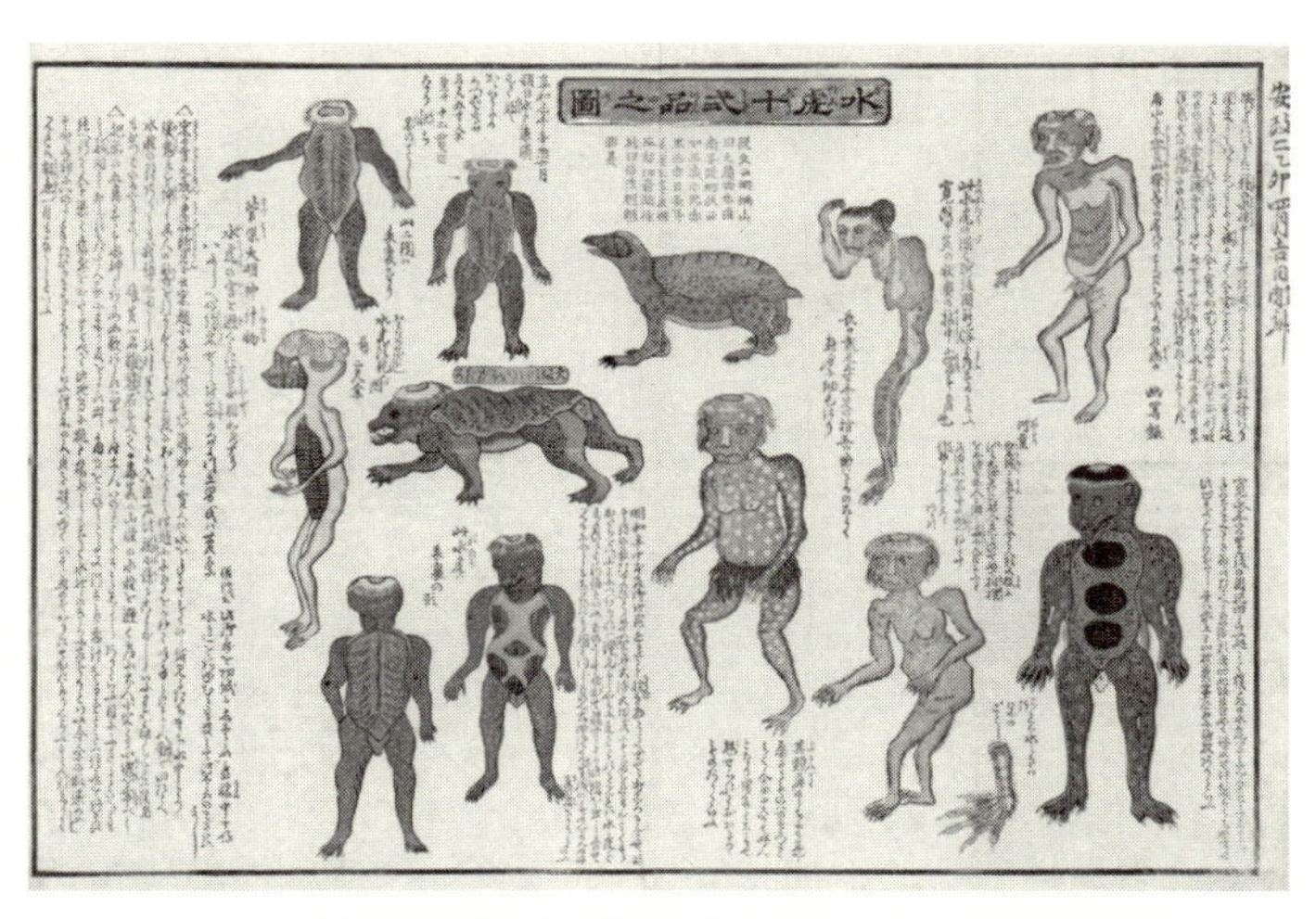

坂本浩雪『水虎十弐品之圖』(国立歴史民俗博物館絵葉書)

当時、「本草学」と呼ばれた博物学が開花し、書物が多数出版されていた。また、怪談集、奇譚集などの読物も流布していた。さらには、河童の秘伝薬とか、水難防止に霊験あらたかとかいったキャッチコピーを伴う商品販売の戦略とメディアも、河童のイメージの確立と普及に役立った。現代で「あの学校ではこうだった」とか「いや違う、あの人はこう言ってたよ」といった噂話の交換や、本やTVなどの媒体によるさまざまな情報に基づいて、「トイレの花子さん」や「口裂け女」がイメージとして固まり、共有されていくのと似たような過程を経たのだろう。

　河童は水神信仰に関わる。水神といっても、固有名を持たない一般的、抽象的な神の概念、つまり「カミ」と呼ぶ方がいい民間信仰の世界である。水の神には、国土の豊穣や人の命を司る〈水の支配者〉の顔と、多すぎても〈洪水〉、少なすぎても〈旱魃〉害を招き、不順な天候が流行病(はやりやまい)をもたらす〈祟り神〉(たた)の顔という二つの顔がある。

　恐ろしい顔が最もよく現れる夏には、水神祭で荒ぶる疫病の神を鎮め、厄を祓う。京都の八坂神社の祇園祭もその流れを汲む。八坂神社に祀られるのは牛頭天王だが、メドツは天王様の子で年神様の兄だと青森ではいわれることもある。

水神は子供の姿でも現れる。柳田國男が『桃太郎の誕生』で、石田英一郎がそれを継承した『桃太郎の母』で世界各地の事例を拾った「水辺の小サ子」である。水界にゆかりの深い霊童＝童子の姿をした神が現れて福をもたらす。霊童は異常な出生をし、父親は不明であるか龍神、雷神の類、母親は大地の神＝地母神などというのが共通した伝承だ。命を育むばかりでなく、命を奪うこともある大地と水への信仰、そこから生まれた子供姿の神、それも川の童（カワワラワ）としての河童の一つの顔だった。

水神は動物の姿にも化身する。また、神自身ではなく〈使い〉としても動物は姿を現す。姿を見せるのは、タニシ、蛙、蛇など水辺や水中に棲むものが多い。神は農家を助ける半面、恐怖でもあるから、化身や使いは、普段の生活の中で奇異であったり恐怖を覚えさせたりする実在の動物が選ばれる。蛇などはそれに最もふさわしい姿ではないか。

その延長線上に、想像上の動物も現れる。想像力の産物であるだけに、実在のものよりは霊力が感じられるのだろう。疫病の神と水神、その化身としての龍（もしくは蛇）、さらに化身としての雷、そして怨霊は一連のものとして認識され、容易に連想されたようである。河童もまた、そんな想像力の圏内に住処を占める。

こうしたいわば実物的な解釈の他に、構造的とでもいえる解釈もある。それは、河童とは交、すなわち対立する原理の交錯、または衝突だというのである。異なる向きの水の流れが衝突して渦を巻く、そんなイメージは青森言葉の「目処淵」に通じる。

このような水の神、それは農業の神（田の神）でもあるが、その信仰を中心に、さまざまな信仰や儀礼、

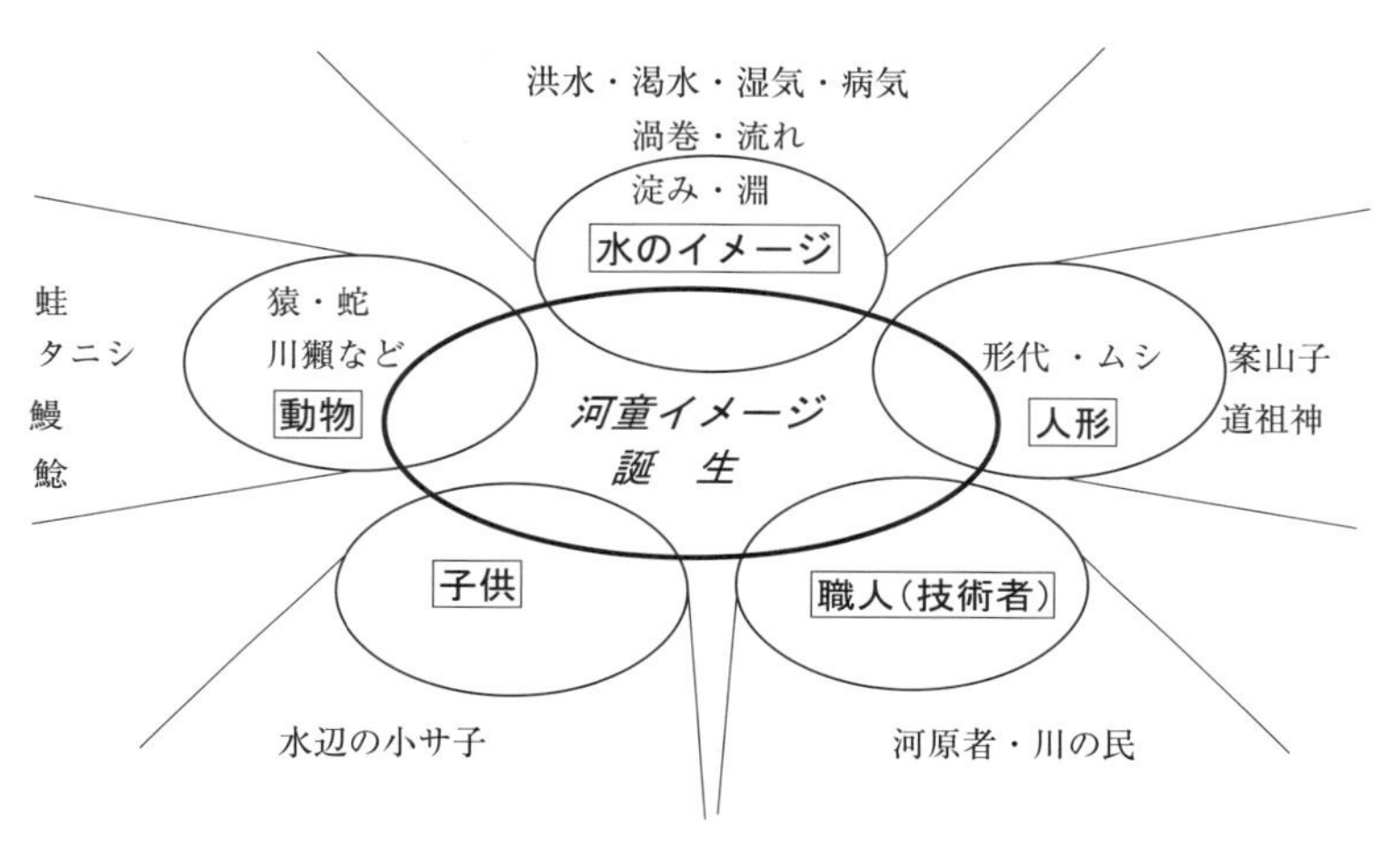

河童のイメージを形成する発想源のうち主要なものを集めてみたが、他にも渡来人説や山童（ヤマワロ）別起源説などの起源（説明）がある。

河童イメージの形成

伝説が入り混じり、河童のイメージに付加されていった。河童が何者かと問うよりも、人々の想いを映すこれらの豊かなイメージにたゆたっていたい。

水の神の落ちぶれた姿？

近代になって、河童についての探求は格段に進められた。青森にも縁の深い柳田國男、折口信夫（おりくちしのぶ）をはじめとする民俗学の成果である。

柳田は、長崎県の壱岐を大正年間に二度訪れた。そこで「河童が、海の彼岸から来る尊い水の神の信仰に、土地々々の水の精霊の要素を交えてきた」ことを知り、当時なお「仄かながら水の神の古い姿が、生きてこの島びとの上にはたらいて居るのを覚った」。

河童を通して見ると、わが国の水の神の概念は、古くから乱れてゐた。遠い海から来る善神であるのか、土地の精霊なのか、区画が甚朧げである。神と、其に反抗する精霊とは、明らかに分れてゐる。にも拘らず、神の所作を精霊の上に移し、精霊であつたものを、何時の間にか、神として扱うてゐる。河童なども、元、神であつたのに、精霊として村々の民を苦しめるだけの者になつた。精霊ながら神の要素を落しきらず、農民の媚び仕へる者には、幸福を与へる力を持つてゐると言つた、過渡期の姿をも残してゐる地方もある。

（「河童の話」）

彼が言うように、河童は水の神が零落して妖怪化したものだという見解が定説となってきたが、最近では反論も出されている。初めから神と妖怪がいて、併存対立していたというのだ。神が落ちぶれて妖怪になるのなら、当初妖怪はいなかったことになってしまう。そうではなく、神と妖怪（魔、物の怪）はどちらも超自然的（もしくは霊的）な存在であって、悪い神は妖怪化する場合があり、逆に妖怪も人々にとって好ましければ神に転化するものがあると考えるのである。その方が自然だ。右の引用でもそう読めなくはない。

あるいは、好ましくなくとも、神として祀ることによって災いを防ぐ。これを「祀り上げ」という。神が妖怪に落ちぶれたり、逆に妖怪が神に祀り上げられたりする相互転換が、人々の心の持ちようの中に存在するのだ。津軽の水虎様の場合、このメカニズムはきわめて重要である。

メドツという言葉

多くの文献に、青森では河童は「メドツ」または「メドチ」と呼ぶ、とある。伝説や昔話の主人公も多くはそう呼ばれる。でも、周りの人たちに聞いてみたら、「河童はカッパだ」という答えが一般的だった。

最近は方言も薄れつつあり、メドツなどという言葉も今時の人たちにはわかりにくい言葉になってしまったのかもしれない。メドツないしメドチという言葉、いったいどこの誰が使っているのだろうか？

　五十代くらいの人たちに対して聞いたところ、青森市内では、河童をメドツとは言わない。弘前など津軽出身の数人も、河童はカッパだと言う。何人かの八戸出身者の答えは、メドツとは川の淵、子供たちが水泳などをして遊ぶ淀みのことだそうだ。水難者がはまり込んで死体が浮上しない場所を「メドチ（目処淵）」と表現する文献もあった。また、「水童子」と書いてメドツとルビを振っている昔話の本もあった。

　数種の方言辞典類に当たってみた。古いところでは、明治四一（一九〇八）年、皇太子入青時に師範学校以下各中学、高等女学校に調査させ、県庁職員が編集したという青森縣廳『青森縣方言訛語』がある。語彙の部分が「津軽之部」と「南部之部」に分かれ、「南部之部」にはめどち＝河童とあるが、「津軽之部」には記載がない。両方で共通した言葉も拾ってあるので、津軽地方ではそう言わなかったのかと思える。

　古くは享和二（一八〇二）年の百科事典、小野蘭山の『本草綱目啓蒙』には、「メドチ　南部」とある。現代では、中市謙三『野邊地方言集』（初版は大正九〈一九二〇〉年）、能田多代子『青森県五戸方言集』（昭和五七〈一九八二〉年刊だが語彙の調査は昭和四〈一九二九〉年から）、佐藤政五郎編『南部のことば』（昭和五七〈一九八二〉年刊、調査は昭和四〈一九二九〉年から）から近年（平成八〈一九九六〉年）の岡田一二三『みちのく南部の方言』まで、南部地方の方言辞典にはメドツもしくはメドチ＝河童との記載が必ずある。やはりメドツとは南部地方に限られた言葉なのだろうか？

　しかし、菅沼貴一編『青森県方言集』（昭和一一〈一九三六〉年）には、メドツ＝河童は津軽・南部共通の言葉とされている。また、昭和五七（一九八二）年の松木明『弘前語彙』にも、昭和五四（一九七九）年の木村国史郎『津軽森田村方言集』にも、メドツもしくはメドチ＝河童とある。松木は、万延元（一八六〇）年生まれの祖母と明治一九(一八八六)年生まれの母を主な調査対象とし、その他に著者が直接聞いたことを含め、昭和二四(一九四九)年頃までの調査の成果である。木村本の正確な調査年代は不明だが、一〇年以上前という記述がある。

さらに、平成四(一九九二)年の平山輝男他編『現代日本語方言大辞典』を引いた。この辞典は同一県内でも違いがありそうな地域で尋ねたのがミソで、調査は青森市、弘前市及び八戸市でなされた。対象は、青森市では明治三七(一九〇四)年から昭和二(一九二七)年までに生まれた二〇人、弘前市では明治四〇(一九〇七)、四一(一九〇八)年生まれの三人、八戸市では明治三〇(一八九七)年生まれから大正一一(一九二二)年生まれまでの三一人だった。その結果、河童は青森市ではカパ、弘前ではメンドチ、八戸ではメンドズである。蛇足ながら、昭和三二(一九五七)年から四六(一九七一)年まで随時出された鳴海助一『津軽のことば』(正続各一〇巻)には、メドツは影も形も見当たらなかった。

おそらく、ほぼ昭和三〇(一九五五)年以前には、津軽でも南部でも、河童をメドツもしくはメドチと呼んでいたと推測される(ただし青森市内は不明)。その後、一般に教科書やマスメディアの影響もあって方言使用環境が変化し、戦後世代になってからはほとんど、メドツ(メドチ)という言葉は使われなくなってきたのだろう。

メドツとスイコ

メドツないしメドチとは本当に河童なのか?

メドツ(メドチ)はミヅチがなまったものらしい、と各書にある。『みちのく南部の方言』には、「メドチ

／メドツ」は「水霊（みずつ）で、メドツは水門霊また水戸霊の意であろう」とあり、『弘前語彙』は「ミズチ（美豆知、水神）にもとづく。ミがメに、ズがドになったもので、i音とe音、u音とo音との相通による」とする。

一般的な辞書では、「（古くはミツチと清音。ミは水、ツは助詞、チは霊で、水の霊の意）想像上の動物。蛇に似て角と四脚を持ち、毒気を吐いて人を害するという」（『広辞苑』第四版）とある。『日本書紀』には備中・川嶋河の巨大ミヅチ退治の記事がある。

「でもこれは蛇ではないか。河童ではないのでは？」と疑問が湧いてくる。だが、「みづし」として「水主」の字を当てはめる場合もあるようだし、小難しく詮索せずに、単に水の中に棲む正体不明の「怪しのもの」、「物の怪（もののけ）」と理解しておけばいいのかもしれない。それがいつしか私たちが思い浮かべる河童になっていったのだと。

一方、「シッコサマ」とも呼ばれる青森の水虎様の語源となった「水虎」は中国の伝説によるもので歴史が古い。三、四歳の子供の姿、鯉のようなウロコで覆われ、手足に水掻きがあり、手の爪は虎に似て、水中にいて人を殺し、出遭えば生臭くて鼻をつままずにいられない、というものらしい。寺島良安『和漢三才図会』（正徳三〈一七一三〉年）に載せる水虎図は、河童と似ているようでもあり別物にも見える。別項には「川太郎」（一名川童（かわろう））がある。

河童に「水虎」の字を好んで当てたのは江戸時代のインテリだった。博識を誇るためか。河童文献として引き合いに出されるものを手当たり次第に挙げてみるだけでも、『水虎考略』『水虎考略後編』『水虎譜』『水虎録話』『水虎説』……と、「水虎」のオンパレードである。要は、「水虎」は古典に親しんだインテリ系統の呼び名だった。

そしてわが水虎様も、明治の初め、毎年川で水死する者が多いことに心を痛めた木造町の寺の住職が元凶である河童を鎮めるために祀り始めたときに採用されたのだった。

ついでに一言。青森の水虎様またはシッコサマは、全国の河童ファンにはよく知られている。九州で名の知られた河童通と会った折に「青森から来た」と言ったら、即座に「青森はシッコサマやな」と言われた。

二　青森の河童に魅せられた人々

伝説を歩く菅江真澄

江戸時代、弘前藩や八戸藩の藩都や湊を中心にして、武士であれ、医者であれ、商人であれ、身分を超えた知識社会が形成されていた。また、多くの文人が青森を訪れた。文をたしなむ人たちの交流は、流浪の文人たちを受け入れ、随筆や怪異譚を楽しむ素地を持ち、八戸に独創的な思想家安藤昌益が現れるほどに成熟していた。

三河生まれの遊歴文人菅江真澄（すがえますみ）（本名白井英二、後に秀雄）は、天明五（一七八五）年に初めて津軽に入った。後に蝦夷地に渡ったが、寛政四（一七九二）年下北半島に帰り、以来享和元（一八〇一）年秋田に向かうまでの間、歌や医者の仲間を伝って下北や弘前藩領内をくまなく巡り、藩の採薬係としても務めた。津軽では、藩の政策もあって、藩士が分散して在郷していたのが拠点となった。やむなく秋田へ移ったのは、詳細きわまるその手記が藩内で問題になったためといわれている。

彼が初めて秋田から津軽入りをしたのは天明の大飢饉の直後であり、床舞（現森田村）辺りでの白骨累々たる様子や、飼馬どころか子供や兄弟、知友にまで食指を伸ばさざるをえない飢饉時の凄惨な有様について書き残している。

真澄は民俗観察家であり、見聞した習俗や伝説を『遊覧記』と呼ばれる厖大な手記や随筆に詳細に記録している。そのボリュームで圧倒される著作群は貴重な資料となり、柳田國男はじめ民俗学者に活用されている。

だが、彼には河童に関する記述がほとんどない。ただわずかに、天明八（一七八八）年七月六日、小湊（現平内町）を通った際に土地の老人から聞いたこの地の七不思議に「一には猫に蚤集ず、ふたつには水虎の人をとらず、みつには……」云々（『率土か浜つたひ（外か浜つたひ）』）とあるだけだ。小湊の河童は雷電宮の神に懲らしめられたという話で、後に紹介する。藩に没収された手記にはあったのかもしれないが、今は知るすべもない。

それで、彼が残した他の伝説のうち二、三興味深いものを挙げる。最初は寛政八（一七九六）年六月から七月にかけて、蝦夷地に渡った後に再び津軽入りした彼は、大沢内（現中里町）の「水海のごとなる大池の溏」で「大なるおろちの」牛の声のようないびきの話を聞いた後、車力村に入った（『外浜奇勝』）。車力村は河童話が集中する一つの拠点であるはずなのに、聞いたのは権現崎に棲む猿猴という「あやしのけもの」の話である。この生き物は猿の一種かとも思われ、現に『遊覧記』東洋文庫版では「猿の類」と訳されているが、全国的に見ると猿猴のことを河童としている地方もある。

　また、農業用溜池として残る袴潟と牛潟の名の由来譚も聞いた。袴潟は、千貫の銭で都から連れてきた美女たちが洗濯中に、沖に流された袴を追って落ち込んだという話、牛潟は、平将門が近くの柾子の館に滞在中、乗っていた車の牛が突然ものに恐れて躍り込んで死んだ話に由来する。いずれも、水中に潜んだ〈魔〉のようなものを感じさせる。

　翌年の六月一七日、弘前で富田の清水(しつこ)で暑さをしのいだ後、山崎道冲という人に「みづちのかしらとて、しらほね」を見せてもらった(『邇辞貴迺波末(にしきのはま)(錦の浜)』)。「十三の港の砂原より堀り(ママ)得し」骨のスケッチも残し、長さ三尺一寸、幅二尺と寸法を記している。『菅江真澄全集』に「みづち」を「蛟竜」と注釈しているように、尖った口の特徴から見て、それは河童ではなく、せいぜい大蛇の頭骨だった。

　このような伝説が満載された彼の遊覧記を道しるべとして、私も時空と伝説の旅路をたどることにしよう。

近世の文人たち

　青森の旅行記を書いた人に、幕府巡検使に随行した備中の古川古松軒(ふるかわこしょうけん)がいる。天明八(一七八八)年、東通村小田野沢の辺りの風景を「広大限りなき原野」で「中華にて虎のすむ所」と表現している。現代の目撃談では、そこに棲んでいたものは虎ではなく、河童だったと語る。

　真っ正面から河童らしきものについて書いているのは、幕末近くの弘前の文人二人である。その一人工藤白龍は油商で、寛政年間(一七八九〜一八〇一)に著した『津軽俗説選』に、十和田湖・八郎潟の伝説の主八太郎(八郎太郎)が来て棲みつこうとしたら、十三湖でも平川の淵でも河伯(河童)に追われた、という伝説を紹介している。

もう一人、国学の影響を受けた画家平尾魯仙は、『谷の響』(万延元〈一八六〇〉年)に津軽領内の怪異譚を集め、そこに「メトチ」の話を載せた。メトチの形状は蛇の如く、長さ一尺六、七寸、ひらたく頭大きなるもので、水中で人の腹にまつわりついて締め付け、水底に引いていくとある。ただ、その後に「河太郎」という腕を切られる河童の話があるから、メトチと河童は別物のようにも思われるが、これ以上の詮索はしない。

なお、少し遡って安永五(一七七六)年には、『新田閑暇噺』(弘前藩士菊地寛司述)という教訓集のような本がある。そこに農家に分限をわきまえよと説く一例として、森田村の左五右衛門の話が挙げられている。

> 左五右衛門は、水田の用水不足解消のため溜池を築いたが、ある夏、子供が暑さしのぎに溜池で泳いで水死した。「百性とも是を見て川太郎か仕業なりと恐れて水に入るものなし」。底を掻きさらえたが死体は見つからない。それで人々は、水を切り落として探そうと言う。しかし左五右衛門は、子供が生き返ることはなく、無用に切り落とせば用水不足を招く、としてそうさせず、水練の技だけで死体を見つけた。「通例の者ならハ悲に甚兼て早速水を落とすべきに、百性の難儀に心付て天晴の志也と我(引用者注：菊地)も甚感せし也」という。
>
> (『津軽の農書』所収、引用者訳文)

この例から、子供の水死事故は河童のしわざだと、ごく一般に思われていたことがうかがえる。ここで河童のことを「川太郎」というのは、『谷の響』と共通している。メドツ(チ)でないのは、別物なのか、弘前地方だからか、それとも別の理由からか？

柳田國男とメドチの国

近代に入る。柳田國男は、三戸郡を除いて知らぬ所はないと自ら言うほど青森と縁が深い人物であり、生涯に講演旅行などで七度来訪している。もっとも、この稀代の旅行家にして民俗学者のネットワークの頂点にいた人物は、「青森と」という以上に、全国津々浦々にさまざまな縁を深めていったのだろうが。

青森は、彼が高く評価する菅江真澄が大きな足跡を残した地だった。そしてもう一つ、彼にとって青森は、その当否はともあれ、稲を持って北へ北へとはるかに長い移住の旅を続けてきた日本民族の到達点だった。下北半島突端の尻屋崎まで旅行し、彼は言う。

> 稲はもと熱帯野生の草である。之を瑞穂の国に運び入れたのが、既に大いなる意志の力であつた。況んや軒に届く程の深い雪の中でも、尚引き続いてその成熟を念じて居たのである。……（中略）……信仰が民族の運命を左右した例として、我々に取つては此上も無い感激の種である。
>
> （「雪国の春」『雪国の春』所収）

『雪国の春』には「津軽の旅」という一文もある。大正五（一九一六）年、十三（市浦村）から十和田湖方面へ旅したときの印象記だが、雪の岩木山、「母から昔聴いた山荘太夫の物語、安寿恋しや津志王丸の歌言葉」に心を惹かれていたという記述や、獣皮を腰に巻く人の姿やサルケ（泥炭）を燃料にする家の観察はあるものの、水虎様の信仰のことは一言も出てこない。津軽特有の多条水路にも注意を払っていない。渋澤敬三や折口信夫が熱中するよりは少し前ではあるものの、その頃には相当祀られていたはずだから、不思議といえば不思議な欠落だ。後の著作『妖怪談義』でも、河童について書いた文章に『水虎考略』が出てくるが、津軽の信仰との関連は書かれていない。彼にとっては、インテリが創り出した、起源の明らかな信仰にすぎぬと、低い評価だったのかもしれない。

彼にとって、青森とは水虎様ではなくメドチの国だった。大正三（一九一四）年の『山島民譚集』には河童に関する多彩な議論がある。そこで「加賀能登其他ニ於テ河童ヲ『ミズシ』ト云フコト〔本草啓蒙〕、サテハ陸中陸奥ニ於テ之ヲ『メドチ』ト云フニ至リテハ〔南部方言集〕、猶數段ノ討究ヲ重ヌルニ非ザレバ其理由ヲ明白ニスルコト難シ」と留保しながらも、後段で「コノ（引用者注：能登地方に見られる）『ミズシ』ハ南部地方ノ『メドチ』ト同ジキコト疑ナシ。南部ノ八戸邊ニテハ、川ニ泳ギテ『メドチ』ニ取ラレタリト云フ話、今モ毎夏絶エズアリ〔石田収蔵氏談〕」と言っている。

また、『妖怪談義』には、その名もズバリ「盆過ぎメドチ談」の一文がある。そこで彼は、三八地方のメドチの話を中心に、日本各地の河童伝承と比較し、河童が相撲好きである理由、腕が抜けること、メドチという言葉の分布と由来などについて書いている。

柳田は「外でも格別珍しくはない事柄、今まで何遍か承ったような話が、遠く南部の三戸郡あたりにも、歴然として存するということに眼を円くしている」だけではない。「小さな八戸地方の世間話が、われわれをして膝を打たしめた」と評価する。九州の例をも援用することによって、今や「国の南北端」にしか残っていない「以前の国民の自然観」を浮かび上がらせることができると考えたからである。

彼は自ら八戸の新聞まで切り抜いて、昔話の分析に使っていた。しかし、情報提供者として青森の民俗学者たちとの交流も忘れてはならない。柳田は、中道等や小井川潤次郎、能田(のうだ)多代子といった人たちに師と仰がれる存在だった。そのほか、より若い世代にも柳田の門人は多い。彼らとの交流については後で述べる。

渋澤敬三の水虎様〝発見〟

柳田や折口と並ぶ民俗学の巨頭の一人、渋澤敬三(栄一の孫)がまず水虎様を〝発見〟した。昭和八(一九三三)年のことである。その時の様子を彼は「津軽の旅」という文章に臨場感たっぷりに書いている。場所は木造町の館岡八幡、「本殿へ参拝しただけでは満足せ」ず、

社へ詣でると、必ず裏の末社を仔細に観て廻ることにしている我々は、ここでも奥にある木造の小さな祠を見つけて、中にあった高さ五寸弱の木像を見つけた。自分は思わずも大声で早川君を呼んだ。その声には驚異と不審と喜悦とが一度に交っていたに相違ない。一目でそれと判断がつく紛れもない河童の姿である。表情は猿に似て後に黒髪を垂れ、片膝を折って何やら手に握っていたらしいが、それはもう毀れている。四、五十年は確に経って胡粉の彩色も大部分失せている。土地の人に河童かと聞いたが通じない。ああシイッコサマですかと云う。別の名は水神様だ。シイッコは水子か水虎か。伝説上の怪異の存在ならばとにかく、その砂丘上の村に水の神として河童の信仰がかく具体化して遺っているのは一見奇異であるが、一行にとっては意外の収穫である。……(中略)……我々の河童知識ではその名称の分布も津軽一帯はメドツまたはミンツチであったはずだが、シイッコといいまた

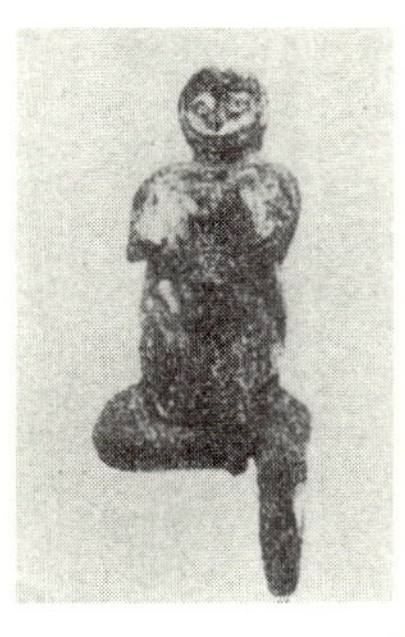
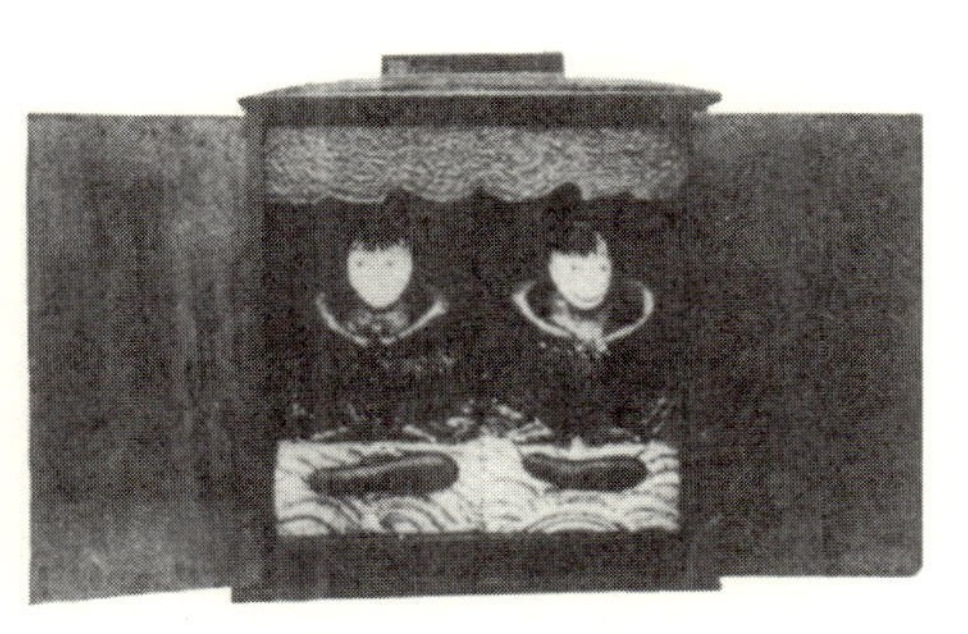

引用箇所の原文に「シイッコサマ。河童のことを津軽地方でシイッコサマと云う。水虎様かも知れぬ。遊んでいた児が溜池などで溺れ死ぬとシイッコサマに引き込まれたことになる。上(引用者注：ここでは右)はカッパ夫妻で座に胡瓜が添えてある。下(同：左)は館岡村の神社境内にあったもの。(昭和6年6月)」とある。現在はこのようなタイプの水虎様を見ることができないので、往時の記録あるいは形象のヴァリエイションとして貴重である。

渋澤敬三が発見した水虎様(『渋澤敬三著作集　第三巻』より)

水神として卒直に信仰を偶像化しているのが、こよなく懐かしい気がした。

(「津軽の旅」『祭魚洞雑録』所収)

当時、水神信仰の偶像化、つまり河童像を造形して水神として祀る風習が実際に四、五十年経っていたかどうかは明らかではない。だが、この「意外の収穫」が「驚異と不審と喜悦」の混じった感激を彼にもたらしたことは確かだ。

このときの水虎様を撮った写真が後の『東北犬歩当棒録』に載っている。現在の館岡八幡にあるような立体像ではなく、片膝を折った姿(仏像の半跏思惟像)が彫られたもので、後ろに垂れる黒髪を別の材料で着けてあるように見える。

続いて彼は車力村に入り、もう一種、「男女―或いは雌雄というべきか―一対のシイッコの像」を見る。先の文章に併載されているのはこれで、大小のキュウリが供えられた一対の水虎様、形式は木像の箱型である。現在、このタイプのものは見られない。

やや軽味を帯びたこの足取りの合間に、彼の眼は暗い現実を見通していた。館岡で、

しかしここの河童には一種の真剣味を覚える。沿道無数に存在する貯水池と治水の路を見て、これを完成するまでの犠牲を考える時、また、小さくした村山の貯水池のような多くの池が小さな子供達の遊び場として魚釣場としてまた夏期の水泳場として存在するのを考える時、この信仰の根ざした過程は想像されぬこともない。ここの河童は確に今以て生きている。

(同書)

続けて車力でも、

これは極く新しい製作なので、恐らく最近この像を祀った人の子供でも災厄に遭ったのではないか等と、聯想がしきりに浮ぶ。

渋澤が感じ取った「確に今以て生きている」「信仰の根ざした過程」。それこそが、これからたどろうとする私の旅路にほかならない。

なお、彼の旧邸は、彼の元執事だった杉本行雄十和田観光開発社長によって、三沢市の古牧温泉渋沢公園に移築された。この公園には、南部地方の民俗資料を収集した小川原湖民俗博物館とともに河童資料を収集した渋沢文化会館があり、数々の人形や絵画などのコレクション、木造町の水虎様の祭礼を記録したビデオなどが展示されていた(二〇一六年現在閉館)。

おしっこ様と折口信夫

出逢い

そしていよいよ折口信夫である。彼は、名作『死者の書』の作家であり、歌人であり、国文学者にして民俗学者だった。理性が勝っているように見える柳田とは違い、弟子で歌人の岡野弘彦がこう書いている。勤めていた國學院大學の講義であろうか。

先生の文学史の講義には、お虎狐やら、河童やら、八百比丘尼・山姥、はては塙団右衛門・岩見重太郎などが、ひょいひょいととび出してくる。それも不思議なことには、先生がけっして講談口調などを気取っていられるわけはないのだが、河童の話をなすっていると、その辺が変に薄暗くなって、河童がぴたぴたと足型を残しながら、机の間の通路を歩いてでもいるような気がしてくるのだった。

（『折口信夫の晩年』）

ちなみに、ここに出てくる面々は、妖怪や物の怪話の常連である。

弟子の民俗学者・国文学者の池田彌三郎によれば、折口は民俗学を「実感の人類史学」であると言っていた。そんな折口に、実感の対象として河童が、青森の水虎様が現れた。

折口は、渋澤敬三が西津軽を旅行して水虎様に「参詣」（と折口は書く）したことを聞いた。次いで当時教えていた慶応大学の学生が参詣し、この地域一帯にいくつも祀られていることを知った。それで矢も楯もたまらなくなったのだろうか、水虎様を「求めて巡礼し」た。昭和九（一九三四）年の秋のことである。

折口信夫のおしつこ様
（國學院大學折口博士記念古代研究所所蔵）

……珍しい男女一対のおしつこ様に参詣したのです。早速木造町の仏師に依頼、その「夫婦河童」の御姿を模造させ、かくは東京にお移し申したのです。……（中略）……おしつこ様―と言つても、土地でも家柄のよい人々はちやんと「御水虎様」と申して居ります。それを訛つて「おしつこ様」となつたものです。その御水虎様は即ち河童です。

（折口信夫「河童の神様」）

彼はそのときに二首の歌を詠んだ。

汐入田は霜をれ早しふる人をさそひ来にけり水虎の祠に

神さびて女夫の水虎の見ゆるさへあはれなりけり水漬き田の霜

帰京後、弟子で神主の西角井正慶を祭主にこの像に魂を入れ、東京大井出石（現品川区西大井）の自宅の玄関の神棚に祀った。熱狂的ともいえるファンの面目躍如である。

おしつこ様を祀る

この水虎様はどんな姿をしていたか？　これについて、折口の晩年にその家に同居していた岡野はこう書いている。

それは、出石の家の玄関の神棚の上で、お伊勢さんや氏神のお札よりもはるかに優位な主顔(あるじがお)をして鎮まっている、……(中略)……像は台座の上に扶座した姿で、男(お)河童は黒、女(め)河童は朱の漆が塗られていた。漫画にあるような愛嬌のある河童とは違って、鋭く吊りあがった眼と、くわっと開いた牙のある口が金泥で隈取ってあって、「水(みず)天狗」あるいは「お水虎さま」というにふさわしい、水界の精霊としての威厳と、妖怪味を具えた姿をしていた。

(『折口信夫の晩年』)

彼の水虎様は、津軽の各集落で祀られているような立体像である。生前の折口が二体の像に両手を添え、慈しむような視線を注いだ写真がある。折口は、散歩の途中、道端の地蔵や庚申塚に挨拶のような感じで頭を下げて通る人だったから、この像に対しても軽い畏敬を持って祀っていたのだろう。正月の祭りについて、岡野は同書でこう証言している。

正月の供え物をするとき、正月さまのとし棚などは設けてないから、まず先に供えるのは春洋さん(引用者注:早逝した折口の養子)の霊前で、その次が河童さんの順である。春洋さんの霊前から下げたものは、自分でも食べられたが、河童さんのおさがりは、矢野さん(引用者注:晩年の折口の世話をしていた女性)か私が食べた。同じく家に祭っている霊でも、祖霊や、亡くなった家族の霊よりは、順を下げて考えていられたようだ。

また、元日には、三が日の間使う白木の箸袋にも、自分と同居人の他に、正月さま、海山、水虎さまと名を書いていったという。いかにも折口らしいつき合い方だ。

河童祭り

折口は、持ち帰った水虎様に魂を入れると同時に、「川祭り」、通称「河童祭り」を行なった。昭和一〇(一九三五)年の六月である。これを初年として、毎年六月一五日、彼が主宰する郷土研究会にとって例年の行事となった。

祭りの様子は、絵行燈をずらりとかけ並べた下に、夫婦河童を本体とし、各地から集めた河童の像を祀り、数々の供物を供えた。その前で祭文を読み上げたという。

> やうやく陸奥の国津軽のはて十三がたの泊近くにて水神御夫婦御姿を現じ給ひて、吾はこれ御名は「すゐこ」と申して、野にも川にも駒の足型にたまれる程の水なれば悉く皆吾等の眷属の住み家にて……
>
> (折口信夫「河童の神様」)

しかし、この祭りをただ荘厳な祭礼だと想像するのは当たらない。弟子を動員して「わが命の早使ひ」というにわか狂言まで演じたのだから。

翌年、第二回目の「川祭り」で演じられたのは「川の殿」といい、戦後手を入れ、昭和二一(一九四六)年一一月四日に大学の創立記念芸術祭で上演した台本が『折口信夫全集　ノート編』に載っている。粗筋は次のようなものである。

「日本国中の河童の大王」の前に、「ぶれけけけきす」と鳴きわめく、「海に万疋、川に万疋、山に万疋、三万疋のご家来」が集合する。河童の某が小さい頃に人間に捕まり、尻子玉や馬のはらわたを抜かないという証文を岩に書かされたので、それを消すためだった。

首尾よく岩を削ってその証文を消し、大願成就した祝いに宴会を催す。それぞれが獲物を持って再び集まるのだが、持ち寄った物たるや、人間の舌先十枚、競馬ウマ、人間の死体、赤子の尻子玉十束、雨ガエル・赤ガエルの陰干し三百匹、世界一の大キュウリ、等々。

「河童日本はじまっての大酒盛」が芸能大会を交えて続いている途中で、相撲を取って腰を抜かし、腕が抜けた者が出たので、医者が万能膏薬を塗って直す。だがその薬は、河童たちが持ち込んだ獲物を生き返らせるばかりでなく、河童を人間に転生させる薬でもあった。

薬を処方した医者と弟子の夢だったのか現実だったのかわからないうちに、最後は、「来年の六月一五日、川祭りには改めてお目にかかります」。（引用者抄録）

狂言を要約してもつまらなくなるだけだが、荒唐無稽の筋書きの中に河童に関する知識が溢れんばかりに散りばめられ（ちなみに題名「川の殿」も河童のことである）、パロディあり、さらには世相風刺も効かせるなど、もう何でもありの大騒ぎだったのではないかと思われる。芝居好きの折口の面目躍如というところだろう。「川の殿」初演時に学生で登場人物の一人（一匹か）を演じた池田彌三郎によれば、折口はこういう遊びごとが好きだったらしい。でも、これこそ神の前で我を忘れて熱狂する郷土の祭り本来の姿ではなかったか。

「昭和24年春　水虎様を前にして」と題されている。
おしつこ様を愛でる折口信夫
（國學院大學折口博士記念古代研究所所蔵）

ついでながら、第一回目に演じられた「わが命の早使ひ」も、水の精霊にちなんだ物語だったと推測される。旅人が女に手紙を託される。宛先は、とある川または橋に現れる者であり、怪しんで開封したら、手紙を届けた者を殺せと書いてあった。そこで書き直して届け、何事もなかったり、宝物をもらったりする物語である。

この昔話は、研究者によって「水神の文使い」説話として分類されている話で、柳田國男は『遠野物語』や『妖怪談議』に同種の話をいくつか披露している。青森にも同様の話がある。折口が依拠したのが青森の話かどうかはともかく、当時、昔話研究が盛んになり始めていたので、彼もこのような昔話に十分親しんでいたことは想像に難くない。

柳田の評価

柳田は水虎様について明言しなかったが、折口の熱狂ぶりについて、そして元になる信仰についても十分知っていたようだ。「川祭り」のことを好意的に評価している。

國學院大學の一部の若い学者が、この水道万能の都の中にいながら、なお上代の水の神の神徳を仰いで、できるだけ古式に近い村里風の川祭を、毎年の行事として経営しているのは、単なる好事のわざとは私には思われない。こういう感覚こそは復習をせぬと消えるからである。

（「川童祭懐古」『妖怪談議』所収）

柳田は「ただ気になるのは夏休の都合か何かで、新暦六月の畠の胡瓜もない頃にくり上げたことで、温室の小さな花落ち瓜ぐらいでは、果して『川の殿』が満足せられるかどうかである」と続け、旧暦六月にこだわっている。

田舎の旧六月は水の神の祭り月であった。これを天王様とも祇園とも呼ぶのが普通になっているが、今でもその趣旨は他にいろいろとある。日が照り過ぎれば、植田の泥は柔らがず、梅雨が強く降れば挿した苗も漂蕩する。川の堰や流れを飲み水にしておれば、毎日の涸れ濁りを苦にしなければならぬ。恵みも悩みも一つ神の力であった。

（「川童祭懐古」）

という考えがそこに横たわっている。

川祭りは全国各地で旧六月一日と一五日前後の数日に行われる。牛頭天王を祭神とする祇園祭とも交じり合い、京都八坂神社のそれをはじめとして、各地で畑作物を供えて祭られる。本来は田植え終了後の物忌みの意味があった。キュウリ、水難という河童と縁の深いものがここに由来するといわれている。毎年旧暦六月二〇日に宵宮を迎える水虎様の祭も、まさしくこの伝統のうちにあるといえよう。

そして、河童について柳田はこう述べる。

われわれ日本人はまだ外国の伝染病も知らぬ頃から、すでにこの神（引用者注：水の神であろう）の怒の半面を経験し、畏れ慎んでこれに触れまいとしていたのである。古風な多くの信仰は学問によって裏切られたけれども、水の災は現実になお絶えず、他には優れた説明もない場合が田舎にはあったので、妙にこの部分だけが孤立して永く伝わった。それをかわるがわる嘲り笑っているうちに、ついに今のような滑稽な化け物にしてしまったのは、国民として少しく心苦しい次第だ。（「川童祭懐古」）

同じ文章でこうも言う。

あまねく全国の言い伝えを比べてみることができぬ限り、古い信仰は消えてしまわぬまでも、年を追うておかしくなる一方であろう。それを食い止めて一通りは知っておこうとすれば、どうしても都市の若い学徒の、共同の反省に待つより他はないと思う。

反省を促される一節である。

泉に放たれる水虎様の魂

折口信夫が亡くなったとき、彼がこんなにも愛した水虎様はどうなっただろうか？

岡野弘彦は、師が亡くなった夜、異変を告げる神社の狛犬の眼のように、金泥に輝く河童像の目が血の色に燃えているのではないか、という幻影を抱き、師をしのんだ歌を詠んでいる。

師の家の水虎の像のらんらんとまなこ光るを見ればおもほゆ

彼の述懐によると、水虎様に魂を入れた西角井正慶に相談したところ、よそへ移す前に魂を抜いておかなければならない、と言われ、その方法も教わった。水を張った器を水虎様の前に据え、その水に霊が移るように念じ、魂が移った後、水を湛えた器を白紙で覆い、大井出石の泉に放ったのである。

彼は、生前の折口から散歩の途中に聞かされていた。この泉と大井庚塚町の水神の祠のある泉、大井水神町の同じく水神の祠のある泉を結び、大井出石の家の裏から品川の海に向かって、一筋の水脈が地下に潜んでいる、と。

泉に魂を放つシーンは、一篇の詩のようにもの悲しい。

器の中の水は、水銀のしたたりのような重さで、光りながら、汚れた泉の面に波紋を描いていった。泉のそばの、葉を落とし尽くした欅の梢の風音は、この水霊の故郷であった津軽の野づらを渡る風音を、私に思わせた。

（岡野弘彦『折口信夫の晩年』）

水虎像は、國學院大學の折口博士記念古代研究所の所蔵となった。移された後にも、岡野にはこの像に霊のいく分かが残っているように思えたという。

水中の友、太宰治

折口は生前の太宰治と一度も会ったことがなかったらしい。だが、折口の愛弟子伊馬春部が太宰の親友だったから、太宰の様子は伝わってきたし、その作品もほとんど読んでいたようである。

太宰は昭和二三（一九四八）年六月に玉川上水で入水自殺した。翌年折口は「水中の友」という詩を発表し、追悼の想いを表している（詩集『現代襤褸集』所収）。また、自ら主催する研究会で追悼会を催し、未亡人を招いて講演した。

その講演で彼は、津軽の人々は、始終曇った空の下で重苦しい口ばかりきいているように思われているが、実際の津軽は広くおだやかで、人々も上品な暮しにあこがれる心を忘れてはいないのだと言い、そういう津軽を書いた太宰という人間に、旧家に育った青年の魂が抱く清き憂いというべき心を感じる、と言った（岡野弘彦『折口信夫の記』）。

ところで、その太宰は青森の水虎様について知っていただろうか？　もちろん知っていた。『津軽』の中で、話者が訪ねた木造町の知人にこう言わせている。

「じゃあ、木造の事も書くんだな。木造の事を書くんだったらね」とMさんは少しもこだわるところがなく、「まず第一に、米の供出高を書いてもらいたいね。警察署管内の比較では、この木造署管内は、全国一だ。どうです。日本一ですよ。これは、僕たちの努力の結晶と言っても、差し支え無いと思う。この辺一帯の田の、水が枯れた時に、僕は隣村へ水をもらいに行って、ついに大成功して、大トラ変じて水虎大明神という事になったのです。……（中略）……　まあ、今度は東京のあんた達にも、おいしいごはんがどっさり配給されるでしょう」。たのもしい限りである。

太宰が玉川上水に入水し、まだ遺体が見つかってないとき、折口は「じいっと神棚の河童像に目をそそいでい」たと岡野弘彦は証言している。また、翌年折口は津軽から勧請した水虎様にふれた一文を書く。彼は末尾をこう結んだ。

この元の祠に近い金木町は、亡き太宰治君の生まれた処で、今は水中の人となつて還つて来ない。水の縁を思ふと何か心に沁むものを感じる。

（折口信夫「河童像」）

「水の縁」とは言い得て妙な言葉ではないか。

池田彌三郎と津軽の旅

池田彌三郎は数十回青森を訪れている。最初は昭和一一（一九三六）年のことで、第二回の「川祭り」の後、まだ学生だった彼は、夏休みを利用して東北地方へ民俗採訪の旅に出た。鞄の中には、津軽の旅を記した渋澤敬三の本があった。

十三湊（現市浦村）へ向かう道のあちこちで、活躍している河童の話がいくらでも聞かれたらしい。

隣の家の、九つになる女の子が、河童にねらわれているといたこ（原注：青森県に多い下級の巫女）が言ったので、親は用心して、学校も休ませて、一切水に近づけないようにさせていた。何しろ河童は、馬のひづめのあとのくぼみにたまった水の中にも、何びきもいるのだから。ところが、そろそろ日限も切れるころになったので、油断して、洗面器に水を汲んで、顔を洗おうとしたら、その中に河童がいて、とうとうしりこだまを抜かれて、死んでしまった。

という。つい二、三か月前のことだと、話し手は、さもさも気の毒にたえないという顔をした。

（池田彌三郎『空想動物園』）

この旅行から二十数年後にも、大学生を連れて同じ道を彼は歩いた。辻に立てた絵馬や村境の虫（藁製の大きな蛇で虫送りに使う）は歳月を経ても変わらなかったが、「道連れになった農夫は、わたしの質問に、しっこさまももう出ないな、とそっけなく答えるだけだった」（同書）という。

この間、大きな戦争と高度経済成長を経て、日本社会は大きく変動した。河童を目撃し、身近に感じる心のゆとりは失われてしまったのだろうか。

青森の探究家たち

青森の民俗学者たちと柳田國男、折口信夫らとの交流については、これまでも少しふれたが、改めて簡単に紹介しておこう。

まず、中道等は、戦前は東京で活動し、柳田の関係する研究会に出たり雑誌に発表するなど民俗学に明るく、終戦後青森に戻り、晩年は小川原湖博物館長を務めた。旧青森県史の編纂委員を務め、『十和田村史』を書いた郷土史家でもある。菅江真澄や民俗芸能をはじめ、それ以外にもあるだろうが、青森の民俗に関して、中道が柳田や折口に提供したものは大きい。

著作として、大正一四(一九二五)年には、旧弘前藩内の伝承を拾った『津軽旧事談』を柳田主宰の爐邊叢書の一冊として刊行している。また、昭和四(一九二九)年には、下北地方の伝承を集めた『奥隅奇譚』を著している。

著作集も出ている小井川潤次郎は、八戸郷土研究会の中心人物で、教員をしながら民俗学や郷土史を研究した人である。昭和一〇(一九三五)年、柳田の還暦を記念して各県の会員からなる「民間伝承の会」が結成されたとき、青森県の世話人となった。

研究会員数名とともに『奥南新報』に掲載した「村の話」は、柳田の昔話研究の貴重な資料となった。それればかりでなく、「奥南新報の記事目録は、この節きまって東京の一二の雑誌に掲げられるようになった。こんな例は一つだって他にはない」(「盆過ぎメドチ談」『妖怪談義』所収)という柳田の高い評価の中に、この一連の記事が研究者にとって民俗情報の共有財産になっていたことがうかがえる。

能田多代子は、三戸郡五戸町の旧家出身で、戦前には珍しい女性民俗学者として活動した。夫能田太郎とともに柳田門である。郷里五戸周辺の民俗を採集・記録した『村の女性』(昭和一八〈一九四三〉年)のほか、『五戸の方言』(昭和一三〈一九三八〉年)や『手っきり姉さま』(昭和二三〈一九四八〉年)などの著書がある。

土着の民俗研究者の先駆けとして、民俗の採集と記録に努めた彼らの活動には頭が下がる。彼らは柳田・折口が組織する研究会などに参加しており、重要な情報提供者として民俗学の学問としての確立の礎となったことは間違いない。

これらの先人たちに続く世代として、森山泰太郎、三浦貞栄治、小井田幸哉らがいる。彼らは先人に伍して、また、県教育委員会による調査などで得た情報をもとに多くの著書を出している。調査報告書や著作のすべてにわたって目を通したとは言わないが、河童を巡る伝承や水虎様の信仰について少しずつ解説がある。平尾魯仙や工藤白龍を現代に甦らせたのも彼らである。

他にも民俗学プロパーの観点からは落とせない研究者たちがいるだろう。上記の方々とともに現在活躍中の人たちの諸説なども随時参照させていただいた。

なお、水虎様の祭礼は、昭和四八(一九七三)年の木造町での記録映像を県立郷土館で見ることができる。また、郷土館では、昭和五一(一九七六)年の民俗調査報告『青森県の民間信仰』に、他の民間信仰とともに「スイコ様」の記述が数ページの図録としてある。さらに、数種類の「青森県の民俗」類や市町村史にも簡潔な記載がある。

そうした断片群の中にあって、水虎様の信仰について最もまとまった報告をしているのは、河上一雄という研究者である。青森の民俗学者ではないが、特にここに記しておく。成果は調査報告書『津軽の民俗』(和歌森太郎編、昭和四五〈一九七〇〉年)の一章としてまとめられており、後に詳しく見ることになる。

※　本書旧版の発行後、水虎様の信仰に関する引き合いがいくつかあった。

河童をCMキャラクターとする黄桜酒造に、京都市伏見区の直営施設「カッパカントリー」がある。その河童資料館の展示物の一葉に、旧版作成時に撮影した水虎様の写真が載せられた。

平成一五(二〇〇三)年、わが国随一の河童研究家だった和田寛氏(二〇一五逝去)に面識を得た。旧版冊子を贈呈した時の氏の満面の笑みと優しいお言葉はまだ鮮やかに記憶に残っている。大著『河童伝承大事典』(二〇〇五)は河童の伝承を都道府県ごとに集成・整理するが、青森県の項には旧版の「水虎様・水神様」一覧表から整理した水虎様ご神体の分類と数が記載されている。また、河童文献を年次順に紹介した『河童の文化誌 平成編』(二〇一二)にも、旧版に対する「労作」との評価とともに、数ページにわたって章を追った紹介がある。

平成一九(二〇〇七)年八月九日版の毎日新聞生活面に青森の河童に関する記事が載った。「妖怪のころ」シリーズの一回として、ご当地妖怪の「〝故郷〟を訪ね、存在が何を伝えようとしたのか、今に生きる古(いにしえ)の心を追った」という趣旨である。記者から取材を受けた際、青森で本書旧版を教えられたとのことで、「(冊子を)全部コピーして読みました!」と言われた。記事には後述の私説、すなわち水虎様は農業用水路での水難防止を願う信仰であったという説明が丁寧に紹介されている。

なお、旧版の内容を基礎としその他の考察を追加して「農業土木学会誌」に報文「文化としての農業土木」(二〇〇一)を発表している。和田氏の上記『文化誌』にはその紹介も載せられた。

Ⅱ　メドツ伝説

一　夢か現実か──メドツの姿

河童の姿を見た⁉

青森の河童の姿はいかなるものだったか？　他と違うのか？
この問いにはまず河童の目撃談で答えよう。青森のあちこちで河童が目撃された。現実の世界の話である。河童の姿を証言しているものを挙げた。なお、以下では呼び名は原資料をほぼ踏襲し、メドツ、メドチも混入している。

A　相馬村紙漉沢。文化元(一八〇四)年。(切断された腕は)四、五歳の子供の腕のようだが、指が四本で短い鳥の嘴のような爪がある。肌には一面銭苔のような斑紋があり、淡い青で黒みを帯びている。
(平尾魯仙『谷の響』)

B　十和田市三本木。安政六(一八五九)年七月一四日。御蒼前林普請見廻として来た太田収蔵に三本木村の十助が語った話によると、蒼前林(三本木平にある現在の稲荷神社の森)の中に「めどし」が棲んでいて、樹木の梢にいるのを側の百姓が見つけて騒いだ(注：ここまでが安政年間の記事)。古老が、このメドツは赤い顔をしたワラシで、赤い手足で木の枝を伝っていたと語った。

（『三本木開拓日誌』　川合勇太郎『ふるさとの伝説』より）

C　十和田湖町太田。昭和の初め頃。中渡耕一郎という人が、五月初め自分の田でキャッキャッという声がしたので声の方を見たら、猿のような顔をした子供のようなものがおり、歩いたと思われる田の中に水掻きのついた足跡があった。また、七月の初め、堰の端でも、キャッキャッという声がして、そちらの方を見ると、体が黒く赤ら顔で、髪をサラッと被った十ばかりの子供のようなものがいた。

（中道等『十和田村史　下巻』）

D　西目屋村砂子瀬。河童は顔が真っ赤で、モソッと髪を被っている。

（森山泰太郎『津軽の民俗』）

E　五戸町石呑。戦前。メドツはほんの小さい子供のようで、頭を皿コにして顔は真っ赤でキーキーと鳴き、足跡を見たらまさかりを立てたようだった。

（川合勇太郎『ふるさとの伝説』）

F　岩木町新岡。戦前。田中モトという人が若い頃に見た。田植えのとき、川端の柳の木にいた。赤い猿面で髪は長く茶色、猫眼をしていた。

（石川純一郎『河童の世界』）

G　板柳町。戦前（館野越在住の佐々木貞子という人の祖母の若いとき）。二尺か二尺五寸くらい、皿は見ないが髪がばさばさでわかめでも被ったようなのを、五所川原堰で見た。青モッケ（蛙）のような色をして、足はアヒルのようだった。

（佐々木達司『昔話の周辺』）

H　金木町神原。戦後。浅利ハルヱという人が、お盆過ぎの夕暮れ、金木川河畔で子猿のようなものが丸くなってしゃがんでいるのを見た。近所の子供と思って咳払いをしたら、振り返った顔が真っ赤だった。

（石川『河童の世界』）

I　東通村小田野沢。頭の皿がテカテカに光っている河童が、川面をじっと見つめてしゃがんでいるのを見かけた人がいる。

（青森県立郷土館『小田野沢の民俗』）

また、さきに挙げた河上一雄の調査によれば、目撃談かどうか確かではないが、同じような事例が次の場所にあった（以下、河上一雄「水虎信仰」和歌森太郎編『津軽の民俗』）。

J　木造町越水。メドチは赤い顔をしており、髪を被っている。

K　森田村上相野。メドチは、堰の下などの深い所に棲み、髪を被っている。

L　車力村下車力。メドチは、口が長く赤い顔をして、黒い髪を被ったもので……

M　相馬村藤沢。河童は小さなもので、髪を被っている。

N　黒石市温湯。河童は、子供ぐらいの大きさの髪を被ったもので……

別の民俗調査では、

O　六ヶ所村鷹架。赤子ワラシのようで髪を被っていて切っても切れず……

（青森県教育委員会『むつ小川原地区民俗資料緊急調査報告書（第一次）』）

となっている。

厳密な意味では目撃談とはいえないが、伝説・昔話の類で河童の姿形を描写しているものは以下のとおりである（地名はできるだけ補った）。当たり前のことかもしれないが、このような想像世界でも目撃談と似たような姿が描かれる。

P　階上町田代。メドツが真っ赤な顔を水面から出して、「ふじの、ふじの」と美しい娘に呼びかける。
（川合勇太郎『ふるさとの伝説』）

Q　三戸町関根。熊原川のメドチ。顔は猿に似て青黒く、手足は大きく、水掻きがあり、針のような毛が所々にはえていた。
（東奥日報「三戸地方の民話今昔二」一九九七年六月二一日朝刊　原典は不明）

R　車力村。猿ね似だ、髪の赤え、目コ出目で、ギョロギョロして、鼻高ぐ、額コあ皺だらけで、おがしけだもの居であったど。
（北沢得太郎・鈴木喜代春『ほらと河童と雪女』）

S　木造町下福原。小せえ童子。顔コ見れば赤して、おがし顔コしていで、……頭の髪ァ、赤ぐ、鼻ペァ、とんがって、手の爪ァ、違うね。
（北沢・鈴木『ほらと河童と雪女』）

T　車力村富萢。髪ァ赤ぐ、目玉、凸見で、キロギロど光て、鼻高ぐ、額(ママ)ァ皺だらけ……
（元は木造新田昔話集『日本昔話通観』より）

U　浪岡町増館。十歳の子供位のせい丈の異様な者……頭にはスッポリ赤髪をかぶり、目はマン丸く鼻は馬鹿に低く顔全體が眞紅でしかも皺だらけである。
（『女鹿沢村誌』）

以上の二一件のうち、県内で最も多いのは車力村の三件で、うち二件はいずれも昔話である。その他の地域では相馬村と木造町を除いて一町村にそれぞれ一件ずつある。このほかに、昔話研究家の北沢得太郎が、岩崎村の松井つな、木造町永田の平井善二郎、車力村富萢の金沢けなという三人に実際に見たことを教えてもらったが、その姿はいずれも絵にあるものと同じだったという（北沢「河童の行方」）。

なお、このほか、姿は見ないが住処だとされている場所が県内各地にあった。私が見た限りでは（もっ市尻内(馬淵川)にあった。

と探せば出てくるのだろうが)、メドチ川と呼ばれる名の川が横浜町と脇野沢村に、「メドツ川原」が八戸市尻内(馬淵川)にあった。

赤い顔、長い髪

以上の事例から、例外事例A、G及びQを除いて、わずかの差はあれ、津軽・南部・下北を問わず県内各地の人々が同じような姿を見たり、イメージを抱いたりしていることがわかる。

でも、「子供ぐらいの大きさ」はよく言われるが、河童の顔色というのは赤かっただろうか? 髪を被った、と言われるほど髪が多かったり、長かっただろうか?

現代の画家や漫画家が描く河童の顔の色は、たいていは青緑っぽい。でなければ肌色か茶系統である。小島功が広告に描くなまめかしい肌色はともかく、水棲動物か半魚人イメージの、水になじむような色、つまり淀んだ沼にいれば見つかりにくいような、腐った水の色に染まったような色をしている。事例A、G及びQもこの系統だ。

また、髪の毛は、いわゆる「おかっぱ」よりはずっと短く、皿の周りに少しだけ囲んでいるほどのものが多い。もちろん中には女性であることを強調して、流行のヘアースタイルをさせたりしたものがあるが、それは論外だ。

江戸時代の文献のものは、顔も体も黄色か黄緑、青緑~青黒、髪は赤か茶系統で短髪が多いようだ。もう少し時代を下がってきても、全国の目撃事例を求めてみても、似たようなものか河童を見たとしか書いていない。

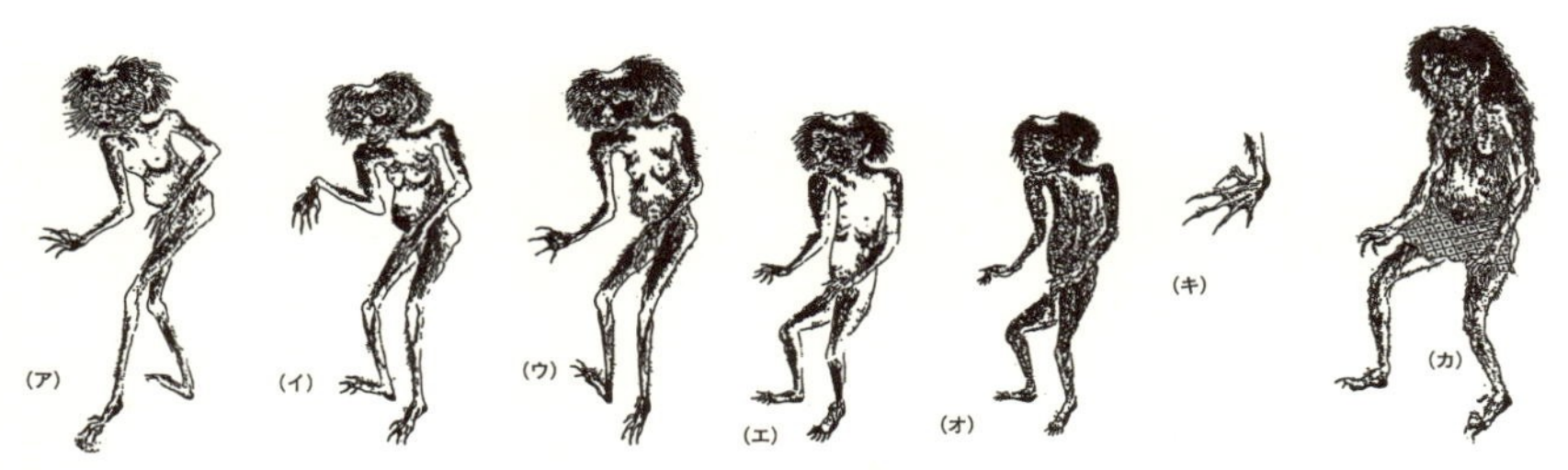

(ア)〜(カ)は6人の河童目撃者からの聴き取りに基づく。他の特徴とともに指の数や髪形、腰布などの細部は異なっているが、全体として互いに似通っているのは、モデル図を各人に見せ、修正して最終図に仕上げたからであろうと中村は推察する。

『河童聞合』の河童像(中村禎里『河童の日本史』より)

その点、興味深かったのは、一九世紀初め(文化二〈一八〇五〉年と推定)に作られた河童目撃者のインタビュー集だ。どんな姿をしていたか、肌の色や髪の毛の様子、皮膚のぬめりなど細かく聞いている本格的な調査報告で、題して『河童聞合』。九州は筑後川のほとり、大分県日田市から福岡県浮羽郡にかけての地域は、今も昔も河童と縁が深い。この本場ならではの文献で、目撃者は、予備知識を持つ学者や武士ではなく、農民や職人である。

ここに記された河童の姿は、体の色が赤黒、薄い黒、栗色とやや青森の河童のそれに近く、髪は黒いというより赤茶だが、長めで肩までかかりそうな様子である。しかもぐしゃぐしゃに乱れている。いわゆる蓬髪(ほうはつ)だ。青森版で「モソッと」と表現されたのもこんなのだろう。

実際の目撃談で面白いのは、隣の岩手県のものだった。岩手も、遠野郷をはじめ、河童の宝庫である。そこの河童も不思議に赤い顔をしている。「予ハ河童ノ顔色ハ青黒キモノト信ジタルニ、陸中其他ニ於テハ其面朱ノ如ク赤シト言傳フ」(『山島民譚集』)と、柳田國男ならずともわざわざ書きたくなる。彼は『遠野物語』でもそう書いている。岩手にも現代の目撃者がいて、彼らも黒い頭の猫のような面つきをした体の赤い生き物を見た、と言っているそうだ。

余談ながら、岩手はまた、ザシキワラシの本場でもある。ザシキワラシと河童が同一の者、つまり河童が家に上がってザシキワラシになったという伝承もあるという。ご丁寧に、ザシキワラシも髪の毛や顔が赤いという所もあるらしい。

髪が長く赤い顔の河童は、全国的にも例があまりなくユニークな存在である。河童の起源を渡来人とし、青黒い中国系に対し赤いのは北方のロシア系だとする説もあるようだ。それはさておき、「たぶん猿かなんかの見間違いだろう」と一言で片づけてしまうことはたやすい。でも、河童のルーツの一つは確かに猿だが、そんなに髪が長いとは妙だ。

こんな独特な青森の河童を、もう少し親愛の情を持って見つめてみても、誇りに思ってもいいのではないか。

手が抜ける

次に体の特徴に入ろう。河童の腕は引っ張ればすぐ抜けるというのは、全国で一般に言われている。青森の河童もそうだ。

　彼の腕は通り抜けになりてあり、即ち右を牽(ひ)けば左手まで右に脱(ぬ)け、左手を牽けば右までも脱くるが故、物の柄、たとえば柄杓の柄などのひいて脱けたる際には河童の手のようだという。

とは、青森市野内の伝承として、内田邦彦『津軽口碑集』(昭和四〈一九二九〉年)が伝えるところである。内田は、千葉県出身でありながら津軽に移り住み、医者の活動の傍ら口承を収集した。『津軽口碑集』には昭和初めまでの津軽の口承が記載され、貴重な民俗資料となっている。

八戸市の旧是川村風張の昔話では、相撲自慢にやってきた二人の男に化けた河童が、見知らぬ奴らがあまりにも強いので、どこから来たのかいぶかしく思った村人に後をつけられる。それを知らないで、水辺へ帰り際に「この腕引っ張られだら腕ァ脱げですぐ負げでしまうべに人間じものァ馬鹿なもんだナ」と話をしてしまう。次の日、それを聞いていた村人に腕を引っ張られ、抜かれて負け、二度と出てこなくなった（川合勇太郎『ふるさとの伝説』）。

なぜ腕が抜けやすいのか？　これに対する答えがやはり八戸市にある。河童の人形起源説（化生説）といわれるものの一種だ。左甚五郎とも竹田の番匠とも、要するに伝説的な名工が工事に多数使った物を完成後に川に捨てたという。ついでながら、捨てられ、これから何を食べたらいいのかと聞く人形たちに、彼が「人の尻でも取って食らえ」と言ったので、捨てた物が河童になって人の尻子玉を食べるようになった。

八戸市の櫛引八幡宮にまつわる話はこうだ。

> 八幡(やはた)の八幡様(はちまんさま)、一晩のうちに建てるってばナ、なかなか忙しのンで、左甚五郎大工様、しゃくじ（原注：長さを。以下同じ）間違って大事な柱ぶっつり切ってしまった。「さあこりゃ大変なことできたナ」と思(も)って考えだども、ただいたって伸びるわけもいかながべし、金と違うからナ。ほやって（それで）熱あげで、どんと寝てまったズオン。しだずば（そうしたら）、娘ァ、「とっちゃ、とっちゃ、なして寝でらっきゃ」（と聞いた。原文補完。以下同じ）「なしてせエ、大変なことになってしまった。私(わい)の名折れになるへんでヨ」で、娘っコァ、飯を親父ァとこさ持ってって食(か)へにいったズ。

「なんも、とっちゃ、心配ねがべ、こいったらァ（こうしたら）」って箸（を）ちがえて重ねた。さすが左甚五郎大工様、名工とあってナ。「こいったら」って箸ちがえたのは枡形を組むことだと気がついた。そいで、ああいうふうに立派に建てあげた。

さァ、間違って切って、そこサおいたってば、こりゃ大変だ。切った分ァ川（馬淵川）サ持ってってどんぶり投げた。

したずば、「やっ、私ばこやって切って投げて、どやすの」（と柱はいった。）

「なにせエ、いが、けっつでもけエ（くそくらえ）」（と甚五郎はいった。）

それで、切って投げられたのァメドチになってしまった。さァ、それから馬淵川でァなァ、馬でも人でもむったり（しょっちゅう）だっこうとられて（肝を抜かれて）大変だったズ。

（話者：八戸市・神代忠治、青森県郷土館採録）

左甚五郎伝説のヴァリエイションで、お堂の建設で木取りの寸法を間違っただけでなく、中心の来迎柱に貫を通してしまった。それで、娘の知恵で建立には事なきを得たが、柱の貫を通した部分を川に捨てたら、それが河童になった。柱が胴体、貫が両腕、通しているから左右どちらへでも引っ張られるというわけだ。

青森メドツの特徴

河童の体の特徴として挙げられる点はいくつかある。頭の皿だとか、水掻きだとかはすぐわかる。目撃談や伝説の一部にそういう描写が出てくる。しかしそれ以上のこと、たとえば、指の数、皮膚のぬめりの有無、体毛の有無など、詳細に見ないと観察できないので、青森県内の目撃談にせよ、伝説にせよそこまで詳しくない。全国的にも先の『河童聞合』ほど詳細に記録したものはない。

鳴き声はどうだろう？　さきの目撃談で、十和田湖町では「キャッ、キャッ」、五戸町では「キーキー」と鳴いていた。同じ五戸町でも昔話の中では「しょうんしょん」と表現される。西目屋村砂子瀬では、男が小便しているうちに「テッタ、テッタ」と馬を引いて行ったという。六ヶ所村泊の伝説では「タッタデバマー、タッタデバマー」と言ったらしい。折口信夫はにわか狂言「川の殿」の中で「ぶれけけけきす」と鳴かせたが、これはもちろん折口が聞いたわけではなく、池田彌三郎の言では外国の小説からの創作だという。本物の泣き声、ぜひ一度聞いてみたいものだ。

河童の特徴として、青森だけに見られるものもある。津軽でいわれるのはかかと（アクド）がないことである。西目屋村砂子瀬や藤崎町でそういわれていた。水掻きを持った足なら亀の足のようだが、目撃談Gではアヒルの足と言っている。でも、亀やアヒルの足を「かかとがない」とは言わないだろう。五戸町で、足跡を見たら「まさかりを立てたよう」だったというのが同じなら、かかとが浮いたような状態をいうのか。

二、三文献を調べてみても全国の他の地域には見当たらない。びっこを引くように歩くというのがあったが、かかとがないのとはイメージが全然違う。

ここでまた岩手のザシキワラシの話を持ち出す。上閉伊郡附馬牛村（遠野市）の古老の話によれば、ザシキワラシにもかかとがないという。小さな体、赤い顔、多くの髪、かかとのない足、そういった共通の特徴に何らかの関連を見て取ることは私の思い過ごしだろうか？

藤崎町ではさらに、アクドがないから、粘土でそれを補って陸上に来ては子供を誘い招く、だから夕方、見慣れない人に誘われたら、その人のアクドを撫でてみよと子供に言った。

また、手が細いとか小さいというのもある。三厩村宇鉄では、細い手をしていて尻穴から差し込んで肝を取るといわれるし、六ヶ所村尾駮では、手が小さくて馬の手綱もつかめない、という。そもそも河童は人間の子供くらいの大きさだから、それなりに手の小さいのは当然のように思えるけれども、伝承の中で改めて指摘するのは尋常ではない感じがする。

行動あれこれ

河童の行動や習性、好き嫌いについては、全国一般にいわれているような特徴を持っており、青森だけの特徴といったものはほとんどない。人に相撲を挑むことは、後の伝説に出てくるだろう。

珍しい部類に入るのは、目撃談事例Bのように木に登って棲みついたり、遊んだりしていることだろうか。こんな習性は県内でも他に事例はないが、奄美のケンムンほか他の地方で少しは見られるようだ。

河童はよく馬のアサド（足跡）にいるといわれる（三厩村増川、木造町菰槌）。それほどの少ない水でも溜まっていれば、そこに棲むというのだ。折口信夫の河童祭りの祭文にもあった。五所川原市福山では掌を返すほどの水があれば人命を取るといわれた。水の中では千人力（木造町菰槌）だそうだ。

一番の悪さは、人や馬の尻を狙うことである。「河童駒引」は柳田國男が言い始め、石田英一郎によって世界的規模で文化人類学的考察の対象にまでなった。昔話では川の近くに馬を放しておいたら河童が馬を引いたとあるが、六ヶ所村二又のメドチは家々の厩舎にまで来て手綱を引っ張った。家人に見つかってトナ樽（飼葉桶）を被って隠れたという。

尻子玉を抜く、肝を抜くともいわれる。これを青森ではメドツがダンコ、ダッコを抜く、あるいは取るという。「脱肛」という表記をあてている文献もあるからその訛だと思われるが、水死体の直腸が抜け、肛門が開いた状態をさしている。

これに関して、南郷村世増では、子供が言うことを聞かないので「おら方の子どもをメドチがとればいいや」と言ったら子供が川で死んでいた。「お尻に大きな穴があいて、腹のものが抜けてあった」と表現されている。目に見えるようではないか。

人間の尻子玉は豆腐にそっくりだ、という所がある。折口信夫が伝えるところによると、壱岐ほか長崎県の島々では河童を福の神としてあがめ、自分の命と引き替えに願えば必ず金持ちになると信じられており、期限を切って願をかける。そしてその年がきたら豆腐を供えて期限延長を願うのだった。

河童の好物の尻子玉、紫や青い色をした尻は格別うまいそうだ。この点、「盆過ぎメドチ談」の柳田國男が奥州南部のメドチに注意しなければならぬ、としている。他の地方では誰でも河童に引かれるが、青森では、うまい青尻とか相撲好きとか、河童に引かれるための資格を持っていなければならず、この地方独特のものだと言うのである。もっとも、彼が続けて書くように、子供の尻の青いのはモンゴロイドの人種的特徴だから、誰にでも資格はあるようだけれども。当の青森では、赤子の尻の青あざは、産土様に二度と母の体内に来るなとつねられたり、閻魔様に早く母胎を去れとつねられた跡だといわれたようである。

また、河童は娘に化けたり（十和田湖町長沢、八戸市小中野）、蛙のまねをしたり（八戸市櫛引）、マタギの猟がないとき、川の中の鴨を追い立てて、それを捕ろうとするマタギを引き込む（能田多代子談）という高等戦術も使うことがある。大きな木が川を遡上してきて、子供たちがそれに上って遊んでよく死ぬし、この木を捨てようとする人はけがをする。そのうちにまた海へ流れ去る、といわれる所がある（六ヶ所村の明神川）。流木の下に隠れているというのだろうか。

子供を生ませる

河童には女（メスか）がいないので、人間の腹を借りて子をなす。そういう話は、南部一円で広く聞かれる。

河童は娘を誘う。ある娘が三つの子を背負って子守をしていると、二、三人の女の子が水浴びに来て一緒に泳げと勧めるが、その気になったところ、背中の子が火がついたように泣き出した。困っているうちに夕方になり、迎えにきた家の人に引き戻された。女の子たちはメドチだったという（十和田湖町長沢）。また、同じ十和田湖町の川口でも、中里川のメドチが娘を川に引き込もうとしたという話があった（中道等『十和田村史　下巻』）。八戸市小中野の萬葉という家の女の子は、暴力的に襲われはしないが魅入られて、こっそり抜け出しては川面を見つめていた。メドチが誘うときには、友だちに化けてその子の名を呼ぶという（中道等『奥羽巡杖記』）。

また、次の事例Bと一連の話で、十和田市の相坂の水車小屋に夜なべ仕事をしながら娘たちが泊まり込むことがあり、そんなときにメドッが出てきて呪いをかけ、時々変になる娘が出るという。メドッが通うときは、ゴデ（亭主）やいい男に化ける（川合勇太郎『ふるさとの伝説』）。

次いで、子供を生ませることについて。

A　下北大湊村大平（むつ市）。昔、荒川の上流に由緒正しい家柄だが貧しい母娘がいた。この娘はたとえるもののないほど美しかったので、若い男が通ってくるようになり、この男の持ってくる物で飢えから逃れたが、この男は荒川に棲むメドツだという噂が村人に流れた。娘は身ごもり、形相の恐ろしい子を生み落とした後死んでしまい、母親もまた後を追った。（中道等『奥隅奇譚』）

B　十和田市の相坂の大池神社。近所の娘が奥入瀬川の河原に毎日遊びに行っていた。いつか子供を孕むようになり、ある朝、その川端で出産したらしく、ぐったりして寝ていた。家人が連れ戻ろうとすると、未練がましく川の方ばかり見ているので、無理に連れて戻った。メドツに通われたせいだという。（川合『ふるさとの伝説』）

C　八戸市土橋。嫁がメドツの子を二匹なしたので離縁された。その後、杉沢（福地村）に行ったが、そこでもメドツの子を生んだ。生まれたメドツは投げ捨ててしまった。（川合『ふるさとの伝説』）

D　八戸市是川。メドツを生んだ嫁が驚いて焼き捨てたら、その夜焼いた灰の所から川まで提灯が点った。焼かれたメドツを川から迎えに来たのだろう。（川合『ふるさとの伝説』）

E　十和田村向村（十和田湖町）。ある女が産気づいても生まないので、三本木から医者を呼び、腹を割いて出した。子は死んでいたが、歯が生え、袋を被っていた。この間、外でガリガリ掻くものがいた。（中道『十和田村史　下巻』）

F　五戸町新丁。ある大工の女房が三度メドチの子を生んだと噂され、後に死んだ。（能田多代子「生児の呼名習俗」『能田多代子著作集』所収）

G　下田三本木（下田町）。ある農家の女房が難産で、八戸から呼んできた医者も役に立たず、鈎を胎児にかけ、縄を大勢で引いて出した。出てきた子は途方もなく大きく、顔が平たく肩越しに堰（？）が真ん中に通っており、袋を被っていた。亭主が怒って厚い板に載せ、竹の串を打ち込んだ。七日間で死んだ後、川に流しに行ったら大雷雨になった。たぶんそのとき親が連れて行ったのだろう。

（能田「生児の呼名習俗」）

この事例Gの場合はメドツの子であると断定できないが、川にまつわる異常出生の話として仲間に入れた。生まれた子を殺して捨てておくと、ちょっとの間に死骸をさらっていくというのは、十和田村（十和田湖町）長沢にも言い伝えられている。

また、事例Fの能田はメドツの子を三度なせば必ず死ぬと言うが、八戸市の川合はメドツの子を三度なせば神通力を得ると言っている。所変われば、か。河童は馬まで孕ませる。

Ｈ　十和田湖町館のある馬は、放せば大沼の尻に行く。皆が不思議がっているうちに孕み、産み月になると沼尻に出たがった。遂に大勢で生ませたら、体は馬だが顔がメドチそっくりの子馬が生まれた。間もなく死んだので野原に捨てたらいつの間にか消え、母馬も死んでしまった。

（中道『十和田村史　下巻』）

以上のような暗い悲惨な話はなぜか南部地方だけで、津軽には見当たらない。ＡからＨまでの事例と娘を襲う三件を加えた一一件を見ると、上十三地域（十和田市、三沢市と上北郡）に六件が集中し、その他は八戸市三件、五戸町一件、むつ市一件である。上十三地域の中でも十和田湖町に四件が集中し、注目すべき結果となっている。河童が誕生した江戸期、津軽も南部もともに頻繁に飢饉に見舞われ、惨状に大差なかったはずである。いったい何がこのような差異を生み出したのだろうか？

好き嫌い

河童の好物は、青尻の他はキュウリと決まっている。西目屋村砂子瀬では、キュウリを持って川で泳ぐとさらわれるので、先にキュウリの種を投げておき、「汝ネこれ呉るハデ、吾ゴト取るなヨ」と唱えてから泳いだ、というし、川や海へ行くときには瓜を食うな（三厩村宇鉄、六ヶ所村泊）とか、持って行ったときは先に半分川に流してから食え（深浦町大山）といった。

初物のキュウリを供えることは広く行われている。初物を供えるとメドツに襲われず、毎年供えていると、宝物をくれたり、大事なことを教えてくれたりする（八戸市八幡）、初キュウリの真ん中の部分を三切れ川に流す（鰺ヶ沢町種里）、初キュウリは天王様に供えた後川に流し、そうしないうちはキュウリを食べないし、川で泳がない（八戸市櫛引、五戸町）という習慣もあった。キュウリは特に、先の花のついた所が一番好きだ（八戸市櫛引）ともいわれる。

苦手なものはいろいろある。麻幹（「麻稈」とも。麻の茎の皮をむいたもの）がまず挙げられる。言い伝えには、メドチの体は切っても切れず、麻幹で焼き殺すほかない（六ヶ所村鷹架）をはじめ、火で焼いて灰にしても雨に濡れると生き返ってしまうので麻幹で焼く（西目屋村砂子瀬）、紫麻幹で溶ける（十和田湖町長沢）と一様にその効果を伝えている。

だから、メドチ除けには麻幹を髪に挿したり（西目屋村砂子瀬）、紫麻幹を馬の手綱に付けたり（十和田湖町川口)、さらには夕顔や紫のきれを身につける(十和田湖町)というのもあった。熊原川(三戸町)のメドチの昔話では、馬に引きずられたメドチが捕まって、村人たちに紫に染めた麻布でめった打ちにされる。十和田湖町の紫のきれは、これと同じく魔除けの色としての認識だろう。

また、苦手なものに菖蒲がある。五月五日、端午の節句に使う蓬と菖蒲は河童除けのまじないであり、それを飾っていたらやめろと言って後ろから引っぱった者がいて、メドチだった(十和田湖町中里)、という。菖蒲は香りが強く、葉の形が剣を連想させるので厄除けとされる。

仏様に供えるお仏飯(オボキ様)を食べると取られない(三厩村宇鉄)、とも伝えられる。このことは全国で広くいわれており、川祭りの際に餅や飯を供えること、それによって身を固めるということに関連しているのだそうだ。ただ、もとはそうであったとしても、仏教者が関与しているので、より新しい時代の伝承であることは間違いない。

好き嫌いが場所によって違うこともある。さきに十和田湖町で河童除けに夕顔を身につけると書いたが、八戸市櫛引では、夕顔の葉に麦の粉の湿したものを包んで焼いた「かば焼き餅」というものを好んだといわれる。また、河童がかば焼き餅を目当てに毎日のように来てうるさいので、キュウリの葉に包んだものをやったら来なくなったともいわれる。キュウリの葉に包んだものを食えば種が絶える、とつい漏らしたのが運の尽きだったそうだ。夕顔とキュウリの好き嫌いがまったく逆転している。また、葉ではあるがキュウリが苦手とは珍しい話だ。

二　伝説の世界

伝説と昔話

青森の伝説や昔話の収集は、昭和初年に津軽地方を調査した内田邦彦の『津軽口碑集』や川合勇太郎の『津軽むがしこ集』(昭和五〈一九三〇〉年)あたりから始まったという。

同じ頃、八戸市の『奥南新報』は、八戸郷土研究会会員の寄稿になる「村の話」という特集を長期間にわたって行なった(記事掲載は昭和四〈一九二九〉～一六〈一九四一〉年)。昔話研究家の関敬吾の述懐によると、師の柳田國男はその切り抜きを自ら作り、他の地方の昔話とともに分類編集することによって昔話の研究を進めた、という。これを引き継いだ関にとっても、青森の昔話は、大部の『日本昔話集成』をはじめとする研究の素材となった。

現在では、研究者の努力によってかなりの分量が集成されて出版されてきた。その特色として、「むがし(っ)こ(コ)」や「むがすこ」という呼称が象徴しているように、方言で語られることが多い。だが、話の内容は比較的地方性が少なく、全国との共通性が強いという『日本昔話通観　第二巻　青森』解説の指摘は意外だった。

専門家の間では、伝説は寺社など具体的な事物に結びついて語られること、人がこれを信じていること、絶えず合理化、歴史化する傾向があること、話し方に「むがし(むがしあったじ)」で始まり「とっちばれ(どっとはらい)」で終わるような一定の型がないこと、などの特徴で昔話と区別されるようである。昔話も昔話で、いろいろな細かい分類がなされ、比較や構造分析が進んでいるようだ。

しかしそこは素人の気安さ、伝説と昔話、あるいは説話や伝承といった概念や用語の煩わしい区別にはこだわらず、『日本昔話通観』を中心としながらいくつかの集成の中から河童の話を整理してみる。昔話を中心に、順を追ってみていくことにしよう(以下、昔話の紹介に際しては、適宜圧縮、省略した)。

文使い

昔話の中に「水神の文使い」説話と分類されるものがある。折口信夫の川祭りにもあったように、水神からの手紙を届けて財宝を礼にもらったり、託された手紙を書き替えて難を逃れたりする昔話のグループである。

『日本昔話通観』にも、この型の話には宝物をもらう「龍宮入り型」と手紙の文面の「書き替え型」があるとしており、前者として八戸地方の三話が、後者として階上町、五戸町二話、八戸地方、弘前市の計五話がそれぞれ紹介されている。なぜか分布が圧倒的に八戸周辺(三八地域)に偏っている。

全部を紹介する余裕はないが、河童の登場するもの三話を取り上げてみよう。いずれも「書き替え型」のものである。

A　ある男が沼のほとりを通りかかると、沼の主に「友だちが堤にいるので手紙を届けてくれ」と頼まれる。途中で会った知り合いにこの話をすると、知り合いはこの手紙を読んで、「『この男のだっこ(尻子玉)はうまい。抜いて食べろ』と書いてある。『この男に宝物を渡せ』と書き替えておこう」と言って手紙をすり替える。男が堤に行って現れた若衆に手紙を渡すと、「宝物は一代物か、二代物か」と聞かれたので、二より一がいいと思い「一代物がほしい」と言い、小さなひき臼をもらった。これは米が出てくる不思議な宝物だったが、女房が穴を大きくしたら米も多く出るだろうと火箸を入れてえぐり回したため、ひき臼は秋田の方へ飛んでいってしまった。それで河童の言ったとおり一代限りでまた左前になった。(階上町赤保内)

B 八太郎沼と鍛冶町堤にメドツが棲んでいた。八太郎の人が沼のそばを通ると、メドツに手紙を頼まれる。途中で会った友人にせがまれて開いてみると、「この男の尻は紫尻でうまいから取れ」と書いてあるので、「この男に宝物を渡せ」と書き替えた。堤に着いて呼ぶと立派な若衆が出てきたので、手紙を渡す。それを読んだ若衆は「一代の物か、二代の物か、三代の物か」と聞くので「一代の物」と答えてそれをもらう。家に帰るとたくさんの人が出入りしていて、金も貯まるが一代限りで終わった。その長者がいた所を「長者山」、その男が糠をまいた所を「糠塚」という。(八戸地方)

C 子供が河童から手紙を頼まれる。産土様のお堂の前で老人が呼び止め、手紙を透かして見ると、「この子供は青尻でうまいので、捕らえて食べるべし」と書いてあったので、書き直して持たせた。子供が別の河童に手紙を届けると、「この子は正直者につき、ほうびとして酒二升とするめ一把をやれ」と書いてあったので、それをもらった。(弘前市)

この型の昔話で特徴的なのは、手紙を託す者と受取人がどちらも川ないし水に関係の深い者であることだ。河童の出てこない話も含めて整理してみると次のようになる。

【龍宮入り型】

	〈手紙を託す者〉	〈受取人〉	〈書き替える者〉
1	沼の主	かへらの沼の黒ん坊	—
2	沼の女神	自分（里の武蔵の大沼の龍）	—
3	武士	牛鞍沼の娘	—

【書き替え型】

	〈手紙を託す者〉	〈受取人〉	〈書き替える者〉
1（A）	沼の主	堤の若衆（実は河童）	知り合い
2	沼から出てきた娘	母親（大蛇）	六部
3	沼の主	姉沼の大蛇	—
4（B）	八太郎沼のメドツ	若衆（実は鍛冶町堤のメドツ）	友人
5（C）	河童	別の河童	老人

話が脇にそれるが、関連してよけいな話題を二、三。

こうした「文使い」型の昔話では、河童は手紙を他人に頼んで、自ら運ばない。人間をだまして青尻を食べるためには人を使わなければならないのは当然だが、手紙だけのことを考えれば、自分で運べばいいのに、という思いもある。

「河童は水中ではミズスマシのように早く動く」と語る地方があるそうだ。昔の本にも稲妻の如く早し、と書かれたものがあるらしい。そして、私は見たことがないが、そういう言い伝えをもとにして、思い人にわが文の早く届くことを念じる「文使い小僧」という人形玩具が河童の形で作られたそうだ。

森田村下相野に、草山に草刈りに行って泊まっていた男が、女房が病気だと告げられて村に戻る途中、前になり、後ろになる者があるので、うるさいヤツだ、何者だと尋ねると、メドチの神様だと答え、村の堰で消えた。家に着いたら病人はまだ息があった。メドチの神様が迎えに来てくれたおかげだ、という伝説がある。これも形を変えた文使いなのかもしれない。

次にもう一つの話題、河童とミズスマシの話に移る。方言辞典類を調べているときに、津軽地方の一部でミズスマシをカッパと呼ぶことがあると知った。昭和五九(一九八四)年に行われた弘前大学教育学部国語学研究室の調査である。弘前市を中心とする津軽地方一帯で「カッパの意味するものは?」と聞いたところ、常盤村の明治四〇(一九〇七)年生まれの男性が河童とミズスマシと答えている。「水中でミズスマシのように早く動く」でこのことを思い出した。一例だけだからどの程度広がっているのかわからない。

ミズスマシは、この地方ではほとんど「イタコ」という。そして「カッパ」はアメンボのことで、割に広く分布し、全体の二割くらいある。形が似ているからか、泳ぎがうまいからか、なぜそう呼ぶかはよくわからない、とされている。

ついでながら、ミズスマシの呼び名イタコは巫女である。イタコの夫、神官のことを太夫という。そしてタユはアメンボのことをそう呼び、イタコ(ミズスマシ)―タユ(アメンボ)の対になる。

運定め

青尻は河童に引かれる資格のようなものだった。もう一つ、資格といえば、『日本昔話通観』に「運定め―水の神」という型の昔話がある。一般に「産神問答」型説話と呼ばれるもので、五戸町（採集地）の「メドチと五月の節供」という話だ。概略を紹介すると以下のようになる。

昔、伝法寺（十和田市）の寺で一人のばくち打ちが負けて寝ていたときに、神様の話を聞いた。隣村の藤島（同）で誰某のアッパ（母親）に今子を授けてきたが、五つになれば、五月の節供にメドチの持ち前にさせると言うのだ。目が覚めて、今の話は自分のことだと半信半疑で家に帰ってみたら、男の子が生まれていた。やがて五つの年、五月の節供が来た。男は子供が川に行くというのを、どこにも行けないようにノノ（麻布）の帯を腰に結びつけ、臼に縛っておいた。妻が菖蒲を取りに行かなければと言っても、男はどこにも出ないと言って子供を守っていた。妻は一人で節供の用意をし、菖蒲も屋根に挿していた。そうしたら日暮れ頃になって、メドチがしょうんしょんと鳴きながら戸口へ来て、今朝から待っていたが来ないので来てみたらそうやっていたのか、俺の役はこれですんだ、と言って帰ったので、子供は助かった。

同様の話は、常盤村水木にある。六部（旅の修験者）があるお宮で、村人の子供が、一人は河童に、一人は蜂に取られるという産土神たちの話を聞く。結果は二一年後に、河童に取られる方の子は取られず、蜂の方の子は実際に刺されたことがもとで死ぬ、というものである。

河童は出てこないが、東通村尻屋のものは、狩人がお堂に泊まると神様が「今度生まれる女が二十歳になると日照りがあり、川の堤を放ちに行くことになるが、信心で生死が決まる」と言う。そのとおりになったが、堤を放つと水がはね返して娘は助かる。

この三話、三町村に散在しており、偏った特徴は認められない。話の内容には、いずれも神聖な場所で神様の話を聞くともなく聞いてしまうという共通点がある。河童の出てくる二つの話では、神様の話を聞いて用心したため河童には取られないで助かるということがさらに共通している。水を恐れ、水難に用心する教訓話として流布したのだろうと思われる。ただ、人間の用心で悲惨な運命を避けることができるなんて、河童の運の力とはその程度のものか、やはり全能の神ではなく神の落ちぶれた者だ、と不謹慎にもつい思ってしまう。なお、話の筋から外れるが、河童が嫌う麻と菖蒲が五戸町の話に出てくる。

ここで一気に現実の世界の話に戻る。さきに、池田彌三郎が津軽を旅行中、子供が河童に狙われているというイタコの予言で警戒していたものの油断した隙に予言どおりになった、という話があった。場所はどことは書いていない。だが、「十三湊へ向かう道のあちこち」とあるから、西・北津軽郡のどこかではないかと思われる。

このように、特定の人物を河童が引いていくのではないかという恐怖はつい最近まで残っており、この昔話の奥に不気味に潜んでいる。事実、お前は河童にとりつかれている、というイタコやカミサマ（ゴミソ）のお告げがいくつも文献にある。これが水虎様の信仰に重要な意味を持つことは後で述べる。

恩返し

恩返し

河童は、恩を仇で返す不届き者である反面、恩を約束で返すという律儀な面もある。いや、こちらの方が圧倒的に多い。全国的にも河童の恩返しの話はヴァリエイションに富んでいる。

恩返し型昔話のうち最も多いのは、悪さをし、人に捕まって今後はしないと約束するもので、約束の代わりに製薬法などを教えたり、何らかの宝物をもたらしたりという変化がある。

まず、『日本昔話通観』によって、原題を「早川の河童」という車力村の話を一つ。

昔、富萢村の三太郎という人が、百姓をしながら血統のいい牝馬を飼い、育てた子馬を売って資産家になっていた。ある年の田植えの終わり頃、早川で馬を柳につないで草を刈っていたら、馬が耳を逆立てて騒ぐ。何だろうと思って馬の方を見たところ、「髪ァ赤（あけ）ぐ、目玉（まなくたま）、凸見（でめ）で、キロギロど光（しか）て、鼻高ぐ、額（く(ママ)づぎ）ァ皺だらけ」のものが馬の側に来て手綱を引っ張り、川に飛び込んだ。三太郎が走って行ったが、馬も驚いて後ろ足を跳ね上げ、村の方へ走って行った。

見たことのない怪しい者は、馬に引きずられて三太郎の家まで来たが、体中傷だらけで、厩の隅で飼葉桶を被ってうなっていた。三太郎が走って戻り、桶をけ飛ばして肩で息をしているそいつを見れば、河童だった。馬を取るとはけしからん、殺してやると木戸棒を振り上げたら、何とか堪忍してくれと、涙を流し、両手を合わせて頭を下げる。もともと心の優しい三太郎、許す気になって、今後、村の子供を取るか取らないか、返事次第で許さなくもない、と言った。河童が今日限りで絶対取らないからと頼むので、三太郎は放してやった。それからのこと、富蔵村では河童に取られることがなくなった。

同様の話は全国各地にきわめて多い。『日本昔話通観』にも、青森での類話として田子町（旧上郷村）、車力村下車力、車力村富蔵、森田村沖中野、八戸市のもの計五話が挙げられている。そのほかには、津軽では東津軽郡の平内町小湊、南津軽郡の浪岡町増館、五所川原市下岩崎、北津軽郡の鶴田町中野、西津軽郡の鰺ヶ沢町種里、稲垣村繁田、南部では上北郡の十和田湖町中里、六ヶ所村泊、八戸市櫛引、八戸市小中野、三戸郡の三戸町、五戸町石呑、階上町田代、南郷村島守、南郷村世増、南郷村畑内、下北では大畑町に分布する（以上「早川の河童」を含めて二三件）。

これらの話に共通しているのは、「河童駒引」というとおり、人に詫びて何らかの約束をするに至るまでに馬を川の中に引っ張り込もうとして逆に引きずられ、飼葉桶に隠れたところを見つかり、殺されようとすることである。しかも、昔話の常として、河童に人間の言葉を話す能力が具わっている。

若干細部が異なる話もある。平内町小湊のものは、平内にあった福館城主の娘が行方不明となり、氏神の雷電宮に願をかけて捜したところ、汐立川（雷電川）が煮立ったために河童が現れ、謝ったので取られたことがわかり、娘の菩提を東福寺に弔ったという延命地蔵尊にまつわる伝説である。菅江真澄が聞いた小湊の七不思議の二番目、「水虎が人を取らない」は、おそらくこのときの河童の約束に由来している。

南郷村世増の伝承は、ただ人に捕まり約束するだけで馬は係わってこない。三戸町熊原川のメドチは赤石川（鰺ヶ沢町）の方へ去ったという。他の話の河童が同じ所に棲みついてはいるのだけれども悪さをしなくなるというのと対照的だ。六ヶ所村の話は、殺さない代わりに宝物として盃を渡すもので、それが現存しているという。

大畑町のものは、人間に捕まえられたのではなく、正津川の姥様が叱ったら姥様を恐れていたずらがやんだという。正津川には、恐山の三途の川にあった優婆夷(うばい)像が流れ着いたのを祀ったと伝えられる優婆寺があり、この独特の本尊が正津川の姥様である。この姥様、葬頭河婆(そうずがばば)ともいい、三途の川で亡者の衣服をはぐ奪衣婆(だつえば)ともいわれる。この寺で供養した後恐山に参り、納骨するのが正式だとされるほど恐山との関連が深い所である。

同じ車力の昔話でも、上記に含まれていない「下福原村の万助」に捕まる河童の話は、飼葉桶から引きずり出されるところまでは同じだが、詫びるというコミュニケイションを欠いたために、万助と村人綱吉の二人によって叩き殺されてしまう。話す能力があるのかないのか不明なまま、馬の肝や万助の子供の肝を取って食うつもりだと一方的に断定されて殺されるのである。

河童は必ずと言っていいほど飼葉桶(語りの中ではキッ、キッチ、トナ舟という)を被る。これについては、五所川原地方のことわざ「河童のみずくらい箕(み)の陰」と関連があるといわれる。このことわざは、河童はわずかの水さえあれば箕の陰にいて人に害を与えることができるので、隠れん坊をしていても気をつけろ、というのである。

でも、今一つよくわからない。箕は穀物とその殻をふるい分ける道具であり、ここから同じ容器である飼葉桶を被るという連想が出てくるのであろうか。飼葉桶の中に水が溜まっているのでそこにいるという三厩村増川の伝承も関連がありそうだ。いずれにせよ、河童と馬の強い関連の一要素である。

なお、「下福原村の万助」の話は、さきに紹介した八戸市風張の腕が抜けやすい相撲取りの河童(正体を見破られる)とともに、河童が何もしないで消えてしまうという点で共通しており、恩返し譚の中で異彩を放っている。そのことは後に改めて検討する。

約束の作法

詫びた後、約束の仕方にもさまざまある。普通ならその地域で馬や子供を引くような悪さをしないということを無条件、無期限に約束するのだが、場所や期間を限定したり、その他のことを約束したりした例を挙げる。

A　佐渡川から上では(田子町)
B　矢倉のイデクチと里川の川口の間では、ただし七日盆の間はこの間でも免除(八戸市櫛引)
C　焼いた豆がはえないうちは(車力村下車力、鶴田町中野)
D　黒いカラスが白くなるか、枯れ木に花の咲くまで(五戸町石呑)
E　カラスの頭が白くなるまで(南郷村島守)
F　枯れ木に花が咲くまで、柳に桃のなるまで(南郷村世増)
G　枯れ木に花が咲く年がくるまで凶作をなくす(八戸市)
H　煮た豆に芽(もえ)さすまで、枯れ木に花咲くまで(鰺ヶ沢町種里)

事例Bは、せっかんされ、明神様にも叱られたのであるが、今後絶対に取らないと言えば生きていけないから、と言いわけしてこのような約束をした。ずいぶん現実的な河童だ。
期間限定としたものでも、一見すると実現しそうにない条件だから、永久を約束しているように思える。

だが、事例Dではウツギの木に白い花が咲き、枯れ木にも咲いた。事例Gでは、一〇年ばかり後に枯れたはずのネコヤナギが芽を吹き、花が咲いたので期限切れになったという。凶作、飢饉はこの地方でしばしば襲ってきたから、切実な願いだったろうが、一〇年といわずもっと頻繁に繰り返したのが現実だった。

階上町田代のメドチの約束は、もう悪さをしないという通常のものだったけれども、そう言ってメドチが姿を消したら、溜池の水が涸れてしまったという。

証文を書く者もいた。鰺ヶ沢町でそうだったし、平内町では伝説のある東福寺に証文が残されたといわれる。森田村では、河童が小指を切ってその血で書いたものが沖中野のある家の神棚に残っていたという。それらの文言はわからないが、五所川原市に残っていた詫証文には、「馬のハヅナを取るような悪さをしない」と書いてあったという。

薬と骨接ぎ

恩返し譚の一種に、河童が薬とか病の療法を教えてくれるものもある。全国各地に事例があるが、青森では『日本昔話通観』にむつ市小川町(旧下北郡田名部町)、車力村豊富、弘前市の三話がある。そのほか、尾上町、板柳町館野越、東北町甲地にもある。

それぞれのきっかけと教えたものは次のとおりである(場所は上記の順)。

	〈教えるきっかけ〉	〈教えたもの〉
A	切られた腕と引き替えに	けがに効く妙薬
B	握り飯を盗んで捕らえられて	腰痛み・肩痛み・腹痛みを治す方法

C　けがを治してもらったお礼に　　骨接ぎ、打ち身止めの方法
D　切られた腕と引き替えに　　骨接ぎの秘法
E　引こうとした馬のハヅナで首を絞められて　　骨接ぎ
F　馬を引こうとして引きずられて　　病気の治るはんこ（メドチハン）

薬に関しては、これらと別に、八戸市櫛引に河童伝授の薬を持っている人がいた。漢方医である曾祖父の所に遊びに来た河童が教えたものかもしれないという。そこでは悪さを許してもらうのと引き替えとはなっていない。

板柳町館野越といえば、弘前藩の採薬係だった菅江真澄が懇意にしていた医者仲間の山崎顕貞（立朴）という人がいた。その庭に、真澄は白いタンポポをもたらした。このタンポポ、南国ではそう珍しくはないのだが、青森のような寒冷地では自生しない漢方の薬用植物（解熱健胃利尿剤）だという。河童の正体は案外このような異（邦）人で、それがもたらした珍奇な薬が河童伝説となって残ったのではないかとも考えられる。

東北町のメドチハンというのも珍しい。木でこしらえたはんこで、病人に貸すとたちどころに直ったが、いつの間にか紛失したという。

青森の薬は見たことがないが、全国各地には昔からある。九州北部で販売している河童膏薬を入手した。福岡県田川郡添田町庄に伝わる貼り薬で、河童の子供のけがを治してやった医者が、そのお礼に製法を教わったというもので、打撲、捻挫、肩こりなどに効くそうである。こうして見ると、悪さをするだけでなく、なかなかの技術者、職人ではないか。

また、津軽では高名な接骨師に河童の伝授という言い伝えがあったという。水虎信仰の圏外であるはずの深浦町大山でも、兵隊に出ていた間に仲間から骨接ぎを習ってきた人が水虎様の祠を祀っていたという事例があったらしい。この事例も骨接ぎと河童の深い関連を示している。

ここでまた横道にそれる。事例Aと事例Dで腕を切られる河童がいる。何をしてそういう羽目になったか？

事例Dではやはり馬を水中へ引こうとした。直らない悪習だ。これに対し、事例Aでは、なんと便所で武士の尻を撫でたのだ。八戸市櫛引で、川端で草取りをしている爺様の睾丸にうるさくさわってきて仕方がないので、褌に石を挟んでおいたら、「爺ァケツァ石ケツだな」と言って、それから来なくなった、という別の話もある。

腕が伸縮自在だという特長を大いに生かして、人の尻子玉を取る前に尻を撫で回すのも一つの習性であるらしい。それで、事例Aの原題を「ダッコ取りのかっぱ」という。全国の他の地方では、被害に遭うのは女性の方が多いようだが、青森の場合、腕を切られることと対になることもあって、男でもいいらしい。

ところで、尻を撫でるのは現代の学校の怪談にも共通する妖怪の行動である。トイレでしゃがんでいると下から尻を撫でられる。これはもちろん以前の薄暗い汲み取り式の便所のイメージに由来するが、完全に水洗化されていても、孤立した空間で陰部を露出したまま屈むという弱点をさらけ出すのだ。そんな姿勢が不安を誘う。しかし、河童の棲めそうにない水洗トイレから伸びてくるのは、いったい誰の手なのか？

宝物―蕪焼き長者

『日本昔話通観』に「蕪焼き長者―ほら吹き型」と分類される一連の昔話がある。そこから八戸市是川に伝わるものを紹介する。これとほとんど同じ話に、主人公の名前が少し違うが南郷村(旧中沢村中野)の「蕪焼き甚四郎」、八戸市の甚四郎の話、同じく八戸の笹四郎の話がある。

是川村の笹四郎は正直者で、親の遺言どおり蕪ばかり焼いて食べているので「蕪焼き笹四郎」と呼ばれる。村人たちがからかって嫁の世話をしてやろうと、家の前の川に白土を流し、河口にある湊村の金持ちの家へ娘を嫁にくれと申し入れる。笹四郎が大きな造り酒屋で、川の濁りが下男下女が米をとぐ汁のせいだと聞いて、金持ちは娘をすぐ嫁にやる。嫁は貧乏に驚くが一緒に暮らすようになり、持ってきた金で米を買ってきてくれと笹四郎に言う。笹四郎は「そんなものはいくらでもある」と床下を見せると、そこには金銀がいっぱいあった。

ある日笹四郎は、メドチが馬を川の中に引き込もうとするのを捕らえる。メドチは謝り、ほしい物が何でも出てくる小槌をくれる。翌日嫁の親が見に来るというので、大きな家と米蔵と馬でいっぱいの厩と何百人分の膳椀、鍋釜、料理などを出し、大宴会を開いて喜ばせる。親が帰るとき、村中の家に火をつけて夜道を明るくして送り、村人たちにはその夜のうちに小槌で建ててやった。その噂が伝わり、人々は彼を「蕪焼き長者」と呼んだ。

南郷村の甚四郎の話では、子どもたちがびっこの鷹をいじめているのを買い取ったら、その鷹がメドツをつかまえる。黒石市には野呂という人が報告した「河童を負かしたメコ鷹の話」があり、びっこではなく片目の鷹がメドツをつついて宝物と交換にメドツを許してやる。

『日本昔話通観』の昔話研究の立場からは、メドチが出てこない類話が同じ「蕪焼き長者―ほら吹き型」タイプと分類されている。金木町の万太郎の話、八戸地方のカバの話、八戸市(旧三戸郡館村)の若者の話、弘前市の蛸賀与四郎の話である。

しかし、全体の一部分だとはいえ、メコ鷹の話は河童の恩返しとしても分類されるものを持っており、私にとってはその部分が上の四話と共通の興味を引くのである。

宝物と昔話

河童は、嫌々ながら悪さをやめるだけでなく、律儀にいろんな宝物をくれもする。龍宮の住人、神でもあるのだから、その面目躍如である。

蛇足ながら、河童がくれるものによって、伝説と昔話の差異が明瞭になる。六ヶ所村の恩返し伝説では盃だったし、薬伝説では、けがに効く妙薬、痛み直しや骨接ぎの治療法などときわめて具体的、即物的だ。中には実物が現存するものもある。

他方、昔話に出てくる宝物は、いくらでも米の出てくるひき臼(文使い事例A)であり、金(文使い事例B)、酒二升とするめ一把(文使い事例C)だった。ただし、文使い事例Bでは「金が貯まるもの」と曖昧だし、文使い事例Cでは戯れに書き替えてみたという感じで、書けば何でも出てくるのだろう。また、蕪焼き長者では何でもほしいものが出てくる宝の小槌であるし、「河童を負かしたメコ鷹」では一生安楽に暮らせる宝物だった。

柳田國男がどこかで書いていたと記憶するが、いくら素朴な昔の人でも高笑いするような要素、この場合望みを何でも叶える宝物という荒唐無稽な要素を、昔話は含んでいるものなのだ。

車力村の河童の話に「河童と甚六」というのがあり、これは他とはさらに異なった性格を持っているので紹介する。

昔、柾子村に甚六という百姓がいた。男の子ばかり四人いて、妻とせっせと仕事をしたが、津軽はいつも凶作に襲われるし、甚六は酒が好きで晩酌を少しでもしないと眠れず、粥も食えない家をわが身の貧乏を忘れて助けてやるほど情け深かったので、暮らしは楽でないばかりか、ますます貧乏になるばかりだった。

ある年の春、子どもたちが腹下しを起こして寝込んでしまったので、物知りに聞いてげんのしょうこを探して呑ませて看病したが、上三人の子供は死んでしまった。残った留という末息子だけでも助けたいと、産土神に朝夕お詣りするとともに、田んぼの近くの船場に水で死んだ子供を祀る地蔵様と河童の神様が祀ってあるのにもお詣りした。

晩酌もやめ、三週間お詣りして満願の夜、疲れて囲炉裏端で眠っていると、夜中に戸口の筵をばたばたさせる音がして目が覚めた。真っ暗闇を透かして見ると、船場の河童の神様がそこにいて、お前は自分は食わず人の面倒を見て感心だから、留の命を助けてやる、そして酒もやると、五合くらい入る徳利を渡し、明日の晩酌から飲め、ただし三合でやめて、残りは絶対に飲むな、と言い置いて消えた。

夢かと思い、小便に出ようとしたら、足に徳利が触り、カポカポ音がする。栓を取って嗅ぐと酒の臭いがした。次の晩から教えられたとおり飲むと、その次の晩には徳利は酒で満たされている。そうしたことが甚六の生きている間続き、留の病気も回復し、甚六の跡を継いで、その家は河童のおかげでいつまでも栄えた。

（北沢・鈴木『ほらと河童と雪女』）

この昔話は、試練を課された主人公が帰依する対象として河童が扱われるという大きな特徴を持っており、はっきりと「河童の神様」となっている。しかも既に地蔵様と並んで祀ってあるのが注目に値する。これほどまでに河童が人々の期待を集めたことがあっただろうか？

河童が恵みをもたらす他の事例として、漢方医と仲よくなって薬の製法を教えた八戸市櫛引の話をさきに紹介した。また、同じ八戸でも小中野新町のお民屋という遊女屋では、裏の畑にメドチがキュウリを食べに来ているうちに婆さんと仲よくなって、いくら使ってもなくならない糸巻きをくれたという。そして大畑町には、恐山の開基とされる円仁慈覚大師が崖から足を踏み外してけがをしたのを河童が助けた、という奥薬研温泉カッパの湯の由来譚があり、これも無償の恵みの一種だといえよう。以上の四つの話（「河童と甚六」「八戸の薬」「河童の糸巻き」「河童の温泉」）は、後述のように、昔話の中でもより古い時代のものが生き残っているものだといわれる。

全国の昔話では、椀などの食器や家事の労力を貸してくれたり、水神らしく日照りの際に田に水を入れてくれたりするものがある。後者は「河童婿入り」といって、お爺さんが日照りの際に誰でもいいから田に水を入れてくれたら娘を嫁にやる、と独り言を言うとそのとおりになり、河童が娘を取って行くが、娘の機転で戻ることができる、というものである。河童の代わりに猿なら「猿婿入り」、蛇なら「蛇婿入り」という。これらの類縁話には、結婚してからの話の推移によっていくつかのヴァリエイションを生じる。

だが、『日本昔話通観』やその他の文献を見る限り、青森には猿婿や蛇婿はあっても、なぜか「河童婿入り」の話はない。暗く陰惨な子供を産ませた話が多いことと、何か関連しているのだろうか。

櫛引八幡宮の河童

八戸市にある櫛引八幡宮、通称やわた(八幡)の八幡様には、これまで紹介したのも含めていくつもの河童伝説が伝わっている。以下、川合勇太郎『ふるさとの伝説』に依拠して紹介する。

A　左甚五郎が社殿の建立をしたときに、寸法を間違って切った柱を川に投げ捨て、それがメドツになった。投げられるとき尻でも食えと言われ、人馬の尻を狙って食うので、人々は八幡様にどうにかしてくれるよう頼んだ。八幡様は鷹を使ってメドツを捕らえたが、メドツが強情なので鷹が嘴でその頭をつつき、それが皿になった。八幡様は人馬の尻を取ることを禁じたが、メドツの懇願により、旧暦七月一日から一六日まで区域を決めて許可した。

B　左甚五郎が社殿の建立をしたときに、木屑を人形として働かせた末に川に捨て、それがメドツになった。このメドツに人馬の被害を受けたために、人々が八幡様にお願いする。八幡様はメドツを呼びにやるが忙しいと相手にしなかったので鷹に言いつけて捕らえた。尋問でメドツはこう告白する。自分が元は八甲田のケヤキの木で、八幡宮の来迎柱になるために引いてこられたのに左甚五郎に寸法を間違われて切って捨てられた。そのとき甚五郎が尻でも食えと言ったからそのとおりにしている。あろうことか、甚五郎は娘を川に沈めている。というのは、寸法を間違った処理に枡形を組むという知恵を出してくれたのが娘で、それが知れると自分の恥になると思ったからだと。八幡様はメドツに尻を取るのをやめよと言うが、メドツが反抗するので鷹が嘴でその頭をつつき、それが皿になった。メドツの懇願により、旧暦七月七日から一六日まで矢倉の入り口から里川の川口まで人一人、馬一頭だけ許可した。

このAとBはきわめてよく似たヴァリエイションである。Aの方が単純だが、ここで紹介した再話ではなくオリジナルでは、柱を捨てるに至った経緯の中にBと同じく娘の知恵のくだりが含まれているのかもしれない。Bには娘殺しのモチーフが加わった。それがまた変異して次の話となる。

C　左甚五郎が別のあるお寺の建立をしたときに、寸法を間違って来迎柱に貫を通してしまった。それを隠して悩んでいると娘が枡形の知恵をくれたので、木屑まで動員して働かせ、完成した。切った柱は貫を通したまま川に投げ捨てられ、それが腕が左右に抜けるメドツになった。完成後、甚五郎は殿様にほめられたが、娘の知恵を借りたとわかれば名折れになると思い、娘を斬り殺した。娘はそれを恨んで毎夜父の細工場に現れたので、甚五郎は細工場の神様として祀った。今でも細工場にしめ縄を張って供え物をし、女を入れないのはそれからだという。

娘が消え、メドツが変異すると次の話になる。

D　左甚五郎が八幡宮と相内観音堂（三戸郡南部町）、清水寺の観音堂（八戸市是川）の三つのお堂を建てるとき、矢倉の沢で二一日間水ごりをとった。彼は、昼間は材料を見回るだけで仕事をしない。そういうことが二〇日間続いた夕方、水ごりの小屋を焼き払って八幡に現れた甚五郎が白装束で木材を削り始めると、木屑が白装束の大工となって働き始め、みるみるお堂が建っていった。明け方近く、木屑の大工は闇に溶けるように消えていった。ところがもう一枚壁板を打ちつける段になって、鶏の声がして、甚五郎はそれを打ちつけないで立ち去った。その後誰がやってもその板は張ることができない(清水寺観音堂にある)。

ここから、木片の大工たちが、このまま人間で置いてくれと頼み、甚五郎に木屑は腐るがいいのかと聞かれ、承諾したうえで人間にしてもらったが、やがてドス(ハンセン病)になった、という話が生まれたそうだ。

櫛引八幡宮本殿の脇障子には、「滝や老松を背景にした岩の上に、メドツをふんづかまえているタカの彫刻」がある(なかなか見つけづらいが)。

本殿の脇障子に、右側が梅に鶏太鼓、左側が鷹にメドツという他に例のない彫刻が施されている。鷹の両足に首と腹を取り押さえられたメドツは苦しそうに首をよじっているようだ。社殿の正面脇の池にも河童の人形が数体ある。

櫛引八幡宮のメドツ
(八戸市博物館「カッパ展」図録より)

左甚五郎とメドツ伝説

でも、なぜ左甚五郎とメドツなのか?

河童に関する豊富な研究の蓄積は、次のことを教えてくれる。最も関連深いのは、大工職との係わりである。木屑からの変身は、尊い寺社の柱なら木屑でも神霊がこもっているのであろうが、「捨てられた」ということに力点を置けば、身分の低い日雇い職人層が伝説の中の人形に当たるだろう。歴史的に職人層は身分が低く、土木・建築を生業とする技能集団は、「非人」や「河原者」などと呼ばれ、差別を受けてきた人たちでもあった。またここに、安倍晴明などの陰陽師が使った人形、式神(しきがみ)の末裔がこうした層になったという伝説も混じってくる。定住せず放浪するならば、目撃談に言う「モソッと」した髪になっても当然だ。河童=技術者説というならば、左甚五郎伝説とは少し色彩が違うけれども、薬や骨接ぎの技術を教えるのも、立派な技術者として扱われているのではないか。

また、河童の手が抜けやすいことと人形を用いた儀礼との関連も注目される。その一つは建築儀礼である。東北地方の一部で棟上式に櫛や扇などとともに雛が祀られる習俗があり、青森でも、五戸町付近でそういう例があった。棟上雛の由来として、左甚五郎伝説事例Cとそっくりの大工と女房の話が山形県庄内地方に伝わっているという。樹木の精霊を家屋の守護霊とする儀礼なのだろう。

さらに、青森では藁人形を用いた儀礼がある。代表的なものは田植え後の虫送りで、津軽では藁で蛇の体を作るが、南部の虫ボリ、虫ボイと呼ばれるものでは、男女一対の藁人形が集落を引き回された後に村はずれに立てられたり、谷底に放り投げられる。

菅江真澄も虫送りを見ている。幕末近く、彼が寛政八(一七九六)年七月六日に今の森田村付近で目撃し

虫(木造町)

人形(田子町)

虫送りに使われる藁製の虫や人形は、厄災が集落に入らないように境界に立てたり木に掛けたりするほか、海に流したり燃やしたりする所もある。一般的には人の形を作り、津軽で龍蛇の形に作り、それを「虫」とするのは全国でも珍しい。

津軽の虫と南部の人形

た虫送りの様子は現在のものと少し趣が違っている。

坂くだりて船岡、床前、大館に到るほど、むしおくりすとて、人のかたしろ、むしのかたしろをあまた作りもち、いろいろの紙幡を風にふかせ、つゞみ、笛、かね、宝螺吹、ねりさわぎ戯れ舞ひて田づら田づらをめぐり、はてはては、つるぎ太刀してきりはらふのわざもありけるとなん。

(『外浜奇勝』)

また、津軽では、ボノ神送りとして、耕作時期前に藁人形を作り、担ぎ回った後に川に流して疫神を送る行事や、カミサマによって病気の原因とされた犬・蛇などの祟りを移した藁人形を川に流す祭りがある。いや、犬や蛇だけではない、水虎様に誘われているのだというお告げもある。こんなときにも藁人形を作って着物を着せ、キュウリなど供物をつけて川に流すのである。五所川原市福山、森田村相野、木造町永田、菰槌、深浦町大山、車力村下車力に例がある。これらは、かつて人が病気や災難を逃れるために、わが身の形代を流して水の神に無事を祈ったことを物語るのだろう。

左甚五郎説話は、こうした技術者と人形のイメージが相互にダブり、木屑や柱の残骸が河童になって生まれ変わったのだろうと思われる。

蛇と河童

『日本昔話通観』にはもう一種類河童の話が載っている。原題を「へびからもらった宝物」という、木造町林（旧出精村）の話である。

　赤石沢目（鰺ヶ沢町）の木こり二人が山奥で休んでいると、毛むくじゃらの手が伸びてきて一人の足をつかみ、「わしは大蛇で、桂の木がじゃまで天に昇って龍になれない。切ってくれたら宝物をやる」と言う。切ってやると、黒雲が湧き、大雨となり、大蛇が龍となって昇天する。その後へ行ってみると、河童が宝物を持っていこうとして争いになるが、大蛇からもらった書きつけで河童を納得させて家に帰る。家では木こりの二一回忌をしていた。

　この話は、「蛇のあと河童の持ちまえ」ということわざの由来を示している（青森市野内のもの。内田『津軽口碑集』より）。津軽地方の別のことわざで、「蛇の敷き金河童の持ちまえ」（五所川原市）というのがある。昇天する龍が置いていく金を「蛇の敷き金」といい、河童のものになるという言い伝えである。同じ五所川原市に「食い残しは下女のもの」というのもあって、主人の立ち去った後を誰かが占めるという同じ意味である、と内田は伝える。

真正面から権利を主張するというのとは対照的な、みみっちいというか、こすっからいというか、どこか小心な、「鬼の居ぬ間に洗濯」のようなイメージだ。そう言えば、恩返しの話でも、飼い主が離れている間に馬を引こうとしたり、握り飯を取ろうとしたり、コソ泥のような行動が持ち前だった。場所や時間を特定した例外を設ける「約束の作法」事例Bのような現実的な約束も、そんな性格を表していなくもない。悪しき神の最も落ちぶれた姿が現れているのだろうか。

さらには、龍神と河童の関係を象徴しているようでもある。だが、このことについてはもう少し後で述べたい。

三　伝説の地誌

伝説の分布

これまでの伝説や説話がどこに分布しているのかまとめてみる。昔話集成、伝説集、市町村史、民俗資料調査報告書など伝承採集の密度がまちまちな資料を一緒くたにし、同一町村内の類話や前後の重複も整理していないから、偏りは否めない。できる限り伝説の中の場所を把握しようとするも、追いきれずに話者の居住地（昔話の採集地）で代替せざるをえなかった場合もある。

伝説類の分布

	目撃	子供	小計	文使い	運定め	恩返し	薬	宝物	その他	小計	合計
東青地域						1				1	1
平内町						1				1	1
中弘南黒地域	6		6	1	1	1	2	1		6	12
弘前市				1			1			2	2
黒石市	1		1					1		1	2
岩木町	1		1								1
相馬村	2		2								2
西目屋村	1		1								1
尾上町							1			1	1
浪岡町	1		1			1				1	2
常盤村					1					1	1
北五地域	2		2			2	1			3	5
五所川原市						1				1	1
板柳町	1		1				1			1	2
金木町	1		1								1
鶴田町						1				1	1
西地域	6		6			7(1)	1	1(1)	1	10(2)	16(2)
鰺ヶ沢町						1				1	1
木造町	2		2			1(1)			1	2(1)	4(1)
森田村	1		1			1				1	2
稲垣村						1				1	1
車力村	3		3			3	1	1(1)		5(1)	8(1)
上十三地域	3	6	9		1	2	1			4	13
十和田市	1	1	2		1					1	3
十和田湖町	1	4	5			1				1	6
東北町							1			1	1
下田町		1	1								1
六ヶ所村	1		1			1				1	2
三八地域	3	4	7	2		11(1)		6(2)		19(3)	26(3)
八戸市		3	3	1		4(1)		5(2)		10(3)	13(3)
三戸町	1		1			1				1	2
五戸町	1	1	2			1				1	3
田子町						1				1	1
階上町	1		1	1		1				2	3
南郷村						3		1		4	4
下北地域	1	1	2			1	1	1(1)		3(1)	5(1)
むつ市		1	1				1			1	2
大畑町						1		1(1)		2(1)	2(1)
東通村	1		1								1
合計	21	11	32	3	2	25(2)	6	9(4)	1	46(6)	78(6)

注：(　)書きはa-b破片型及び恵み型で、若干性格が異なるが、内数としてカウントしている。

前出の伝説類から左甚五郎伝説を除いて、目撃談、子供を生ませる話（以下「子供」という）、文使い、運定め、恩返し、薬、宝物、その他（「蛇と河童」一件しかないが）の主題別、市町村ごとに整理した。恩返しの中には、恩を返すまでもなく消えたり殺されたりするもの二件（「風張りの相撲取り」「下福原の万助」で、後述のａ－ｂ破片型）を、宝物の中には、捕まらなくとも恵みを与えるもの四件（「河童と甚六」「八戸の薬」「河童の糸巻き」「河童の温泉」）を含む。

総件数は目撃談と子供が三二件、昔話類四六件で、合計重複を含めて七八件、分布は三二市町村に及ぶ。三八地域（八戸市と三戸郡）が最も多く、全体の三分の一を占める。次いで西地域（西津軽郡）で、上十三地域（十和田市、三沢市と上北郡）及び中弘南黒地域（弘前市、黒石市と中・南津軽郡）が続く。

こうした河童の伝承の分布を左右する事情として考えられるのは、まず河川や湖沼の存在である。水の恵みか洪水の恐ろしさか、どちらを重く見るかは異なるけれども、河童は水の神との縁が深いから当然だろう。分布を地図に落としてみるとピンとくるように、馬淵川（新井田川を含む）、岩木川、奥入瀬川の三大水系に支配されているといえる。局所的な偏りはあるが、かなりの上流から比較的まんべんなく分布する。

河童伝承は農業水利と関連すると唱える論者がいる。河童が今の姿になったのは近世以降である。その頃、曲がりなりに人の手つまり土木技術で自然をある程度制御できるようになったことを反映しているのだ。だが、土木構造物は貧弱で、堰で泳ぐ子供たちがいたずらして簡単に壊せる程度のものだった。堰が壊れると取水不能になるばかりでなく、せっかく築いた上下流の水配分ルールまでが乱されて社会的緊張をもたらしてしまう。そこで防止策として河童伝説を用いて子供たちを教育したというのである。

近世以降、水利施設を伴い開発がかなりの奥地や条件の悪い土地にまで進んだ。青森では、津軽・南部

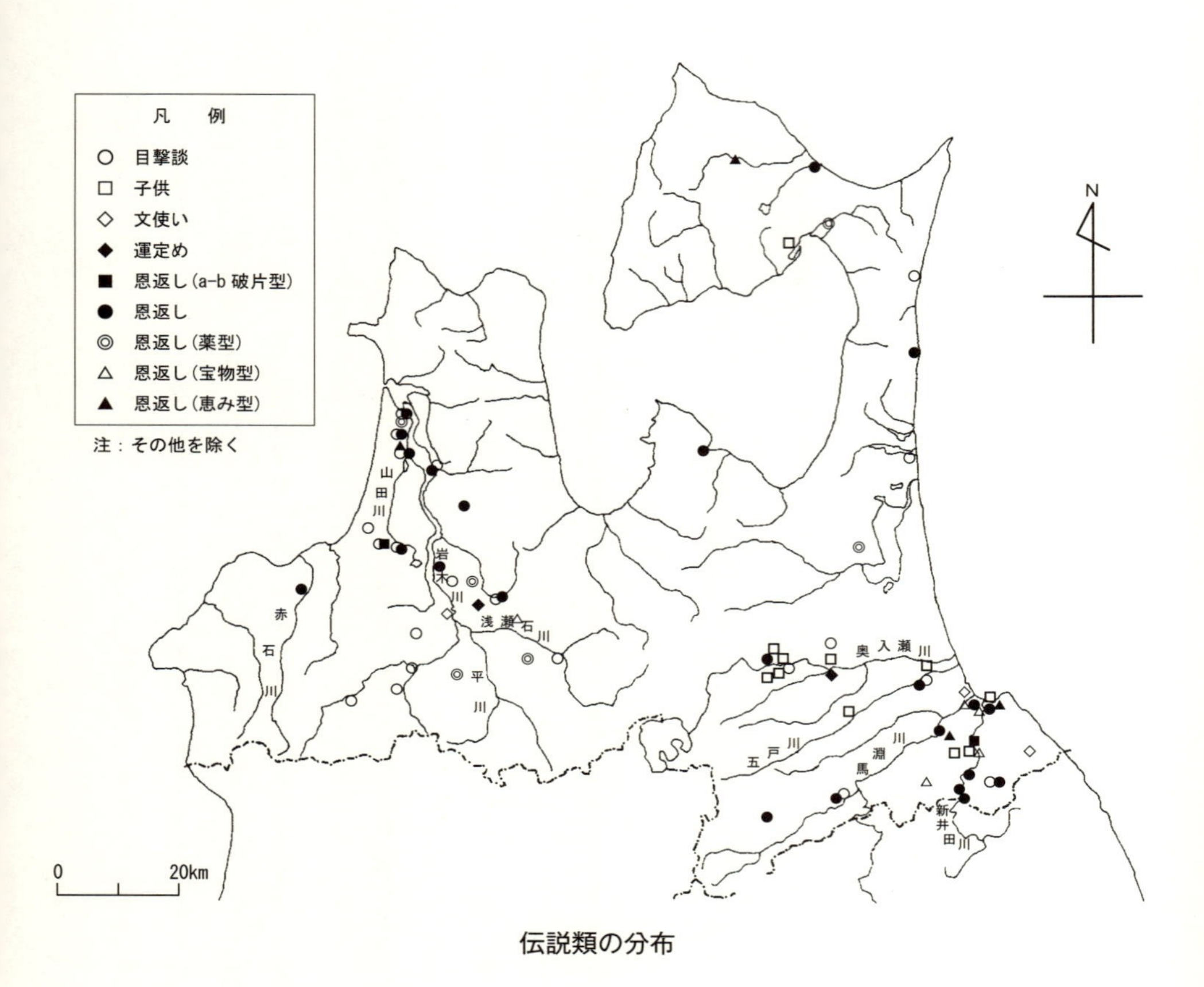

伝説類の分布

両藩に分割が確定後、新田開発が盛んに進められた。その際立村された新田村は、主に西・北・南津軽郡の平野部と三本木原台地に多い。それらと古村、すなわち一六世紀以前の文献に名が見える村々（旧村または集落）とでは農業水利の状況がかなり異なっている。

この頃までには、鬼や天狗といった想像を絶する能力を持つ本格的な妖怪、あるいは神は深い山奥のような日常生活圏外の本格的な「異界」にしかいなくなった。人家の周辺には人に似て人の手の届く、かわいげのある妖怪だけが出没する。でも、落ちぶれたとはいえ妖怪は妖怪、出没するのは人家の周辺でも生活の匂いが濃厚な領域ではない。家の中でも奥座敷や便所、そして墓地、橋、辻、峠、坂、河川や森との境など、明確には区切られない曖昧な領域、「境界」の領域に出現する。河童もしかり。人工と自然の境界領域、人間がコントロールできる小さな川や人工の水利施設（堰や水路）が格好の住処となる。

ところで、伝説は具体的な場所に即して語られる。八戸市の櫛引八幡宮にいくつもの左甚五郎・メドツ伝説が集中していたように、寺社は伝説を生み出すのにふさわしい。ましてや水の神の信仰に龍蛇・十和田信仰などが深く関わるのが青森の特徴である。

龍蛇神の信仰の一端に八郎太郎（八太郎）と呼ばれる伝説があり、いろいろなヴァリエイションが知られるが、だいたいこういう内容のものである。

マタギの八郎太郎が谷川に水を汲みに行った。岩魚が捕れ、それを食べたら無性に喉が渇き、ついには谷川の水を呑み干して蛇の姿をした神になってしまい、川を堰き止めて十和田湖を造った。ところが、南祖坊という行者が来て八郎太郎と戦い、十和田湖から彼を追い出して代わりに主になった。それが青森で信仰される十和田様である。追い出された八郎太郎は各地で川を堰き止めて住処を造ろうとしたが、ことごとく妨害され、最後に八郎潟に落ち着いたという。

この伝説で興味深いのは、八郎太郎が新たな住処を求めた場所が河童伝説の分布と重なることである。工藤白龍の『津軽俗説選』に、八太郎が十三湖と平川の淵に棲もうとやって来たが河伯（河童）に追われた、とある。住処となる場所が競合するのだ。

そんな基盤の上に、人々の信仰に対する態度、知識の流通の状態などが関わってきて、河童（とその伝説）の出現する素地が形成される。太平の世、江戸の文人たちは知識を蓄積して各種の書物を出版し、大量に流通するようになった。彼らは随筆に不思議な出来事を書き記すことを好み、河童のイメージの確立・流通にも貢献した。後は口伝え（口碑）で農村へ普及していくのは時間の問題だ。

津軽平野を開発し尽くした観のある弘前藩でも事情は同様だったと思われる。菅江真澄が頼った文人たちの多くは、藩の政策で分散して郷士ともいうべき存在になっていた。そういう素地から、怪異譚を集めた平尾魯仙の『谷の響』のような書物が出てきたのだろう。小さくても八戸や湊のような交易の拠点で人が集まり交流する。

以上のような議論を念頭に、伝承の分布を見ていくことにしよう。

メドツはどんな所にいるか？

Ⅱ－一冒頭に掲げた目撃談と昔話類二一件は、それぞれ次のような場所での出来事である。

A　相馬村紙漉沢。岩木川の地蔵淵という所で釣りをしていた人が水中から伸びてきた手を追って潜り、浮上したら紙漉沢だったという話である。

紙漉沢は岩木川本流が平野部へ流出する出口で、天文年間（一五三二～五五）の北畠氏の作という地名帳「津軽郡中名字」に名が見える古村である。岩木川が大きく蛇行し、カーブの先端に支川相馬川が合流する。蛇行を意味する川袋という集落がある。

合流点上流約一kmの岩木川本流には杭止（くいと）堰が、合流点の直下には長瀬堰があった。それらは藩営の新田開発が津軽平野中・下流部で活発になる前に築造されたもので、当然目撃当時〈文化元〈一八〇四〉

年)には存在していた。ただし、古くから拓かれた紙漉沢の水田は一部を除いてそこに水源を求めているわけではなく、かなり上流に設置した別の堰から引水している。

B　十和田市稲生町。『三本木開拓日誌』に「此御林(引用者注：蒼前林)の儀は先年より村々の者共中へ這入る事無之實は今熊前道澤より傳へ登り候ものにも御座候哉めどし(河童)居合い候て梢に登り居候」と記載されている。

蒼前林は現在の稲荷神社で三本木平の真ん中にあり、ここへ伝ってきたとあるから、元の住処は「……より」の直前に記された場所ということになるが、この記事をどう読んだらいいのか。「實は今、熊前道澤より」と読むのか、「實は、今熊前道澤より」と読むのかである。

『ふるさとの伝説』の著者川合勇太郎は、「熊前道澤」を奥入瀬川支流で稲生川に縁の深い熊の沢川としている。目撃の年(安政六〈一八五九〉年)には既に三本木開発の難工事穴堰も、熊の沢川からの取水口も完成しており、この年にはそこから後の稲生川となる水路に通水できたので、これを数キロも延々と伝ってきたのだろうか。とすれば通水が五月だから、目撃はその直後(七月)だったことになる。

稲荷神社はこの年、社領五石が寄進されて敷地を開き、周囲に土手と堀を設け門前の深い谷地を埋め立てる整備が行われた。どの程度の谷地かは不明であるが、関連して考えられるもう一つのことは、六戸町折茂に今熊という地名があり、そこから十和田の稲荷神社の方に向かって、三本木台地を開析する沢(現在、これを稲生川の余水を受ける水路として「今熊堰」と呼ぶ)が切れ込んで稲生町のすぐ側まで迫っていることである。この沢はかなり長く深いから、河童の住処にはなるだろう。また、この沢を登ってきたのだとすると、沢が流入する奥入瀬川から遡上したのかもしれない。

なお、稲荷神社の境内には大池神社があり、水神を祀っている。

C　十和田湖町沢田太田。沢田村は正保四(一六四七)年の南部領内総絵図に記述のある古村で、十和田湖町の水田の中心にある。明治初年の『新撰陸奥国誌』(県が編纂した唯一の官選地誌。以下、明治初年の戸数はこれによる)では、支村太田は家数三〇戸の集落だった。

目撃談では「沢田川即ち太田堰の端」となっている。村史に「沢田川は河身が短小だつたから今は奥瀬大堰が旧川を合せ通り、その跡形は見られぬけれども、江戸時代の初めにあつては、沢田開拓には他の水流とともに重要な役割を果したものであつた」とある。目撃談の沢田川は、上流の奥瀬堰から引水して元の沢田川に通す用水路を指し、太田堰はその一支線をなす。「水車の側」という記述もあり、いずれにせよ人工の水路だろう。

D　西目屋村砂子瀬。岩木川本流に支流湯ノ沢川が合流する地点、役場のある田代から約一二km奥地の集落で、「津軽郡中名字」に見える古村である。元は目屋ダムの貯水池(美山湖)の底にあり、現在は住民の一部が湖岸に移転して集落を形成する。藩政時代から鉱山が開発されていたが、罪人の配流地でもあった。

民俗調査が実施された昭和二七(一九五二)年前後に住民は七五戸、五八〇人、水田は四〇町、畑八〇町程度で、明治まではその半分もなかったという。鉱山人夫の他には山仕事と雑穀栽培を主な生業とする隔絶された山間集落だった。

E　五戸町上市川石呑。永仁五(一二九七)年の「五戸郷検注注進状」に市川の記述があり、五戸川のほとりの支村石呑は明治初年に家数三二戸だった。

天保七(一八三六)年、幅の狭い低地が広がる石呑谷地に新田開発が及んだ。その際、五戸川から引水する「五戸町天神下タ切谷地村用水堰」が延長された。この五戸川中流右岸の幹線用水は、石呑のはるか上流から取水し川沿いの低地を灌漑するために藩政初期に築造されたもので、新田開発のたびに延長されていった。同年には、上流からの延長と同時に、用水不足を補うために上市川用水堰と新たに築造した用水堰からも引水してこの水路に接続したといわれている。

石呑の集落は、この水田と五戸川に挟まれた自然堤防上に立地している。目撃したのは、五戸川での馬の水浴びのときだった。

F 岩木町新岡。岩木山麓の小盆地にあり、「津軽郡中名字」に見える古村である。

目撃談は「川端の柳の木」とある。集落の北側に沢を堰き止めた池から流下する血洗川が、南側（葛原）にはたこ川が流れているにもかかわらず、新岡の水田へは、そこからではなく、上流の沢から山腹を這う水路によって水を引く。

なお、岩木山麓は湧水が多く、多くの小さな祠を祀る。ここでは湧き壺という湧水源が神聖視されている。

G 板柳町。目撃した人は館野越在住で、町の東側に位置するのに対して、五所川原堰用水路は町の西端を限る岩木川に沿うように走るから、相当離れている。

この用水は元禄四（一六九一）年に完成し、『津軽信政公事績』に「藤崎村地内大口より五所川原村各分水口迄町壱万八百二十四間（五里二十四間なり）、幅平均二間半位、深さ平均二間位」とあるほど長大な用水である。宝暦一〇（一七六〇）年、この堰の下流に並行して足水（たしみず）堰（鶴田堰）が設けられ、水争いが絶えなかった。現在は水利系統が統合され、この頃の面影はない。

河童は人に見つかりモッケ泳ぎ（平泳ぎ）で逃げたというから、堰（水路）に棲んでいたようだ。目撃談は、上の樋と下の樋がある所の下の樋に河童が腰かけているのを見たと伝える。五所川原堰と上流から引水する枝川堰が立体交差していた場所と思われる。以前の事情を知る人に聞いたところ、上になる枝川堰は掛樋(何の材質か記憶はないが)を渡していたという。あるいはまた、統合前の五所川原・足水の両用水かその他の用水路が、至近距離で並行していたことを表現したものか。

H　金木町神原。金木川河畔に川刈りに行って目撃。目撃者は賽の河原の地蔵祭りで有名な川倉の人。神原は岩木川と金木川の合流点付近にあり、金木新田一八ヶ村の一つで明治初年に家数二一戸とある。『津軽信政公事績』の宝永三(一七〇六)年の条には、川除堤を造って現在地に移転したとあるし、その後もたびたび水害を受けたようだ。

農業水利施設としては、東に隣接する蒔田村から北の豊島村(中里町)に入る幅平均一間一尺の大堰と、幅平均三尺の豊島堰があり、神原村の水田約六町半余りを潤していたという記事が文献に見える。

I　東通村小田野沢。原発事業所へ行く途中の原野を流れる川は、昔は幅が広く、深い淵が渦を巻き、子供がこの淵に沈んで水死したという。

小田野沢は、集落の神社が正保年間(一六四四～四七)に勧請されたとされ、起源はその時代と思われる。津波で集落の位置が移動し、現在は集落を流れる「かま川」の南に立地するが、古くは川の北にあったという。

集落周辺には原野が広がり、半農半漁の集落が沢沿いの水田で全面的に稲を作るのは昭和年代以降で、以前はヒエを植えていた。原野に畑地が散在するものの、多くは家畜のための共有草刈場となり、小川で区画して持分を分けて牛を放牧したり、牛が食べない「ヤジ草」を厩の敷草として刈っていた。古川古松軒はこの辺りの風景を「広大限りなき原野」、「中華にて虎のすむ所」と表現した。

大きな河川は集落からかなり南に離れた小老部川の他にはなく、原野を横断するのは背後山地や湿性原野から流出するキト、オット、エジャサキなどと呼ばれるごく小さな河川である。

J 木造町越水。越水は寛文年間(一六六一～七二)開拓になる屏風山砂丘の東南部末端一帯の旧村名で、現在も集落名として残る。

この付近から車力村まで、背後に砂丘を負い前面に水田の開けた集落が、砂丘末端に沿って南北に並ぶ。水田は岩木川氾濫原のために排水が悪く、雨期には洪水(「水いかり」という)となり、その反面、水源は背後の地形を利用した溜池しかなく、旱魃時には著しい用水不足に悩まされた。

伝承ではメドチは「川や沼地に棲み」となっているが、「川」は縦横に張り巡らされた農業用・排水路、「沼地」は腰までぬかるむ水田である可能性も打ち消せない。

K 森田村上相野。越水村より少し山側、海抜五～八mの平坦部に位置するため、少し早く慶安年間(一六四八～五二)に開発されたとされる旧村である。

山田野台地末端に築かれた廻堰大溜池の北、土淵堰と中放川との間に立地し、事例Jと同様、メドチは「堰の下などの深い所に棲」むとの伝承を実感できる。

L 車力村下車力。岩木川の下流に位置し、文化元(一八〇四)年の成立になるという。集落は岩木川堤防沿いに南北に細長く続き、この堤防築造と排水河川である山田川の掘削は、集落の成立に切っても切り離せない。

ここでもメドチは「堰や沼に棲んでいる」といわれる。「堰や沼」の事情は事例JやKとさほど変わらない。

M 相馬村藤沢。事例Aの紙漉沢から相馬川をさらに二㎞ほど遡り、支流作沢川との合流点付近に位置する集落で、正保二(一六四五)年の「津軽知行高之帳」にある古村である。明治初年には家数四〇戸、土地はきわめてやせ、田畑は少ないと記載される。

それでも藤沢付近では、段丘上の水田に灌漑するために、作沢川に堰を設置して取水している。

N　黒石市温湯。浅瀬石川が山地から出た谷口に立地する古村の集落で、温泉郷として知られる。明治初年に家数六九戸だったが、平坦なれども土地がやせ、食料が足らず耕作の合間に炭焼きで生活を補う。キュウリが好物の河童に川畑が食い荒らされると伝えられ、浅瀬石川の河原にまで畑を作って食料を補ったことがうかがえる。
ここの右岸に蛾虫坂という場所があり、八郎太郎が堰き止めて潟を造り、住処にしようとしたが、観音様に叱られて中止したという伝説がある。

O　六ヶ所村鷹架。「南部領内総絵図」に記載。六ヶ所村付近は南部藩時代には牧野の地として経営され、鷹架は明治初年に家数わずか五戸の寒村だった。
この辺りには、河川が河口を砂で堰き止められた大小の湖沼が散在する。鷹架に面する鷹架沼のほか、尾駮沼、市柳沼などがあり、その間に小さな河川が流れるばかりである。鷹架沼は戦後に河口堰が設置されて淡水化されるまでは高鹹水湖だった。

P　階上町田代。新井田川の支流松館川のかなり上流に位置し、田代の名は、開田によるものだという。
それまでは水田よりも畑が主で、隣接する尾駮集落では、キュウリ畑に裸で行くとメドチにヘソをかじられるといわれた。また、昭和四七(一九七二)年、水田に一対の親子ないし夫婦メドチの足跡が発見され、一騒ぎになったという。

元和四(一六一八)年の知行目録に名が見えるが、その後の検地では低地には水田があるものの、畑が多かった。

昔話は、上田代から下田代へ行く途中の堤坂での話である。その名のとおり、以前には溜池(堤)だったというが、メドツが悪さをやめる約束をしたら水が涸れ、険しい坂になったと伝えられる。

Q 三戸町川守田関根。川守田は永正年間(一五〇四〜二一)の文書に名が見える古村。関根は馬淵川支流熊原川が貫流する三戸町のほぼ中心にあり、旧三戸城とその城下町の対岸、蛇行する熊原川が形成した河岸段丘上に位置する。

昔話は、熊原川の、三戸城下(二日町)と関根を結ぶ関根橋のたもとでの出来事だった。

R 車力村。詳細は不明だが、萢に馬を放し朝草刈りをしていたときに出たという。萢は低湿地のことで、勾配のごく緩い岩木川氾濫原で末端の十三湖面との高低差がないため、降雨時には上流部や小河川の水が流下せず、干天時には河川より湖面の水位が高くなって潮による塩害を受ける土地だった。水田に利用すれば、腰まで浸かる「腰切り田」、胸まで埋まる「乳切り田」だった。あるいは簾や建材に使う葦を刈る葦原や放牧地となる。湿地に埋まった植物が泥炭(「サルケ」と呼ぶ)化し、厚く層をなす所では、地面を掘って泥炭を煉瓦状に切り出し、乾燥し燃料に使った。元の湿地で沈むうえに、地面の堀穴に草が茂って見えず、落ち込む事故もあった。

S 木造町下福原。寛文四(一六六四)年の開村といわれる新田村で、十三湖に注ぐ山田川の支流妙堂川左岸一帯をさし、後に越水村の大字となった。

昔話は山田川の土手での出来事だ。山田川は森田村の狄ヶ館(えぞたて)溜池から何本もの河川を合流して田光沼に入り、その後十三湖に注ぐ。洪水時十三湖の水位が上昇して逆流したため氾濫の記録に事欠かず、藩政期から治水工事が繰り返された。文化一三(一八一六)年には、二万七千人に及ぶ動員で堤防を築き、河床を掘り下げたとある。

T 車力村富萢。十三湖に近く、山田川の最下流部に位置する。万治二(一六五九)年頃の開発による立村といわれる。河童は、そこから少し離れた早川の川端に出現した。

早川は、岩木川が分岐して十三湖に流入する一支流である。湖に流入する際、三角州(鳥趾状三角州という)を形成するが、一帯はいわゆる萢となる。早川のような川は河道沿いにわずかしか泥土を堆積しないので、河道と河道の間は葦が茂る沼沢性の泥炭地か浅い湖沼だった。

U 浪岡町増館。十川にほど近い集落であり、「津軽知行高之帳」に記載される。河童がいたのは十川の岸、柳の木の下である。

すぐ隣の福島(常盤村)は「津軽郡中名字」に「十川端」という名で記載された古村で、十川の氾濫によって何度か移動して現在地に落ち着いたといわれる。おそらくこの増館の立地においても事情は同様だったのだろう。

湿性世界の構図

目撃場所を整理すると、当然のことながら、水に関係の深い場所で目撃されている(次頁表、記述によっては重複計上)。しかも、人里離れた地ではなく、集落のすぐ近傍である。

人工的な水利施設か河川や原野、池沼など自然の場所かといえば、人工施設は約四分の一、圧倒的に自然の場所が多い。落ちぶれてはいても、河童は一応野生児なのである。

しかし、区分はやや曖昧だ。堰と水路は、人工施設という共通の性格を持つものの形態は画然と区別できる。これに対し水路と川では、時代が遡れば遡るほど水路に人工物を使用しない(土水路)から、形態上の区別が困難である。農業用水路を「川」と呼ぶことは普通だ。

最も多いのが川原、次いで川である。川原へは農耕に不可欠な馬の水浴び、飼料や敷草刈りのような仕事をしに行った。川は流水の中を意味しており、本当の住処はむしろこちらの方にある。

ただ、岩木川の中・下流域では、川と萢、沼の区別が明確とは言いがたい。全面的に、あるいは部分的に、人馬が落ち込むようなきわめて軟弱な地盤であり、洪水時には一面湛水し、普段は葦などの湿性植物が生い茂る原野となっていて、水が所々で流れたり溜まったりしている。そんな状態は川や萢、あるいは沼とまで呼ぶことができてしまう。

河童の目撃場所

目撃場所		件数	備考
堰		4	A，K，L，M
水路		3	B，C，G
川		6	A，B，D，J，M，Q
	川原	7	E，F，H，N，S，T，U
萢		2	I，R
池沼		4	J，L，O，P
合計		26	重複を含む

注：AからUまでは河童の目撃場所

もっといえば、ここでの「原野」は、人手が加わって生産のために使われる空間つまり水田と、ほんの一昔前までは明確に区別されるものではなかった。この中間的な性格を持つ湿地空間は、人間の生産や生活には不便でも、河童にとっては貴重ではないか。

さらに堰の上流では、水位が高まり水が溜まっているように見え、メドチの語源探索にあるような「目処淵」の状態になっている。そうすれば堰と池や沼の区別も曖昧になってくる（堰では実際には流水であることは言うまでもないが）。屏風山砂丘帯に造られた溜池を考えると、自然の場所と人工施設の区別も曖昧になる。

萢というのは、これら曖昧で中間的な空間を総称するものとして独特の位置を占めるように思われる。中間といえば、河童とは交、異なる原理の交錯のことだという説があったことは前に見た。流れと淀み、乾と湿、相反する原理の交錯する所に河童がいる。そこには萢がある。

だから、河童の棲息に必要な湿性世界（水界）は、次の図式のような関係となって成立しているといえよう。

水 ―― 流水（ながれ）―萢（湿地）―滞留水（よどみ）（さらに「―流水」）

―― 乾地

なお、もっと個別には、事例A、H及びMでは二つの河川の合流点付近、事例Fと事例Uでは河畔の柳の木の下という特徴がある。

実在―架空の空間論

津軽地方では、昔話類が弘前城下を中心とする平野部に散らばるのに対して、目撃談は山中あるいは山麓に分布していた。この対比は、弘前から見れば、実在するものは遠い山に、伝説と化したものは近くの農村地帯、すなわち人里に分布する、といえる。

　つまり、

架空―近く―里―日常圏　／　実在―遠く―山―異界

という空間的対比ができそうである。北五・西地域を含めた津軽地方全体を考えてみても、この対比は妥当に思える。目撃談として挙げたうち、板柳町と金木町の二件以外はすべて昔話だからである。新田開発によって日常の生活圏は用・排水路とともに津軽平野一面に展開し、そこには河童のような存在はもはや昔話のファンタジーでしか残らない。実見できる未確認生物（UMA）が棲むような本格的な異界は岩木山～白神山地～八甲田山系に押しやられてしまったのだろう。

　南部地方ではどうか。実際の目撃談は五戸町石呑、十和田湖町沢田、十和田市三本木、六ヶ所村鷹架、東通村小田野沢にある。南部ではさらに、子供を生ませる話がそれと匹敵するものとしていいだろう。それとても十和田湖町の四件以外は、むつ市大平、十和田市相坂、下田町三本木、八戸城下からそう遠くない八戸市是川と土橋にある。さらに五戸町では町の中心新丁にあった。でも、現代の八戸市の広がり、十和田市の中心機能などがない時代を想像すると、分布は津軽の実際の目撃場所と大差があるとは思えない。

　しかし、津軽地方と異なるのは、これら実在するものと入り交じってその他の昔話（架空のもの）も分布していることである。中心と周辺領域の明確な八戸藩に限ってみても、実在―架空は分離せず交錯している。

津軽と南部のこの差を説明する要因の一つは、藩政期の新田開発の進められ方にあると思われる。弘前藩は、中世までに蓄積されていた水利技術を駆使して津軽平野を藩政初期から積極的に開発した。河川の氾濫に脅かされながらも、水田適地でもある低湿地の広がりは開発に有利に作用した。

これに対し南部藩では、ヤマセの吹く気象、火山灰性台地の地形といった自然条件に加え、藩政初期には富を金の産出によって蓄積していたため新田開発には消極的だった。開発は、馬淵川や五戸川の下流域の沖積平野で細々としか行われなかった。明治初期の『新撰陸奥国誌』の記載でさえ、軒並み「水田少なし」とか「作毛悪し」だった。河童の伝承が河川にへばりつくように分布することに、この事情が反映されているようだ。

四　伝説の生態

昔話と現代の怪談

河童は本当にいたのだろうか？　私はその答えを持っていない。それは現代でも、学校や高速道路、トンネルで妖怪や幽霊を見たという怪談があるのと同様だろう。

昔話が娯楽としても教訓としても弱くなって久しい。昔話は話だけがポツンとあるのではなかった。語り手と聴き手がいて場が成り立つ。囲炉裏のある家の中で爺様婆様が子や孫に語り聞かせる。それも、「昼マね、むがしコ語れば、鼠ネ笑われる」とか「話は庚申の夜」などというような特定の時間にである。そんな語り手と聴き手の関係、語りの場、家族構成、話の面白さや情報の意味などが、従来とは大きく変化したり消滅していった。

だから、物語が生き残るのは特定の場所、特定の集団の中においてだけであろう。特定の場所、それは何度も述べたように生活世界と異界の境界である。学校の怪談も、大部分が最も身近な普通教室ではなく、トイレや理科室、音楽室、体育館のような特別教室に片寄っている。

河童が出現するのも、集落に近いが野生にも近い水辺だった。しかも、青森の湿性世界は、流れる水と滞留する水、まったくの水界と乾燥した土地、それらの境界にあって独特の位置を占める范あるいは川原を中心に構成されている。また、それらは人工施設(水路、水田)と自然状態(原野、川・池沼)の境界でもあった。人工と自然の狭間は生活世界と異界の狭間に通じている。

同じ物語を選択することで同じ悩みを持つ人々の共感が得られ、複数の人間の苦悩が同じ一つの物語に従って解決されれば、選ばれた物語はさらに強められるとともに集団の統合力を高めていく、ということがある。

青森の人々は、飢饉が続発し、生活が不安定で、それを解消するために新田開発を行なっても、水が足りない、あるいは多すぎる、またはそのための装置(水路)に子供が落ちる。栄養失調は病気も生む。そのような共通の苦悩を持っていた。そこから水の神への根強い信仰、依存が生まれ、豊かなヴァリエイションを伴って維持されてきたのだといえよう。

望まれない子供

伝説の中身には実在の社会事情が反映しているのではないか。奇怪な事件があっても、心の琴線に触れ、なおそのスクリーンを通してすくい取られたものだけが残り、伝えられる。伝えられたものから、人々の社会関係や人と自然の関係がうかがえる。

娘を襲い子供を生ませる悪しき神の所業は、誰もが「お話」と割り切っている昔話とはまったく異質で、具体的な人や物にまつわるので、ものすごいイメージを伴い、言葉を失ってしまうほどだ。

この驚くべき事態を無理にでも科学的、合理的に解釈しようとしたら、異常出生(奇形)の多さを背景に考えねばならないのだろう。飢饉が頻発し、栄養不良が常だったからだろうか。能田は、「メドチの子」と同じ文章の中で、歯がざっくり生えて生まれる「鬼子」や、蛙に見据えられて生まれる「蛙児(ガエロゴ)」のことも紹介している。

こういう無惨な扱いは、関西から瀬戸内地方を中心に広がる福子(ふくご)の伝承とはまったく逆だ。身体障害者や知的障害児はその家に福をもたらすとして大切に育てられる。家が栄えるのは、その子が家の厄を一身に背負っているからという。同じように障害を持つ子供が生まれても、一方では河童の子供として処分され、他方では福子として家族や地域が障害児を受け入れ、大切に処遇する。その差は何に由来するのか?貧困の度合なのだろうか。同じように福子伝承のない岩手のザシキワラシも、障害を持った子供を人前に出すことを恥じて座敷に封じ込めたことの反映だったという説がある。ただ、封じ込めた代わりに、ザシキワラシも福の神とされる。

さらには、病気を考えるなら、木屑が化けて河童になったとする伝説から、木が腐ることを引き写してドス（ハンセン病）を関連づける伝承まである。このことも、河童の子供伝説と関係があるのだろうか。

もう一つの解釈として、柳田國男が指摘したように、生活のために余儀なくされる間引き慣行がやましく、こうした話に隠してきたのだろうか。そうすれば津軽の「三人と堕胎せば自分の命はない」のことわざ（五所川原市福山）と対応するように思えなくはない。嬰児の死体を山に棄てることを「芋掘りにやった」、川に流すことを「カジカ取りにやった」などと隠語で表現したそうだが、伝説は隠れ蓑としては最適だ。

生活のためだけでなく、家の体面を守るためにも伝説は使われた。子供伝説の事例Aのように、娘の所に男が通って子供が生まれた場合、間男を河童とし、父親のわからない子供を河童の子供として子供を処分し、事実を隠したのかもしれない。

間引いた子供を川に棄て、その霊を弔うために棄てた場所に河童の神を祀り、供え物として乳房の形をしたぬいぐるみを置くことがあった。その後、由緒がわからなくなって乳の出のよくなる願かけとなった。今の遠野の河童淵にもそうした習俗が残る。だが、母親から見れば、ぬいぐるみはわが身の分身を慰霊する切実なものだったろう。

しかし、繰り返すが、あまりにもイメージが陰惨だ。人とも妖怪ともつかない生き物、あるいは祝福されない子供が生まれてすぐ死に、この世とあの世との境界のような場所、河原に捨てられる。奇異なるものは異界（との境界）へ押しやられ、それで日常の安寧が保たれたのである。

文使いと善き神・悪しき神

河童は水の神の落ちぶれた姿なり、祀り上げられた妖怪であるとされる。昔話の河童が人間に恵みをもたらすのか、それとも災いをもたらすのかを知ることによって、人々の水に対する想いがわかるはずだ。水に対する想いは自然一般と言い換えてもいい。手紙を運び礼として宝物をもらう文使い型の昔話には、宝物のもらい方の違う「龍宮入り型」と「書き替え型」があった。もらい方の違いは、神の性格の違いと直結している。

「龍宮入り型」では、敬虔な者が水の神の恩寵を得て水の中の異郷に招待を受け、財宝を授かって戻ってくる。よく知られた浦島太郎のように、水底の異郷から不思議な宝物を持って帰る話は他にも少なくない。

いじめられる亀を助ける代わりに、泉に薪を捧げたり、この昔話のように手紙を運んでやったりと、行為に変化はあっても、神に功徳を施す結果として龍宮への招待、宝物が得られるのだ。各地の池や沼に棲む水の神は用水その他の恩恵を与える神でもあり、いわば善き神の霊験あらたかな話だと解される。

これに対して「書き替え型」では、「龍宮入り型」と同様、愚直な者が最終的には神の恩寵にあずかるが、神の性格が正反対だ。神はもはや恩恵を与えるだけではすまない。なぜなら、手紙には必ず「持ってきた者を食え」と書いてあるのだから。悪意に満ちた恐ろしい神の物語、悪疫や洪水を人間にもたらす水神のもう一つの側面を併せ持つのだ。手紙を届けてやるという功徳に対しなんと理不尽な、恩を仇で返すような仕打ちではないか。

河童はその悪の神の象徴として現れる。青森の「書き替え型」五話のうち、紹介しなかった二話はいずれも、手紙には「この者を食え」と書いてあるものの、受取人（河童ではないことに注意）がそれはできないとして宝物を授ける話だから、「龍宮入り型」との中間のようである。それで、悪い神はすべて河童だということになる。何ともはや。悪さをすることが多いということは、よほど水による人の死が多かったのだろう。

運定めと子供の成長

神聖な場所で神々の話を聞いて運命を知り、用心するが死んでしまう、もしくは運命を変える、というのが運定め型の昔話である。この昔話でも、人を取る悪の神としての河童の性格は紛れもないが、この話では、文使いの「書き替え型」のように悪知恵を働かすのではなく、産土神の定めに従うだけで受け身であり、人間が用心すればその運命を変えられる。ずいぶん弱くなったものだ。でも、この話だけが現実の生活の中に、実物の人間であるカミサマの「河童に取られる」というお告げとして、形を変えて生きている。

「河童の仁太郎」という題の文使い事例Cで、悪しき神河童に対して正直者を守護するのは老人だったが、この老人は産土神の変身した姿である。ここでは産土神は命を助ける側にいる。ところが、運定めの話になると、「メドチの持ち前にさせる」というように、命を奪う側に立つ。というよりも、中立的に命を司る存在だと解すべきか。

さて、さきの五戸町の話では、運命の日は子供が五歳になる年の五月の節句だった。常盤村の話では二一歳になる年(東通村の女の子は二十歳だったが、満と数えを考えると同じとしていいだろう)だった。こんな日付は何か意味があるのだろうか?

人の一生を巡る民俗には、生まれてすぐにはこの世のものとも異界のものともつかずに「人」のうちに入らないで、何年か経ち何らかの儀式を経て「人」の仲間入りをし、また何年か経って成人、いわゆる一人前と認められる、という過程があり、今でも七五三や成人式によって受け継がれている。節目の年は時代や地方によってさまざまだったが、運定めの昔話の年もやはり人生の節目をなす年である。また、五月の節句も、一年のうちの一つの節目と考えていい。この日は他の節句と同じように、餅などの特別の食物を食べ、菖蒲などで穢れを祓って生命の更新を図る。

とすれば、五戸町の話は子供が「人」となるかならないかの節目であり、この場合は困難を乗り越えて生き延びた。もし河童に取られて死んだとしても、子供は命の故郷に帰るだけだ。河童がいるような水の世界(水界)が生命や魂の源郷とされていたことは、桃太郎や瓜子姫が川で見つけられ、また、言うことをきかない子供に「お前は川から拾ってきたんだ」と脅す各地の伝承に見られる。

同様に常盤村の話も、一人前になる過程を反映したものと見ることができる。たぶん常盤村なら、岩木山に参って(お山かけをして)一人前と認められたのだろうが。なお、この話で産土神たちの話を聞くのは旅の修験者(六部)だった。定住しないこの種の人々は「異人」といわれ、この世とあの世、生活世界と異界を橋渡しする。津軽のカミサマもこの役割を果たしている。

なお、この型の話を、人間が他者なる自然に対し、運命すなわち自然が迫りくる力を克服できたかどうかという観点からも見ることができる。文使いの話でも、文面を書き換える(ということは、「人智で克服する」ということになる)ことに同じ観点から光を当てることができそうである。だが、このような自然と人間の相克に関する分析は、次の恩返し型昔話に委ねることとする。

恩返し型昔話の類型

恩返し型の昔話は数も種類も多いので、河童の神の性格を知るのに好都合である。少し理屈っぽくなるのを承知で、既存の研究を引いてみたい。

民俗学者・文化地理学者の千葉徳爾によれば、この型の昔話は、

a. 河童が水中から現れ、人間に迷惑な行為をはたらく(相撲を取ることを含む)。

に、

b. 人間に捕らえられ、その統御に服する。

さらにこの後、

c. 恩返し、もしくは約束をする。

が後の時代につけ加わったものとされる。bは人間の水界に対する優位を表すからである。

と続くが、この内容に、

c_1 一族、村人を災難から守る(人馬を取らないと誓う)。

c_2 薬や接骨法を伝授する。

c_3 宝物を贈る。

c_4 魚を提供する。

の四つのヴァリエイションがあって、c_4が最も古く、c_1が最も新しくなる。

このほか、

d. (a－bを前提とせず)人に恵みを与える。

という型もある。このdは、素朴な昔の人さえもが信じられなくなっていると思われるから最も古い。文使い型でいえば「龍宮入り型」に出てくるような善い神だ。

伝説としての完全な形はａ－ｂ－ｃが揃っているものである。だが、千葉の扱った百数十の資料中、四分の三ほどはｃを欠くもの（「ａ－ｂ破片型」という）になっていて、平坦で都市に近い地域をはじめとして、何らかの事情で伝承が維持できなくなってきているとされる。千葉説に対して、人間に恵みをもたらす河童の善い神の顔が先か、危害を加える悪しき神の顔が先なのかの議論があるようだが、収拾がつかなくなるので深入りしない。

青森では、広義の恩返し伝説は四〇件で伝説類総数の約五割、目撃談を除けば七割を占める。この他に千葉が言うａだけの河童による被害譚が広く分布し、各地で人馬の尻子玉を抜いたり、女を襲って子供を生ませたりと、やっかいな存在ではある。

四〇件を千葉説に倣って類型区分すると以下のようになる。

ａ－ｂ破片型（攻撃・敗北型）‥二件（「風張の相撲取り」「下福原村の万助」）
ａ－ｂ－c_1型（狭義の恩返し（約束）型）‥二三件
ａ－ｂ－c_2型（薬型）‥六件
ａ－ｂ－c_3型（狭義の宝物型）‥六件
ｄ型（恵み型）‥四件（「河童と甚六」「八戸の薬」「河童の糸巻き」「河童の温泉」）

すべての類型が少しずつでも揃っている。このことにまず感心する。こんなにこの妖怪（もしくは神）が根を下ろしていることは注目すべきである。

ａ－ｂ破片型の伝説は少ない。八戸市風張の腕が抜けやすい相撲取りの河童（正体を見破られて姿を消した）と、約束する間もなく殺されてしまう車力村の「下福原村の万助」の話がこれに当たるといえようか。伝説のほとんどはａ－ｂ－ｃが揃った完全形であるが、最も古いとされる c_4 は見当たらなかった。

もっと古い時代のものとされるｄ型も点々と、だがしたたかに、形をさまざまに変えて生き残っている。河童の神様が子供の命を助ける「河童と甚六」の話、人と仲よくなって薬や糸巻きを与える話、けがをした人を温泉で助ける話（「河童の温泉」）である。

河童にとって青森は、神や精霊としての性格を変えながらも、伝承の中で棲み続けるのにきわめて快適な環境だったといえるのではないか。

恵みと灌漑方式

千葉は、河童の悪さをテーマにした伝承を二大別し、それぞれの分布地域が灌漑方式と関連すると言う。

河童が人を攻撃し、敗北するａ－ｂ破片型
↓人の手で自然を制御しえた地域＝人工灌漑水利の発達した地域

恵みをもたらすｄ型
↓天の恵みを願う地域＝灌漑施設が未発達で天水・湧水田の多い地域

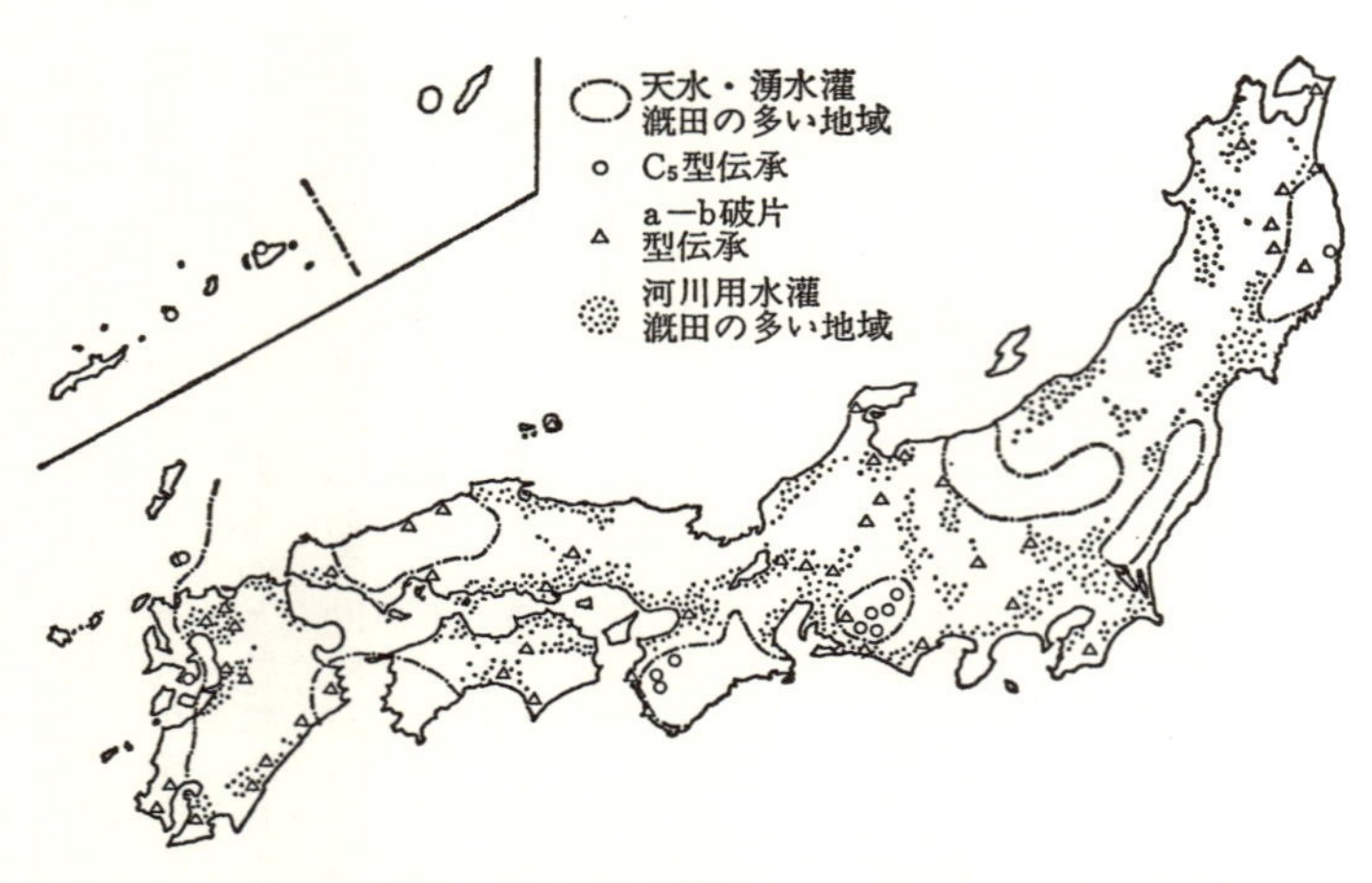

帝国農会による昭和17(1942)年の耕地調査の状況に、全国から集められカード化された約500の伝説類(竹田旦が整理)の分布を重ねている。図中には青森の伝承も記されているが、詳細は不明である。

河童伝承の分布と灌漑地域(千葉徳爾「田仕事と河童」より)

という分布を見せるのだと。だが、残念なことに、千葉が示した全国の「河童伝承の分布と灌漑地域」の図は、青森という一県内での分布を見るには荒っぽすぎる。

青森ではa－b破片型の伝説は少ない。d型も少ない。分布の違いを云々するには、点と点では少なすぎて話にならない。それに、八戸の風張と櫛引・小中野、西地域の木造と車力というふうに同じような地域特性を持った所に分布している。灌漑の状況だけで地域を明確には区別はできない。伝説のほとんどはa－b－cが揃った完全形である。a－b破片型もd型も、つまり八戸も木造、車力も、大多数の完全形の分布の中にすっぽりと入ってしまう。d型の一つ、大畑町は特殊例だ。

完全形の分布する地域特性に関して千葉は言及していない。そこで勝手な想像をすれば、人工統御と自然依存の両方の性格を兼ね備えている、つまり、人の手で河川という自然を制御したものの、その成果が不安定だったことを意味するのではあるまいか。

そう言うのなら、全国津々浦々、最近まで事情は同じではないか、という非難が出てくるかもしれない。しかし、青森での伝説類の地誌を探ってみると、開拓立村とその後の天変地異や困難な事情が、特にくっきりと集落の履歴に刻印されている所が多いことに気づく。開村に当たって堰を築造して取水し、灌漑をして生産を行なっているが、たびたび多すぎる水(洪水)に集落の移転まで余儀なくされ、流域内の水源の絶対的不足から水争いや番水に常に悩まされる、そんな村々の姿が、単なる統御型でも単なる恩恵型でもない両義的な完全形の向こうに見えてくる。

Ⅲ

津軽の河童──水虎様への旅

一　水虎様の正体

水虎信仰

津軽の水虎様についての体系的にまとまった研究は、河上一雄のものが唯一である。昭和四一（一九六六）～四二（一九六七）年、和歌森太郎ら東京教育大学民俗学研究室を中心としたグループが津軽一円にわたって民俗総合調査を実施した。当時都立高校の教員だった河上は信仰習俗班で水虎信仰を分担して実態調査を行い、成果が調査報告書『津軽の民俗』（和歌森太郎編、昭和四五〈一九七〇〉年）の一章「水虎信仰」としてまとめられた。

素人としては彼の結論に異論を持ちようがないので、次のとおり最初に提示しておく。なお、断るまでもなく、文中の「現在」というのは調査時点である。

それ（引用者注：水虎信仰）は、木造町木造の日蓮宗実相寺から始まったものである。実相寺の住職で、一八代目の長円（引用者注：長内か?）［ママ］堯諦師（在職期間は明治元年から一七年）が、毎年木造町内を流れるコテンバナシ（古田川のこと）で、水死するものが多いのをみて心を痛めた。師は、非常に憑り祈祷にすぐれ、その名はこの地方に高く喧伝されていた（下総中山寺で修行したといわれる）。それで、水死の原因を探るため憑り祈祷をしたところ、カッパのしわざとわかり、カッパをしずめるため、これを「水虎大明神」として神格化し、祀るようにしたのである。そして、男女二体のカッパ像を作らせ、寺に安置した。さらに、旧五月二一日(現在は旧六月二一日)を命日として祭りをおこなうことにした。やがてここから水虎様が分祀され、旧木造町内に祀られるようになり、講中も結成されていった。現在、実相寺においては祭りをしなくなったが、旧木造町内においてはO家を中心として盛大に祭りが行われている。この祭りには、実相寺の住職もきて法華経をあげ、水難除けの札も出している。このような来歴があるわけで、もともと土着の信仰として広く信ぜられてきていたミズガミ・カッパの信仰を、祈祷者としての性格の強い寺の住職が吸い上げ、神格化したわけである。そして広くいわれているカッパ・メドチ・ミズガミという名称を使用せずに、重々しく「水虎」と名づけたわけである。

(河上一雄「水虎信仰」和歌森太郎編『津軽の民俗』所収)

水虎信仰の発祥地、實相寺の水虎様

これが私の旅の出発点である。どこまで足を伸ばせるだろうか?

神の系図

さて、右の一節に「もともと土着の信仰として広く信ぜられてきていたミズガミ・カッパの信仰」とある。Ⅱで河

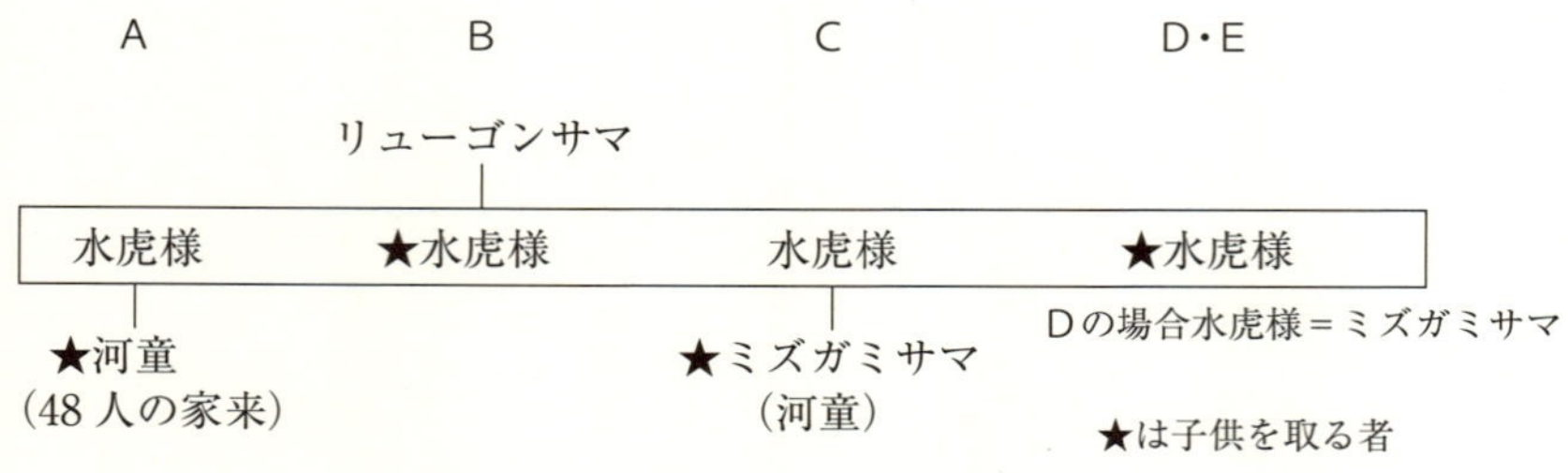

リューゴンサマ・ミズガミサマ・水虎様

童の伝説類を見てきたが、神として祀られた後の「水虎様」とメドツ・メドチと呼ばれるただの(?)河童とはいったいどんな関係にあるのか、また、「ミズガミ」とは何者か、そこを知っておく必要があろう。

八戸市櫛引では、メドツは天王様(牛頭天王)の子で年神様の兄である、年神様は末っ子でぬさばる(わがまま)ので正月だけしか拝まれず、メドツはずるいので天王様に叱られて川に投げられ川に棲むようになった、といわれている。

しかし、神の系譜など実際のところはよくわからない。西津軽郡で「水虎様」とされている神像が五所川原市で「水神様」とされていたりするからである。河上の報告を読んでも混乱するばかりである。たとえば、河上によれば、

A　水虎様には四八人の家来があり、それは河童で、水虎様に位を上げてもらうために人を取る。(五所川原市上福山、稲垣村沼崎)

B　水虎様はリューゴンサマ(注：海の龍宮様)の使いの者で、子供を取るのはその名誉を上げてもらうためである。(木造町永田)

C　水虎様はミズガミサマ(河童)のオヤサマである。(稲垣村繁田)

D　水虎様をミズガミサマという。(木造町館岡)

E　水虎様は子供を誘って水死させる。

ということらしいが、水虎様を中心にこれらを整理してみると図のようになる。

AとCはよく似た構造を持っているし、AとBは位を上げるために子供を取るという点が共通している。またBとD、Eでは水虎様が水死の直接の下手人であることが似ている。でもCとDは両立しない。それに、いきなり出現したリューゴンサマとは何者なのか、河童とミズガミサマは同じものか、若干場所によっても違うし、謎は深まるばかりだ。

まずリューゴンサマ(龍宮様)について。これには後に見るようにカミサマの影響があるようだ。津軽に多い胸肩神社とも関係があるのではないかと思われる。海の神殿である龍宮には龍王・龍女がおり、福岡県の宗像神社を総本社とする三体の海・水神となる。津軽では胸肩神社に祀られている。また、虫送りの虫が龍(蛇)の形をとるのも津軽だけの風習であり、水の神としての龍の威厳はきわめて強大であるような気がするのである。

河童とミズガミサマの関係は、河上はいったん、ミズガミサマは水の神全般をさす抽象的な存在であり、その家来または使いとして具体的な姿を持つ河童を遣わし、直接人を襲うのだ、と定式化した。この考え方はそれなりによくわかる。だが、そうかと思うと別の箇所で「ミズガミサマ・カッパ・水虎様の区別のつかない混乱」と書いたりしている。となればまた、水虎様が後から神格化された存在として侵入したのだとしても、ミズガミサマと河童が同一なのか別物なのかがよくわからなくなってしまう。

結局、この詮索はいくらやっても結論が出ないだろう。どこの町(集落)の扱いが正統でどこの呼び名が間違っているとか言ってみても始まらない。だから、祀られている像の呼び方が同じ所もあるのであえて区別せず、ミズガミサマ(水神様)と水虎様を上—下の関係ではなく、同一のもので姿だけが異なる存在であるとしておく。

なお、少し寄り道すると、河童がリューゴンサマのように海と関係が深いというのは珍しいのではないかと思っていたら、柳田國男が「遠い海から来る善神」と言い、海から女のもとに通う話を紹介していた（「河童の話」）。

岩木川から離れた鰺ヶ沢町の昭和初期に、「河童は河に棲み、めどちは海にすむ」との言い伝えがあった（内田邦彦『津軽口碑集』）。でも、鰺ヶ沢の河童と「めどち」は、同じ者が人里と海との間を一定期間ごとに往還して呼び名を変えるのだろうか？

往還といえば、農業生産を司る田の神が春の稲作作業開始とともに山から下りてきて秋の収穫を終えると山に帰っていくという信仰が全国に分布する。同様に、九州地方では河童が川と山とを往還する。ご丁寧に、川では川ん太郎（カワワロ）、山では山ん太郎（ヤマワロ）と呼び分けられたりする。そこでは河童も田の神＝農神の性格を持つ。また、水の神の性格を兼ね備えて、水源としての山の神が農業用水を守護するのか。

青森でも、田と天、田と山、そして田と家を去来する田の神信仰が各地にある。しかし、こうした河童の去来ないし往還の伝承は見当たらないようだ。

カミサマとの関係

カミサマというのは、津軽の主に女性のオガミヤ（拝み屋）、祈祷師などの総称だ。盲目で師匠について修行をし、死者の口寄せをするイタコと、盲目ではなく、自らの霊感によって病魔退散の呪法や祈祷、占いなどを行うが口寄せをしないゴミソに分けられる。狭義には後者だけをいう場合があるが、ここでは一括して「カミサマ」としておこう。

子供の水死には必ず不思議な予兆がある。夜中で誰もいないのに井戸に水音がしたり、夢に恐ろしいものを見たりとさまざまである。また、今年は何歳の子供をメドチが欲しがっていると予言される場合もある。こうした予兆や予言があると、人々はカミサマの所に行き、占ってもらい、災いを祓ってもらう。藁人形を作って着物を着せたり供物をつけて川に流すのがお祓いの方法だった。

また、カミサマは、部落の水虎信仰の発端にも大きく関与してくる。すなわち、まず誰かが水難に遭う。残された家族はその苦しみをカミサマに相談する。カミサマは水難は水虎様のせいだと告げ、ご神体を造って祀るようになる。他の部落で同じような事件が起きれば、先に祀った部落をまねて祭り始める。

この人形流しと水虎信仰とは、一見方法がまったく異なっている。前者は病気や災難を逃れるためにわが身の形代（かたしろ）を流して神に無事を祈るという方法、後者は恐るべきものを祀り崇めることによってその脅威を取り除くという方法である。形代の人形は崇敬を集めるご神体にはなれないはずだし、二者の移行に時間的な開きも大きいだろう。実際、後者は明治期に創造された。

津軽のカミサマは、この間の飛躍をスムーズにやってのけた。救いを求める相談者に対して、カミサマは問題を判断して指摘し、除去する一連の呪術を以前から手にしていた。水虎様が創造されてからも、その過程の中で問題の判断と指摘は変わらず、除去の手法が少し変化するだけだったからである。子供の水死から来た苦しみをミズガミサマもしくは河童の誘いだと判断して指摘してやれば、後はカミサマの主宰する儀礼でなく、相談者の心がけ次第という形で解決する。水難の範囲を超え、流行病など病気の快癒を水虎様に祈ることも、当初（實相寺の段階）にはなかったけれども、この移行の中で付け加わった。

河上は、こうしたカミサマの関与によって「ミズガミサマ・カッパ・水虎様の区別のつかない混乱」がもたらされたとする。もともとのミズガミサマ・カッパの中に、水虎様、あるいは水虎大明神として神格化されたものが中途半端に入り込んだような感じだ。

また、リューゴンサマを持ち込んだのもカミサマではないかと彼は言う。というのは、カミサマになるに際しては修行が必要だが、ゴミソは師匠につかず自らに憑いた神の指図に従って行う。霊場で修行する場合があり、そのときはほとんど赤倉沢・赤倉神社をはじめとする岩木山である。また、既存の宗教に所属して免許も受けており、車力村の高山稲荷、五所川原市の大善院、木造町の弘法寺などとの関係が深い。それで、帰依する社寺に祀られる龍神が水虎様の一段上に置かれたのではないかと言うのだ。

いずれにせよ、水虎様の創造という新たな事態にカミサマが適応することにより、人々の中にその信仰が伝播・定着し、維持されてきたのである。

信仰の基盤

水虎様の信仰は、明治年間に創出されたことが明らかな、歴史としては比較的新しい現象である。新たな信仰の受け入れにはそれを許容する基盤というものがあるはずだ。水虎様の信仰を受け入れた基盤は何か?

基盤には物質的なものと精神的なものがある。信仰は精神の働きだから、その成立と伝播に精神的基盤が大きな意味を持つのは当然のことである。これはいわば「虚」の世界、民俗学の言葉で言えば「心意現象」である。だが、水虎様の場合、水死が発端で始まったという由来から、水死を多発させ、河童・ミズ

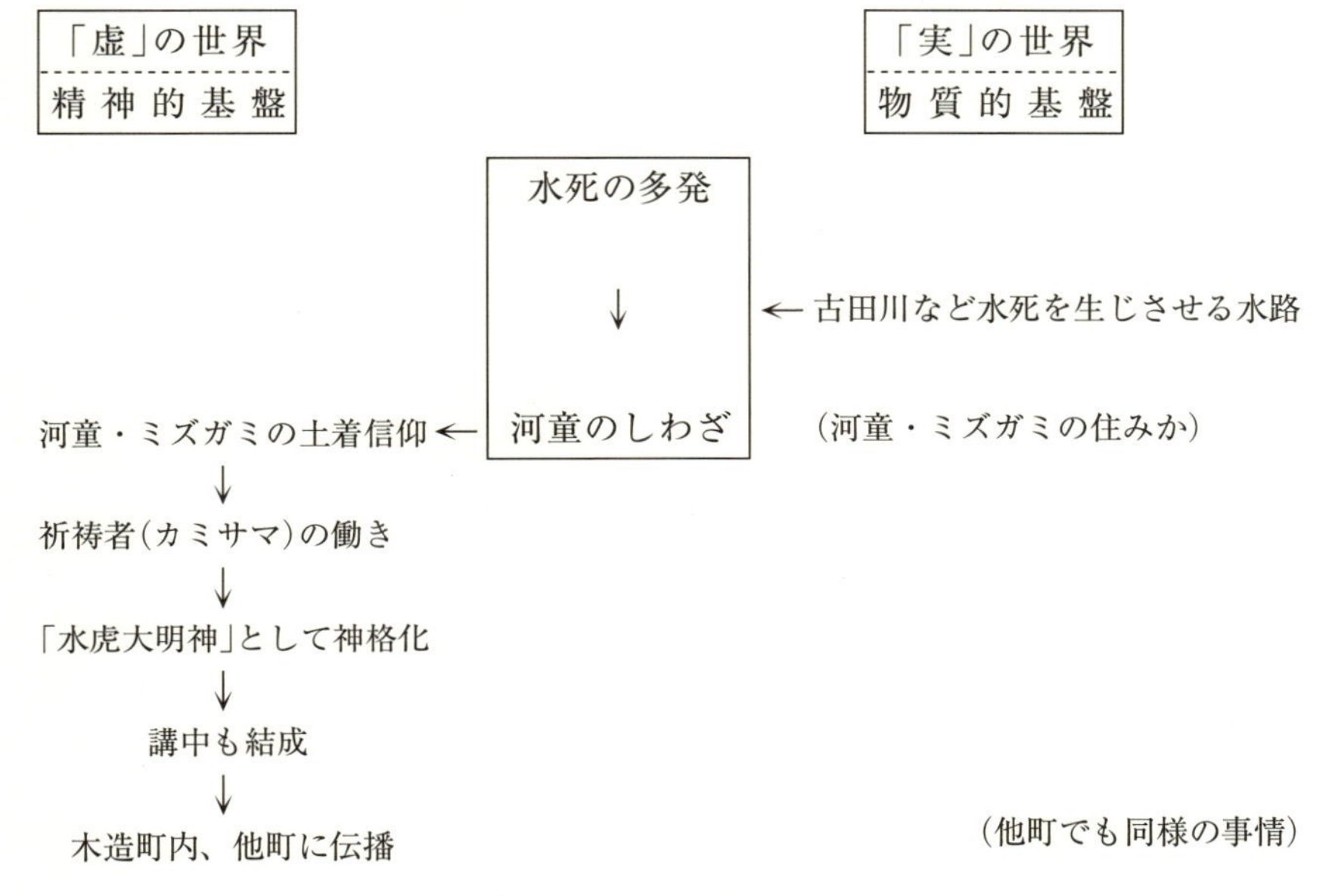

水虎信仰の基盤

ガミを広く信じさせるようになった物質的基盤の役割も抜きにはできない。「虚」の世界を支え、それを生み出す「実」の世界と呼べるだろうか。

河上説をベースに少し補足し整理してみる。水虎様の信仰の成立・伝播は矢印で示すような過程をたどった。河童の存在を身近に信じさせる伝説類について見たように、この過程を支えるものの裾野は、あたかも津軽平野のごとく雄大に広がっている。

それらに関連する要素は後に詳細に見ていくことにするが、その前に、水虎様の分布をはじめとする信仰の実態を眺めてみよう。

二　信仰の実態

名　称

私が知ることのできた水虎様もしくは水神様は八〇ヶ所である（一部不明・未見のものを含む）。これらは、河上が報告するとおり、「津軽地方の北部にあたる西・北津軽郡一帯に分布し、中・東・南津軽郡一帯においてはまれである」。以下、特定の水虎様は地名で表すが、地名の後ろに付した番号は、巻末の別表「水虎様・水神様」に対応している。

さきに、水神様と水虎様をあえて区別せずに扱う、と書いた。最も多いのは「水神様」で、「ミズガミサマ」と呼ばれる。各地で混乱している神の系図でもそう呼ばれている。

この呼び名について、五所川原市の石塔類を整理した文献によると、ご神体が河童の形をしていなければ「水神様」と呼ばれているようだ。これに対して岩木川対岸の木造町などでは、形態にかかわらず「水虎様」と呼ばれ、対照的である。呼び名が異なっていても、機能や神の系譜上の上下関係を持っているわけではない。

次に多い「水虎様」は、岩木川の左岸地域を中心に分布する。その由来は既に述べたとおりである。この名前の系として、「水虎大明神」、「仙虎大明神」、「水講神社」、「水魂神社」、「水虎神社」、「水虎大神」

がある。

「水虎大明神」は、木造町千代町の實相寺（番号29）をはじめ、千年（番号30）、永田（番号31）、中館（番号42）と木造町だけにあるが、同町でも数少ない。實相寺は水虎様の元祖で、当初から神格化の効果を高めるためか「大明神」を付けて呼んできた。千年のものはそこから直接分祀されたものだし、以下それを踏襲しているのだろう。

その他のものにどのような経緯で似たような、しかも格式ばった名がつけられたのかは、具体的には明らかでない。でも、これらの名を見ていると、「スイコ」の発音をもとにして工夫が凝らされており、河上の「重々しく……名づけた」という評言のとおり、村人たち（あるいは個人か）のこの神に託す思いが透けて見えそうな感じがする。

ところで、かの折口信夫は、水虎様のことを「おしつこ様」と呼んでいた。地元の人が訛ってそう呼んでいると書いたが、スイコとシッコ（またはシッコ）は津軽の発音でも少し違う。これに対して、坂本吉加という人が、「しつこかませば、メドチにダンコぬかれる」という浪岡の言い伝えを紹介し、シッコは津軽で清水の湧く泉や湧水のことで、そのほとりにはよく水神様が祀られていたために誤ったのではないかと書いている。

分布

水虎様の分布は五所川原市と西・南・北津軽郡に限られ、中・東津軽郡では見当たらなかった。中心を占めるのは岩木川中流部から下流部にかけての地域であり、濃密なその地域においても特に「木造町・稲垣村・車力村・森田村・柏村・五所川原市を中心としており」と河上は書いている。しかし、本当に濃密な中心は五所川原市、木造町、稲垣村、森田村である。柏・車力両村には少しずつ見られるが、中心の市町村のように各集落に必ず祀られているといった状況ではない。

中心部と周縁部の分布の差は、集落の立地条件と開発の差を反映しているといえるのではないか。岩木川は規模の大きい支流平川、浅瀬石川だけでなくその他の中小河川を伴っており、この中心地域でそれらが集中する。分布の中心部に当たる市町村は、岩木川が平野部に流出して生じる乱流の影響をまともに被った地域であり、最も氾濫原らしい地域だった。

また、後に見るとおり、この地域には、一七世紀の中盤から後半にかけて行われた藩営の新田開発によって成立した村々が展開している。立村してもなお低湿な萢と「水いかり」(洪水)、他方で旱魃に悩まされていた。この苦境を打開するために錯綜した水路網が形成された結果、そこで子供の水死事故が頻発することになった。信仰の物質的基盤、すなわち「実」の世界の基盤である。

こうした切実さが上流に行くほど薄れていくことは想像に難くない。木造町で明治時代に始まった水虎様が板柳町や藤崎町では戦後になってから祀られた、と河上の調査にある。だが、意外なことに、下流の車力村、中里町でも水虎様を祀る集落はほとんどない。最下流部は、河口三角州中心の戦後開拓地をはじめ、さらに開発が新しいからだろう。

この分布地域を河童の伝説類の分布と比べてみると微妙にズレがあり、重なっているともいないとも言いにくい。それよりは、津軽の「奇観」=「多条並列灌漑水路」の分布の核心地域と重なっていると考えられる。そのことは後に詳述する。

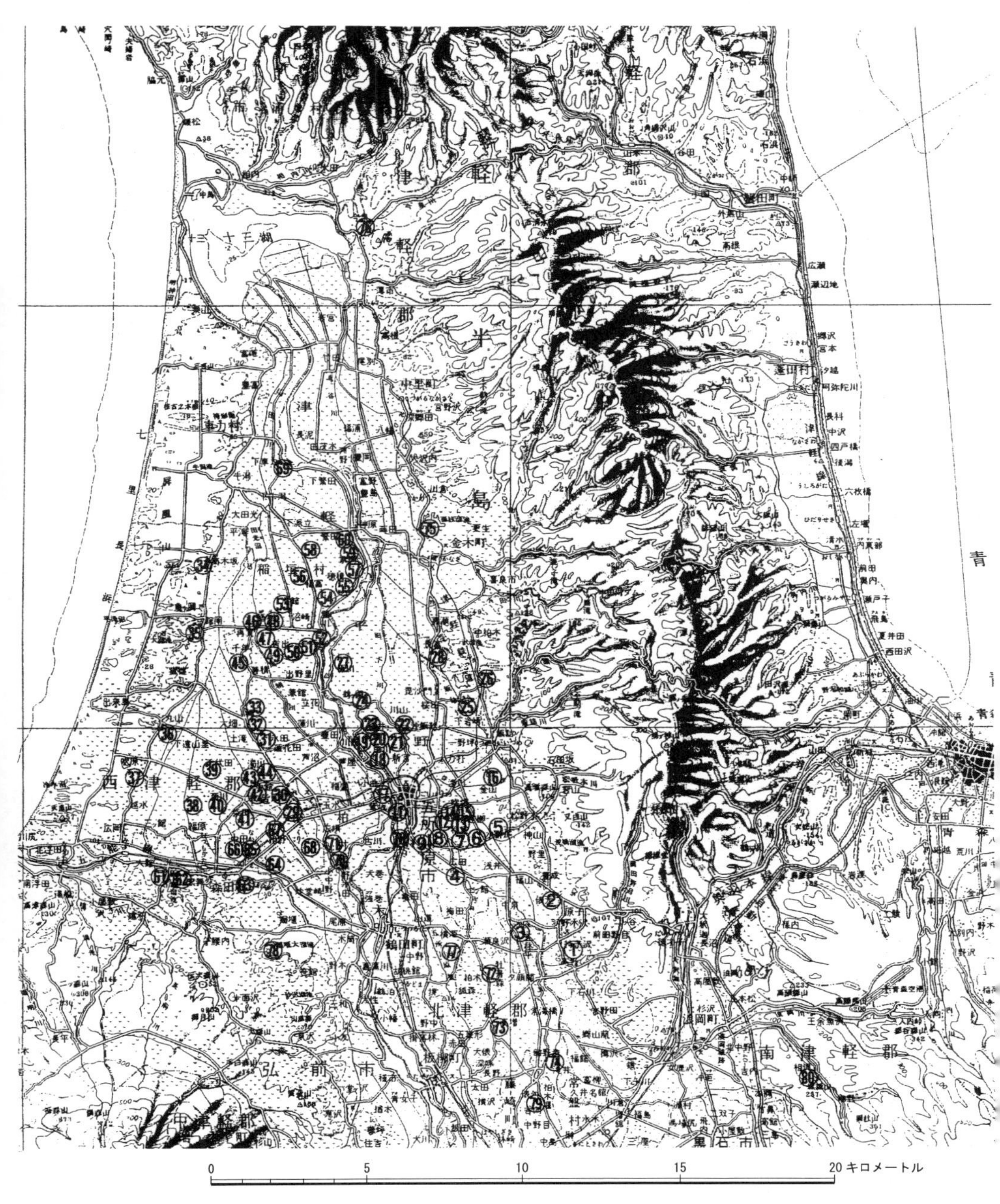

番号は別表に対応。基図は国土地理院発行の20万分の1地勢図「青森」(平成7(1995)年編集)。

水虎様・水神様の分布

木造町林。水路とそれに併走する道路に面して立地する。近年、この立地はそのままに、水路が改修されている。

立地

立地

個々の水虎様は、各集落におおむね一ヶ所ずつあり、部落ごとの祭りごとであることをうかがわせる。立地場所には次のようなものがあり、①から順に少なくなっていく。

① 部落の産土神の神社境内　(四二ヶ所)
② 河川や水路、溜池など水辺(二七ヶ所、うち神社境内のもの五ヶ所)
③ 道路に面した場所(八ヶ所)
④ 集落の境界(八ヶ所)

最も多いのは、①部落の産土神の神社境内である。それと②河川や水路、溜池のそばに祀られているものも多い。

それぞれがいつそこに納まったのかわからないので正確には言えないが、そもそも水虎様が子供の水死を悼み、鎮魂のために祀られたり、それを防ぐ役割を持ってきたと考えるならば、一般に地蔵がそうであるように、水死を招いた現場あるいはそれにちなんだ場所に建てられるのが自然である。だから原型は②の水辺にあるものだといえよう。河上も「水難者の出た場所やその家の周囲が一般であり、村氏神の境内末社の形をとるものは特別の例といえる」と言う。

それにしても、境内に納められたものがあまりにも多いではないか。これは、現在の時点では圃場整備や水路改修(水路系統の再編成)が進み、従来の水辺の形状が相当変化して元来の立地を失ったため、それをきっかけに産土神の境内に移される、という過程を経たものが多いからではないかと思われる。

鶴田町沖(番号77)の神社では、種籾の俵を水に浸す種池(タナゲという)が境内に接してあり、そのほとりに造立された。現在は水路は残るが池は埋められたので、元からあった境内の末社のように見える。いずれにせよ、元来の位置の復元は、もっと時間と手間をかけた詳細な調査を待たなければならない。

しかし、当初から神社の境内に祀られたものがなかったと断言することもできないように思える。というのは、胸肩、闇龗の名で明らかなとおり、水神・龍神を祭神とする神社がかなり分布しており、そのような神社においては最初から末社として祀られていてもおかしくないからである。

この場合、注意すべきは、立地場所の区分のうち①と②の重複が表に整理した以上に多くなることである。なぜなら、水の神を祭る神社は、大きな水たまりを「十和田様」と呼んだことからわかるように、水辺に建立されることが多いからである。また、そうでなくとも、現地を歩いたとき、神社の境内を水路がかすめて通っている場合が意外に多いことに気がついた。集落の周縁部に立地すれば、水路系統が再編された結果、水路と神社が隣接した場合も多いだろう。

なお、神社とは言えないが、木造町實相寺の元祖「水虎大明神」(番号29)は、ご本尊が安置される仏壇の前に、厨子に納められる形で鎮座している(前掲の分類では「神社境内」で整理)。

次に③道路に面した場所に祀られているものがある。道路でも、集落内部の道路にはなく、比較的集落の外側で、多くは農地に面する場所にある。これにはもともとの位置を動かしていない場合と移転した場合が考えられるが、当初の位置を変えていなくとも、たとえば集落の拡大や水路位置の変更などで周囲の環境が変わると、取り残されたような具合になる。また、元の水路は現在より幅が広く、整備に伴って敷地が縮小され、残地を道路にすると道路に直に面するようになる。道路脇の場合はこうした事例が多いと考えられる。

森田村吉野のもの（番号66）が祀られる場所には庚申塔などの石塔が立てられている。この部落は本宮を岩木山にある十腰内の巌鬼山神社としていたので、神社の老杉が見える場所を選び、安政四（一八五七）年に十腰内から運んだ石で庚申塔を刻んで立て、霊地としたという。後に他所の庚申塔が移されるなど、霊地の扱いから見れば①と近く、集落の内部ではあるが入ってすぐの比較的外側にあることから見れば次の④にも近い例だといえよう。

最後に、④の集落の境界に祀られるものがある。典型的なのは稲垣村千年のもの（番号45）で、集落から南に数百m離れて樹木を擁した一画があり、そこに百万遍と馬頭観音の石塔が併設されている。百万遍は集落の反対側（北側）の境界にもあり、集落に悪霊が侵入するのを防ぐ境の神（塞の神）の役目を果たしているといえる。木にかけられた虫送りの虫（蛇体）が何よりの証明である。地蔵が塞の神の役目を果たすことが多いが、ここの集落の地蔵は、集落内の共同墓地と北側の村境にある。

他の集落境界のものも千年と同様で、「地蔵信仰の一変形としての水虎信仰」という説を裏づけているようだ。五所川原市小曲の水神様（番号17）のように、百万遍塔や地蔵など、民間信仰にかかわる石碑が併設されているのが普通である。

津軽平野の新田村の場合、洪水が集落の境界をたやすく侵し、時によっては集落ごと移転を余儀なくさせたから、水から境界を守り、維持することに意を用いたのかもしれない。

なお、恩返し（宝物型）昔話の「河童と甚六」では、車力村（柾子村）にあった「河童の神様」は、田んぼに近い船場に地蔵と一緒に祀られていた。上記の分類でいけば、水辺と集落境界の中間（重複）の例といえよう。

また、この例のように祠の内外で他の神と合祀されているものがある。上の①～④のどの例にも多かれ少なかれ当てはまるが、特に同じ水の神として龍神が祀られているものがある。五所川原市鶴ヶ岡（番号24）と稲垣村前村（番号58）のものである。いずれの龍神も、とぐろを巻いた龍の木像が水虎様と隣合せに祀られている。

ご神体

ご神体の分類

ご神体は、大まかに次の三種類に分類できる。

① 河童を形象したもの（河童型）
② 女神を形象したもの（女神型）
③ 石に文字を彫り込んだもの（石版刻字型）

①と②では、材質（木像・石像）、形姿（座像・立像）、彫り方（丸彫・浮彫）などによってさらに区分ができる。

河童型

①は、私が最も「水虎様」らしいと思われる形である。なぜなら、全国に河童の伝承は多いけれども、神像にまで昇格している所はそうないからである。だからこそ渋澤、折口といった民俗学者もあのように魅せられたのだろう。

石造河童型

木造河童型

河童型

このタイプの基本形は河童の木製座像で、あぐら、合掌姿のものが多い。仏像にいう半跏思惟像もある。本体は約一〇～二〇㎝のものが多い。

元祖實相寺のもの（番号29）は、寺院の仏壇に置かれるという事情からか、厨子とともに色彩がきわめて鮮やかで、赤地に細かい点描が施されている。細かい斑紋が、河童の体では鱗か蛙や蛇の斑紋を、光背に当たる部分では岩窟を思わせ、見事な造形である。そこから直接分祀された同千年のもの（番号30）も、像が座す岩のような部分に細かい花が散らされたようになっている。

色彩は、實相寺と稲垣村中派立（番号59）のものは赤、木造町千年のものは茶である。その他のものは青・緑系統が多い。木造町小林のもの（番号32）は赤と青のツートンカラーである。青森の河童の持つ独特の特徴として顔や体の色が赤っぽいということが挙げられたが、實相寺や中派立、千年のものはそういった目撃談または伝説類に忠実に彩色されたのだろうか。それとも、赤は除災の色とされていることに関係しているのだろうか。

ともかく、このように彩色が施されているもの・白木のもの、水煙のような光背を戴くもの・持たないものと、主宰者や製作者（あるいは仏師か）の意図によってさまざまな意匠が凝らされているのが美しい。しかも、箱に収めたり、座布団をしつらえたり、紫の布や金襴の衣装をまとわせたりと、丁寧に扱っている様子が明らかである。

ところで、折口信夫が模造したのは色違いの男女ペアの河童像だった。これと同じく一対のものは木造町千年(番号30)のほか、同小林(番号32)、同筒木坂(番号34)、板柳町牡丹森(番号72)にある。南部地方を中心に、伝説の世界では河童にはメスがいないので人間の女を襲うというのが定説だったが、これらはペアとして作られた男女なのかどうかはわからない。

同じ河童型の木像でも、浪岡町相沢のもの(番号80)はきわめてユニークである。分布も濃密地域のはずれにあるが、形も例外的である。波の上に両拳を握りしめ、両足を踏んばってすっくと立ち上がった立像である。

数少ないが河童型の石像もある。木造町丸山(番号36)、稲垣村沼館(番号53)、森田村栄田(番号68)のものは立体型(丸彫)で、元々なのか風化しやすい石材のせいなのか丸っこくなっていて、子供の彫刻のように素朴というか幼稚な感じがしてユーモラスである。また、森田村中田(番号65)には②の女神型に近い浮彫のものがある。

この石像の河童は猿のようにも見える。日吉神社(山王社)に小さな猿の石像を奉納する風習が埼玉県や群馬県などにあり、庚申信仰にも猿が関係しているそうだが、津軽の丸っこい石像はそれらとは関わりのない河童だろう。

また別のタイプとして、『車力村史』に「千貫の水虎様」として掲載されたものがある。波に浮かび、前にキュウリが供えられた河童像で、箱に収められている。渋澤敬三が車力村の氏神の境内で見たというのも、写真から判断するとこれである。しかし、村史に掲載された昭和四八(一九七三)年以降に紛失され、現存していないようだ。また、現存かどうか不明だが、河上論文に「水虎様(中里町今泉)」として一対のものが掲げられているのもこのタイプである。

このタイプの現物は、大阪府吹田市の国立民族学博物館で見ることができた。「しっこさま　青森県西津軽」というキャプションを添えて展示されているのは一対の彩色されたものである。博物館の友人にデータベースで標本情報を調べてもらったが、児玉久雄という人が昭和六（一九三一）年二月に収集したものという以外不明だった。渋澤の写真とよく似ているが、模造だろうか。

もう一つのタイプは、同じく渋澤が館岡八幡で見たという、猿に似て黒髪を垂れ、片膝を折ったものである。現在の館岡の水虎様（番号35）とは異なる。むしろ、青森県郷土館『青森県の民間信仰』所載の中里町にあるという像に似ている。現在の中里町今泉の水神様は形が異なっている。

女神型

女神型タイプにもいくつかある。最も多いのは、河上が「石に『弁天』とおぼしき女人像とその像の下に亀を刻したもの」と表現したものである。高さ四〇cm×幅二五cm程度の石版に浮彫（レリーフ）されたものが主で、女神の本体は当然これより一回り小さくなる。五所川原市で「水神様」とされているものにこのタイプが多い。このタイプでも彩色されているものがある。

よその地方で水天や弁天像として造立された水神は手に剣、龍索、琵琶などを持つのが一般的だが、津軽の女神はただ合掌しているだけである。女神は亀または波の上に乗る。亀の上に乗るものは、他の地方でも稀に、見られるらしい。

五所川原市広田のもの（番号4）は双体型で、水神として祀られているものの、中部地方に多い、いわゆる双体道祖神に見える。青森では道祖神はなく、男女和合の神ともいわれるこの神像も、何らかの事情で水神様として祀られている。同じく双体型でも稲垣村家調のもの（番号57）は同じ女神が二体彫られ、道祖神ではない。

五所川原市川山（番号22）の石版浮彫像は、女神型の形態の一変種かと思われる。頭巾を被り、束帯姿で剣を帯びた髭面の老翁らしき人物が波の上に乗り、背景には「水神」と刻まれている。手には緩やかになびく布様のものを持っている。高瀬（番号19）のものも老翁か神官が龍に乗っている像である。これらの詳細は不明だが、宇賀神（うがじん）と関係するのかもしれない。宇賀神は青森にもある広瀬神社系の宇迦乃御魂神（うかのみたま）＝穀物の神で、後述のように水神でもある。一般に人面でとぐろを巻く龍身として形象される。人面部が女性の場合（弁（財）天）と、老翁の場合がある。つまり、水神・弁天—宇賀神（龍）—翁のシリーズの関係者が互いに入れ替わり可能で出てくるというわけだ。

丸彫りの像をご神体としているもの（立体型）もある。数は比較的少なくなるが、その場合、平版のものより彩色されることが多く、女神像本体も一回り大きく高さ三〇cmほどになるようである。

なお、女神型の立体型で木製のものが少しあるが、個々まちまちの形は観音像などと似ていて、この地域独特の水神様としての特徴がない。

石像女神型（立体型）　石像女神型

女神型

石版刻字型の文言

番号	主たる文言（神名前）	表面の他の文言（造立年月日）	場　所
9	水神宮		五所川原市姥萢
42	水虎大明神	昭和五十六年／旧六月二日	木造町中館
46	水魂神塚	明治四十三年／十月廿日（他に造立者名も）	稲垣村再賀
47	水講神社		稲垣村語利
64	水虎大神御璽		森田村漆館
※	水虎大神	明治十九年／六月廿一日	不明

注：※は河上一雄「水虎信仰」（大島建彦篇『河童』所収版）による

石版刻字型

③は最も数が少ないタイプで、表のものがある。いずれも高さ一m前後、最大幅四〇～五〇cm程度の平たい自然石か整形した石版が用いられている。このうち、五所川原市姥萢のもの（番号9）は、陰刻にいたずらされたのでセメントで埋めたらしい。その下に「水神宮」と書かれていることが読み取れるが、中心には穴が開いているようでその他の文字などはまったくわからない。また、森田村漆館（番号64）のものはこのタイプの一種として挙げたが、文字が書かれた木製のお札が祀られているものである。

このタイプで整形をあまりせずに自然石に文字を彫ったものは、十和田様とよく似ている。形だけ見ていると本来別物であった十和田信仰との中間に見え、何らかの関連があるのではないかと思われる。実際、森田村大館の十和田様（番号61）は、溜池の堤の下に設置された水門の脇に祀られ、以前には、旧四月一九日の祭日に水門に注連縄を張り、サンゴを打って（占いの一手法、後述）秋の豊凶を占っていた。ここの集落出身者に聞くと、旱魃除けとともに、河童に取られるという伝説に基づいて子供の水難除けをも願っているというから、他の集落の水虎様と同じ機能を持っているといえる。

また、百万遍や庚申、二十三夜、猿田彦などの石塔類が津軽には多くあるが、これらのものは、三角ないし小判型の平たい自然石にそういう文字を彫り込んだものである。石版刻字型の水虎様は、これら民間信仰の石塔をもモデルにしたのだろう。

外構

ご神体は、屋外に露出しているのは③の少数の場合(番号9、46及び47)だけで、ほとんどすべてが祠の中に納められている。神社境内であれ、水路・道路脇であれ、津軽の言葉でオド(ッ)コ(お堂)と呼ばれる昔ながらの木造の小祠がほとんどである。祠の中には紫の垂れ幕があり、ご神体自体も紫の布をまとっている場合が、特に②のタイプに目立つ。紫と赤、赤だけ、金襴といった垂れ幕もあり、幢幡(とうばん)なども吊られている。要するに、神の住まいらしく荘厳にしてあるのだ。

祠の外側は、赤く塗られたり、鳥居を構えたりしているものがかなりある。普段鍵をかけられてのぞき込めないものがある反面、扉があっても破損したまま放置されているものもあり、最近の信仰の衰微をうかがわせる。

「祠」よりも「小屋」と言う方がふさわしいものもある。この場合、神社(拝殿)としての体裁を持つ十和田様がそうであるように、ご神体は祭壇に祀られ、その前に少しスペースがあり、屋根の下で祭りごとができる。最近、何体もの地蔵が安置されている所を中心に、ブロック造りの囲いに屋根をかけた小屋も作られている。他の石塔類と併設されるものでは、五所川原市小曲(番号17)のように、間に仕切りをして区別されている。

由来

造立年代

水虎様の由来や祀り方について記載した文献は、河上論文のほか、稲垣村の教育委員会が平成五（一九九三）年から次の年にかけて村内の「スイコさま」を悉皆調査した成果（『稲垣の民俗信仰』）がある。また、この調査対象も含め、平成一〇（一九九八）年に改めて県庁で西津軽郡の木造町、稲垣・森田両村の管理者若干（二一件）に対してアンケート調査を実施した。

方法的にきわめてラフな調査で、回答数が少なく答えも不備な点が不満だが、最近の様子がおぼろげながらうかがえる。以下、河上論文、稲垣村調査、アンケート調査をそれぞれ調査1、調査2、調査3とし、これらに基づいて考察する。

調査3で管理者に造立年代を尋ねた結果は、半数を少し上回る一二件が「明治時代」、半数近くの九件が「不明」としている。現在の本尊の製作年代は、一〇件が「明治時代」、九件が「不明」となっている。「昭和一〇（一九三五）年」及び「昭和六二（一九八七）年」という回答が各一件ずつあり、いずれも作り直したとしている。この調査では、管理者が同

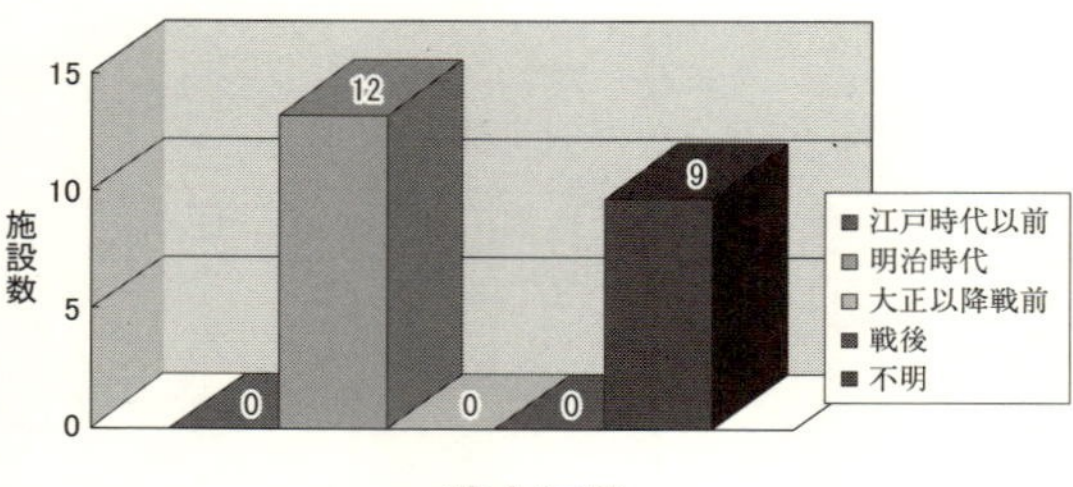

造立年代

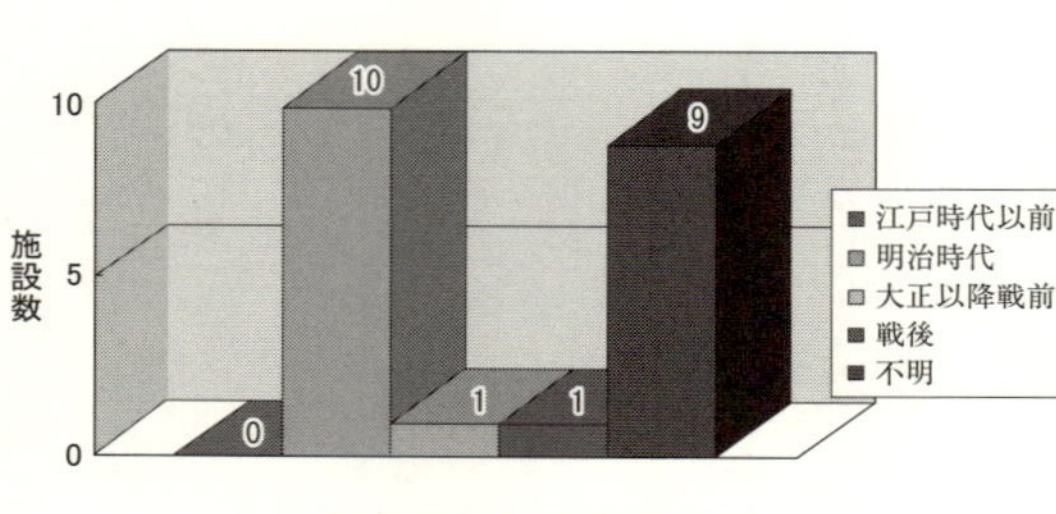

現在の本尊の製作年代

じ家でも二代ないし三代交替すれば、もはや起源すら正確に継承されていないことが判明した。部落役員であれば回り持ちだから、もっと継承が困難だ。

造立の日付を明確に記録しているものは少ない。上記調査に他の文献なども加えて古い順に抜き出してみた。なお、新しい日付には建て替えが含まれると思われる。

水虎信仰の起源はせいぜい明治前半にしか遡ることができないという、河上が明らかにした事実が改めて確認できる。このことを神社や他の民間信仰の石塔類が建てられた年代と比較してみよう。

水虎様・水神様の造立記録

番号	造立年月日	場所
※	明治19年6月21日	不明
30	明治21年5月	木造町千年
12	明治34年旧7月24日	五所川原市石岡
※	明治35年旧3月16日	中里町今泉
31	明治37年3月3日(幟)	木造町永田
46	明治43年10月20日	稲垣村再賀
28	大正3年	五所川原市長富
47	大正12年旧6月21日	稲垣村語利
77	大正14年4月21日	鶴田町沖
〃	昭和9年3月3日	〃
71	昭和10年頃	柏村桑野木田
67	昭和25年頃	森田村下相野
※	昭和29年	板柳町館野越
16	昭和35年旧6月	五所川原市川代田
	昭和53年3月30日	五所川原市神山
42	昭和56年旧6月2日	木造町中館

注：※は前表に同じ。

稲垣村では、神社の建立は江戸時代、しかも前期に集中している。ほとんどが新田村で、立村時に産土神として勧請、建立されたからだろう。村内約二千体に及ぶ地蔵の信仰も同じ頃に始まったと伝えられているらしい。百万遍、庚申、二十三夜などの石塔類はずいぶん遅くなってから造立された。稲垣村で江戸後期、せいぜい天保年間以降である。全部を一括すると昭和、大正、

神社・石塔類の造立年代

地域	種　類	江　戸	明　治	大　正	昭　和	年　代
I	神社	85.7(12)	7.1(　1)		7.1(　1)	1684～1944
	百万遍	1.6(　1)	13.3(　8)	28.3(17)	56.6(34)	1854～1983
	庚申	32.1(　9)	35.7(10)	28.6(　8)	3.6(　1)	1832～1956
	二十三夜	21.1(　4)	31.6(　6)	10.5(　2)	36.8(　7)	183?～1967
	甲子	25.0(　2)	25.0(　2)	37.5(　3)	12.5(　1)	1855～1951
	猿田彦	57.1(　4)	42.9(　3)			1832～1880
G	石塔全部	47.9		23.5	28.6	1764～
T	庚申	67.4(994)	18.2(269)	6.8(100)	7.6(112)	1702～

注：1．単位は％（四捨五入の関係で合計が合わない場合がある)、(　)内は実数。
　　2．Ｉは稲垣村、Ｇは五所川原市、Ｔは津軽全域。
資料：Ｉ；調査２（『稲垣の民俗信仰』）
　　　Ｇ；石仏・石塔研究会『五所川原地方の石仏・石塔』
　　　Ｔ；小舘衷三『津軽の民間信仰』

明治の順に多くなっており、百万遍塔の造立が大きな比重を占めている。百万遍塔は、昭和期のどの年代にも平均している。

五所川原市では、石塔類の造立は明和元(一七六四)年から始まり、造立のピークを迎えたのは、津軽では終末期であった明治期とされる。一方、津軽全域の庚申塔で最古の日付を持つものは元禄一五(一七〇二)年、造立のピークは文化・文政・天保年間、また、二十三夜塔は明治以降とされている。

この地域でこうした民間信仰がどのような経緯を経て浸透していったか、詳細は不明である。だが、幕末から明治にかけて時代が激動し、社会不安が蔓延していたとき、人々が色々な信仰に救いを求め、祈りや癒しのモニュメントとして石塔類が各部落で造立されたことは間違いない。そうした波の中に、水虎様も確実にあったといえるのではないか。ただし、同じような石塔を立てたにしても、現在、祀り方に関しては庚申や百万遍と比べて水虎様は数段劣化している感じを受ける。
なお、昔話「河童と甚六」は、凶作による病気を治してほしいと、甚六が地蔵と「河童の神様」に祈る。この種の話の起源、つまりいつから語られるようになったのか特定することは不可能に近いし、元々あったのか、後から付け加わったのか確かめる手だてはない。神像としてあったのかどうかもはっきりしない。

発端

水虎信仰の発端が子供の水死事故であったことは、調査1が明らかにしたとおりである。だが、注意深く見ていくと、河上の表現の曖昧さを考えに入れても、少しずつニュアンスの違いがあるようだ。
まず、現実に水死事故があったために、次の事故防止の願いとともに、供養の色彩を帯びたものがある。

A 車力村下車力。某家の子供が水死したところ、河童に取られたためと言われ、水虎様を祀れば水死はないと聞いて。

B 板柳町館野越。まずK家の子供、続けて数人が一週間おきくらいに水死し、その後も水死事故が絶えないため、水虎様を祀れば水死人が出ないと人づてに聞いて。

次に、子供にミズガミサマが憑いているとカミサマに言われたものもある(事例A及びBも誰から聞いたのだろうか?)。

C 木造町永田。T家の一代前の当主が幼い頃ミズガミサマの誘いに遭い、カミサマに言われて。

D　森田村上相野。Ｆ家の三代前の当主の子供がミズガミサマに誘われているとイタコに言われて。

以上の事例は具体的な水死や受難の対象を前にしたものだった。だが、もっと一般的に周囲の水死事故の多発を気にしたものがある。この場合、「水難除けに水虎様」は通念になっていたのだろうか？

E　木造町芦沼。水虎様がついて子供が溺れるといい、水難を避けるため。子供の厄除けとも。

F　木造町越水。水虎様が子供を誘って水死させるので、そうさせないように。

G　中里町今泉。水に取られて死ぬ者が多かったので。

もっと漠然と「カミサマの勧め」とするのもあった（木造町館岡）が、これは表現が不十分なせいで、上記二番目（C、D）ないし三番目（E〜G）に含められるべきものだろう。

ここで思い出してほしい。運定め型昔話のように、河童に憑かれる人がいる。柳田國男ふうに言えば資格を持った人だ。池田彌三郎も津軽旅行中に見聞したエピソードを書いていた。

似たような報告はいくつもある。調査1やその他の文献から拾うと、夢に見た（木造町永田、森田村上相野）、夜中に誰もいないのに水音がするといった不思議なことがたびたび起きた（五所川原市上福山、稲垣村繁田）、体や気の病になった（車力村下車力ほか）などをきっかけにしてカミサマの所で見てもらったら、ミズガミサマの誘いだと告げられた。あるいは池田の見聞のように、突然カミサマに、メドチとか水神様が○○歳の子供を欲しがると言われた（金木町嘉瀬、深浦町大山）、などである。

そんなときにはカミサマがお祓いをするのだが、キュウリを川に流す（五所川原市上福山）、大祓詞やお経を読み、七色の供物を水に流す（稲垣村繁田）、藁人形をキュウリとともに流す（木造町永田、森田村上相野、車力村下車力ほか）というような方法が紹介されている。この方法は、変死者が出たときに口寄せをして供養する「舟っこ流し」と呼ばれる伝統的な方法だった。また、虫送りの一変形でもあった。

本書の調査中にも同様の話を聞いた。原因不明の発熱に悩まされていたので、カミサマに見てもらった。託宣は「龍神様のお祭りを怠っているからだ」と出た。そこで、以前はムラの別の人に祀られて今は放置されている龍神様をお祭りするようになったら、具合がよくなった。それからは熱心にお祭りをしている。昭和初期とかそんな時代ではない。ほんの数年前の話である。

なお、一般的には水死事故が発端であるが、浪岡町相沢のもの（番号80）は、昭和五二年八月の豪雨によって集落を流れる川が氾濫した後に、洪水を防止するために造立されたものだという。

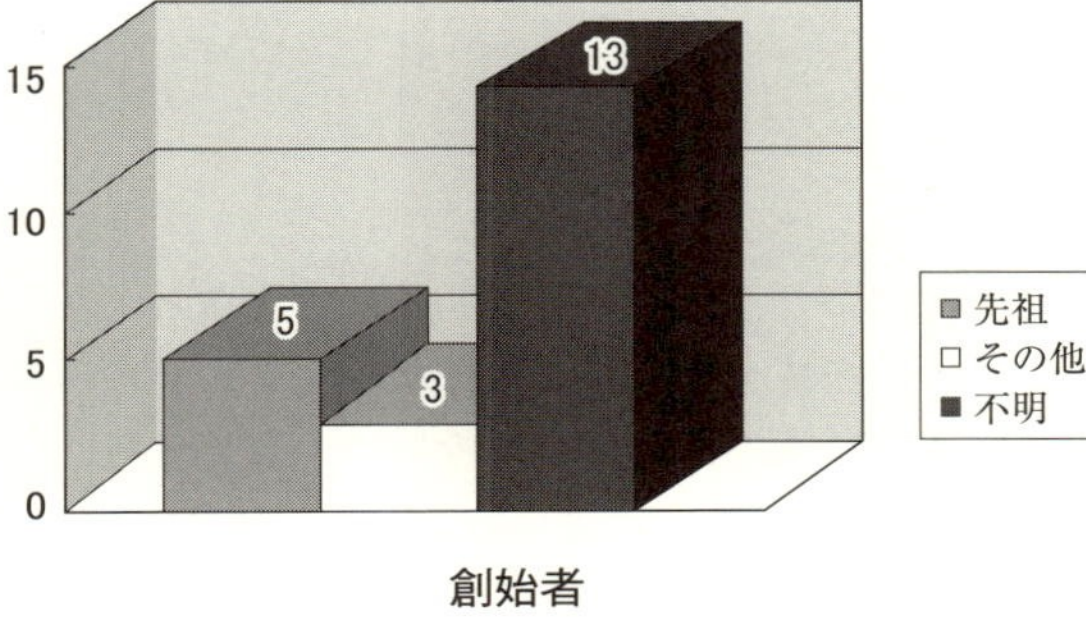

創始者

水虎様の創始者は、個人の場合と講中、村中の場合がある。調査3では、創始者は「先祖」が五件、その他の具体的な個人（講中）が三件、「不明」が一三件となっている。

上記一番目（A、B）と二番目（C、D）のように、具体的な誰かが水死事故に遭ったり、カミサマからお告げをもたらされた場合、祀り始めるのは遺族や子供の親、個人であろうし、三番目（E〜G）のように、一般的に水

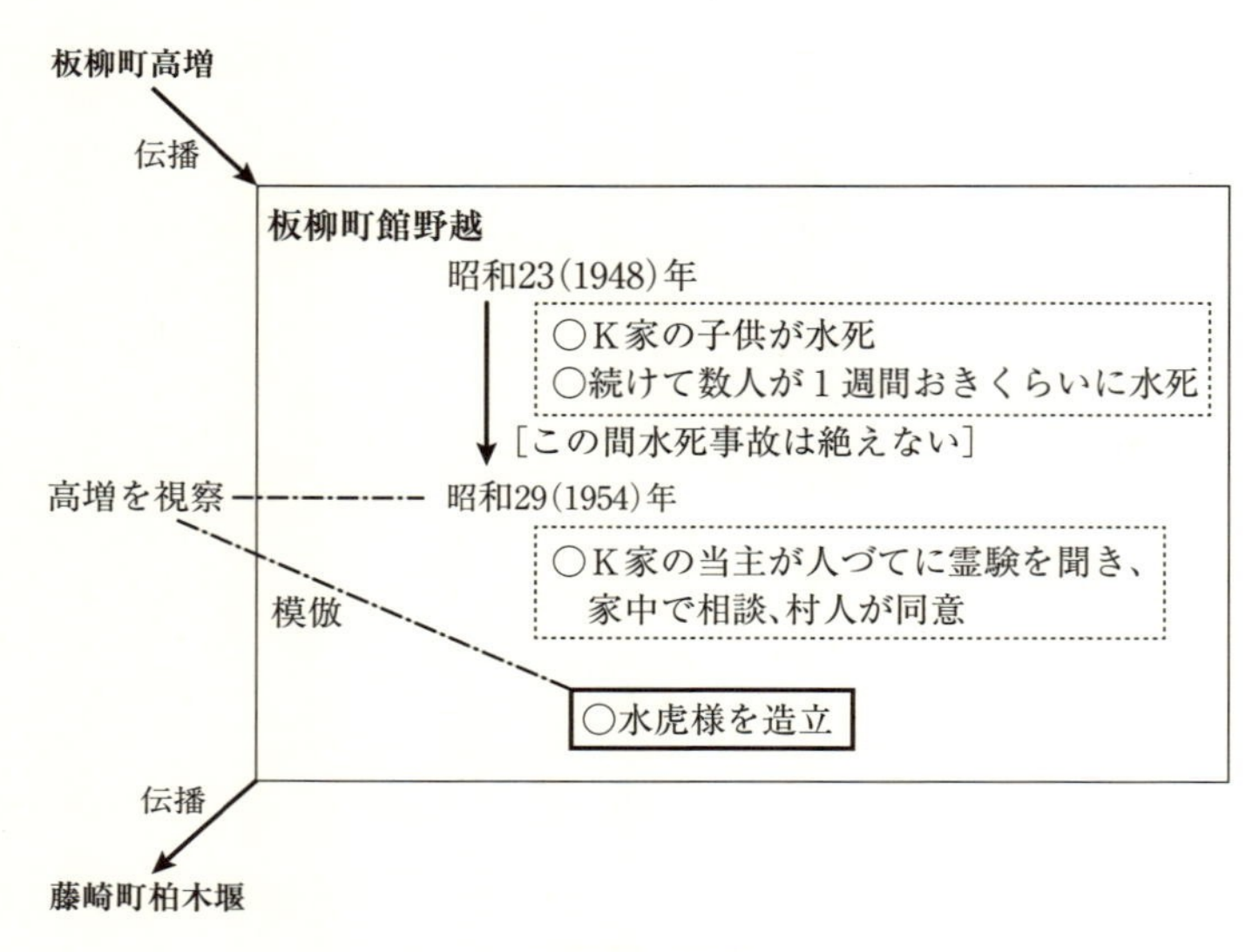

水虎様の伝播

死事故が周囲に多い場合、村中や講中で祀ることが多かったと思われるが、今となってはあまり明確ではない。具体的な個人名を挙げた三件のうち、一件は實相寺のもの（番号29）で以前の住職、一件が講中であり、発願主三名の名が台座裏に記されている。もう一件はムラの一人だと思われるが、正確な関係は不明である。

調査2では、稲垣村再賀（番号46）及び同語利（番号47、48）のものは個人、同家調（番号57）及び同繁田（番号59）のものはかつて集落に住んでいた個人のものも含まれているので不明、その他は村中または講中で祀り始めたとされている。ただ、家調のものには日付とともに「部落一同建立／発起人氏子総代」と書かれた銘板があるが、それは祠の建てられた日付であった。

展開

ミズガミサマに誘われたとき、「舟っこ流し」の方法がありながら、一方で水虎様を祀って祈願するというのは、いったいどうなっているのか？

先の事例Bでは上のような図式（調査1により作成）

で展開していったことがわかっている。

勝手に推測すると、伝統的なやり方は、やはりカミサマに特別の方法でお祓いや祈願をしてもらうことだったろう。そのうち口コミで水虎様の霊験が広まってくると、各部落に祀るようになった。どこそこで祀られた水虎様が霊験あらたかだと言い出すのは、部落の誰かだったし、当のカミサマだったかもしれない。

木造町では、最初の引用にあるように、水虎様は元祖實相寺から分祀されて各部落に伝播した。引用の「O家」とは千年(番号30)の管理者である。また、比較的早くに造立されたと思われる永田(番号31)では、「永田の水虎様は立派だから」といって他の部落の人々がよく見に来たという。

よそのを見て、まねて、という心情はよくわかる。流行を追う者の心理は服装(ファッション)だけでなく、神の場合でも同じだろう。また、せっかく祀るのだったら立派なものを、というのも自然な心の働きである(不謹慎ながら、河童像の彩色や造形は元祖に近いものほど凝っているように思われるが)。

※　平成二八(二〇一六)年現在、上記千年の水虎像は實相寺に安置されている。数年前に「O家」の管理者が亡くなったからだ。實相寺では、分祀されたものが元に戻ったという扱いをされている。

祀り方

祈願の目的

水虎様の祀りの発端は水死事故で、水難除けのためにご神体を造立した。その願いは生きているのだろ

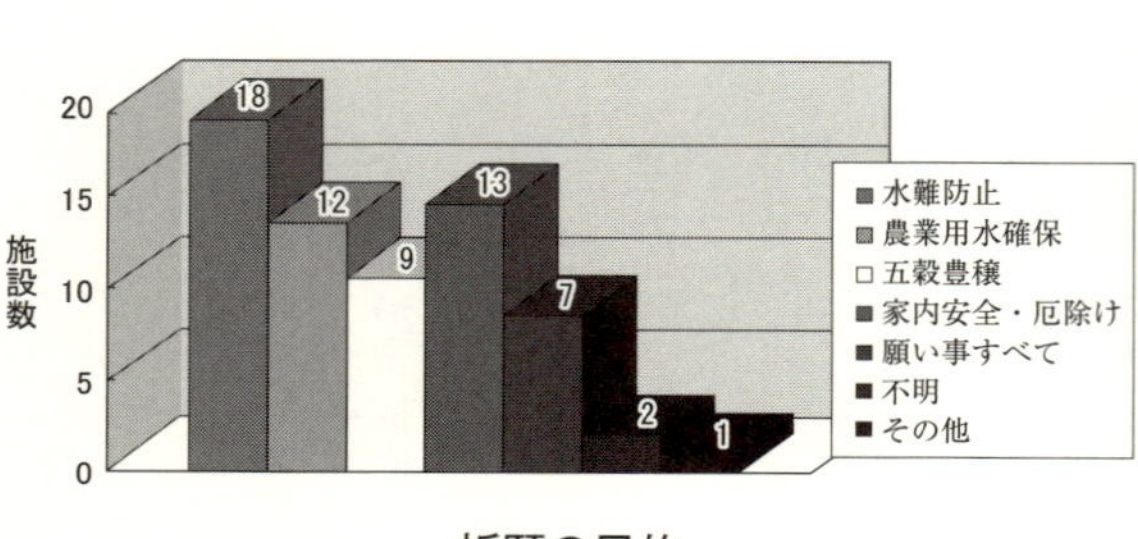

祈願の目的

うか？

調査3では、何について願いをかけているか聞いた（複数回答）。いくつもの願いを込めて人々が祈りを捧げている。選択肢の多くに同時に該当すると回答の寄せられたことが、本来の「水難防止」一辺倒ではなくなってきていることをうかがわせる。選択肢の一つに入れておいた「家内安全」、つまり一般的な厄除けは一三件で選ばれ、「願い事すべて」も七件で選ばれた。「交通事故防止」という回答もあり、水死事故からの変化をうかがわせる。

しかし、圧倒的に多く選ばれたのはやはり「水難防止」（一八件）であり、今も元来の願いが生きていることがわかる。現在、用・排水路が統合、整備され、安全対策がとられるようになっているし、第一、子供が水遊びなどする空間ではなくなったにもかかわらず、当初の目的が生き続けていることにかえって不思議な気がする。

「農業用水の確保」も、「家内安全」と同じくらい多かった（一二件）。これに対し「五穀豊穣」はやや少なく九件にとどまっている。太宰治が木造町の知人に言わせたのは「この辺一帯の田の、水が枯れた時に、僕は隣村へ水をもらいに行って、ついに大成功して、大トラ変じて水虎大明神ということになったのです」（『津軽』）だったが、この言葉からも水虎様が水をもたらす神として扱われていることが明らかだ。西津軽一帯はいまだに真夏に番水がしばしば行われる用水不足常襲地域であり、水を確保したいという切実な願いが反映している。

なお、何度も繰り返す「河童と甚六」の話では、甚六は「河童の神様」に子供の病気快癒を祈願していた。地蔵と一緒に祀られていたのだから、地蔵に対してと同じ祈りを捧げてもおかしくない。

日常管理

管理者となった理由を尋ねた。最も多い回答は、「部落役員の務め」八件だった。次いで「先祖が創始したから」、「理由は不明だが代々そうしているから」という回答がそれぞれ五件、四件で、先祖や講中の代表者が始めた、寺社内にあるなど、特別の由緒を持っている。

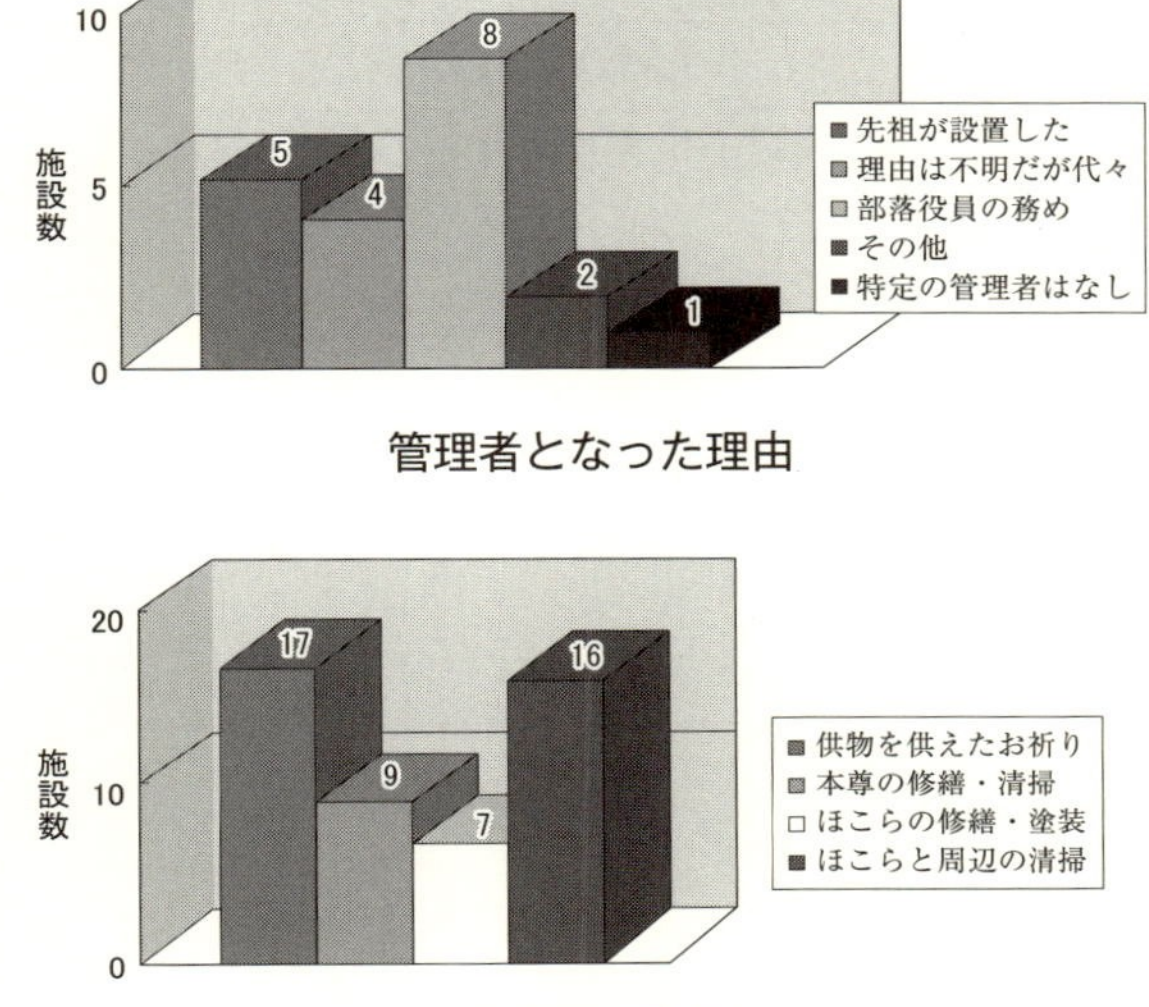

管理者となった理由

日常管理の形態

日常管理の仕方は、大多数(一六件)が「祠とその周辺の清掃」である。次いで「ご本尊の修繕・塗装・清掃」九件、内容は主として清掃だろう。そして「祠の修繕・塗装など」七件となっている。これらの中には、清掃も含めて特別行事のときにしかないと思われるものが若干混じっている。

日常的に「供物を供えてお参り」をしているのかどうかは、信仰の強さのバロメーターとして気になったが、一応一七件がそうしていると答えたものの、頻度が年一～三回程度であるから、実際はほとんどが次に述べる特別行事のことだと思われる。毎月の供え物にはキュウリや菓子、御神酒、水などがあり、現地調査時にその残骸がいくつもの祠に残っ

特別行事の呼称と日付

宵宮	祭日	縁日	水虎様（の日）	その他
6月17日		旧6月21日	5月19日	神社例祭日　2
6月21日			7月？日	七面様の日
旧6月9日				
旧6月10日				
7月9日				
7月15日	7月20日（以下左記宵宮と対応）	7月20日（15日宵宮と対応）		（以下宵宮などと併存）
7月20日　5	7月21日			元旦　2
8月20日　2	8月21日			庚申様の日

注：日付の後ろの数字は件数で、数字のないものは各1件である。

ているのを目にしたが、日常的にお供えがある所とない所の差は歴然としている。

特別行事

一年のうちに一度以上何らかの特別な行事があることを想定し、それについて聞いた。何らかの特別行事があるとの回答は一六件、その呼称と日付は次のとおりである。六月と七月に集中しているのは、全国各地の水神祭りがこの頃に集中するのと同様、夏に最も活動する水の神の行事であり、自然である。

呼称は「宵宮」（ヨミヤという）が多い。宵宮は「祭日」に対応するはずだが、両日とも挙げた所は少数である。これ以外では、鶴田町沖で旧六月一六日が宵宮、翌一七日が祭日（神楽日）となっている。「ご命日（みょうにち）」（木造町永田で七月二〇日）というのもあった。

なぜ特別の行事がこれらの日に行われるのかはよくわからない。また、昭和の初めには、六月二七日が「しえつこ様」の日とされていたという報告（貝森格正「津軽年中行事」）があるけれども、それとの関係も不明だし、あるいは創始当初からこれらの日が決まっていて動かなかったかどうかも不明である（木造町永田では、河上の報告時には旧三月三日と旧六月二一日が命日だとされている)。新暦と旧暦が入り交じっているのは、もともと旧暦六月で設定されたものが、新暦になってひと月遅れで定着したからだろう。

行事内容は、神社の例祭に相乗りする以外のものは、水虎様の前に筵を敷いて部落の女性が集まり(あるいは個々に)、キュウリや菓子、御神酒、ジュースなどを供え、ロウソクを点して願いごとをする、というのが最小公倍数である。供え物にうどん、煮物が加わる所もある。これに、少数の集落で以下のような特徴が付け加わることがある。

A　寺の住職(部落の長老の所もある)が読経する。

水虎様のお祭り(『稲垣の民間信仰』より)

B　神主が祈祷する。

C　「水虎大明神守」のお札を出す。

D　衣装や座布団を新調する。

E　幟を立てたり御神燈などで装飾する。

F　野菜・果物の初物を供える。

G　参拝者がともに飲食する。

この種の行事は、部落各戸が集まって勤行・共食というのが決まった姿だった。文献には、午後三時頃から幟を担ぎ出し、笛や太鼓の囃子に乗せて行列が地区内を練り歩く、夕方になると供え物をし、暗くなった頃に数十人が集まり、代表者が祝詞を読んで拝んだ後、祠の周りで飲んだり食べたりして遅くまで楽しむ、というふうに書かれている。昭和四八(一九七三)年の木造町(場所は不明)での水虎様の祭礼を映す県立郷土館のビデオにも、こうした祭りの様子が記録されている。だが、調査3からはどうしても、かつての姿は今や事例Gのように特記事項になってしまったように読めてしまう。

調査2に記載された他の民間信仰、百万遍や庚申(猿田彦、二十三夜の行事と共催)、地蔵と比べてみると、これらの祀り方は、水虎様よりもっとかっちりと定まっている感じを受ける。石塔類の造立は同じ頃であるかもしれないが信仰そのものは歴史がやや古いためか、念仏を唱えるとか、祝詞を捧げるとかの形が堅固にあって、それが忠実に守られている。

かたや水虎様は、崇敬の念が篤く、祠の位置を移転する際、神社遷宮に即した作法で人目につかないよう夜陰に紛れてお移しし、部落の祭事も二重扉の外側を開けただけで行うという所もある。だが、全般的には、地蔵の亜種ともいえる流行神だから、人々の自在の流儀で祭りごとが行われてきたためだろうか、流動的ではかなげに見えてしかたがない。

行事にかかる費用は、参拝者各自が二、三百円からせいぜい千円程度を出し合ったり、現物を持ち寄ったりしてまかなっている。部落の行事となっていても祀られた発端が個人の色彩の濃いものは、その家が費用の大半をまかなうことがある。二、三ある神社の例祭に含められる場合は、費用もその一部となっている。

なお、余談だが、私の生地大阪の街中では、地蔵(「地蔵尊」)が各町内に一つずつ祀られていた。八月二三、二四日の地蔵盆の夜、普段は扉が閉じられ、花や水のお供えがあるのかどうかさえわからない地蔵が、この夜だけは祭りの中心になった。明々と大小数々の提灯が点灯された地蔵の前には筵が敷かれ、老人会の和讃の後は、供えられた山のような菓子を狙う子供の天国だった。このような夢幻の夜は町内会が演出し、その費用でまかなわれていた。もう二〇年も前の話である。そんなことを思い出していた。

行事の変化

最後に、最近の行事の変化について尋ねた。環境は物理的には水路一つをとっても創始当初とは大きく変化しているし、社会的にも部落役員の回り持ちの管理に委ねられているなら、おそらく行事は最近衰微しているのではないか、との予想に基づいた問いだったが、衰微していると感じている回答は四件だけだった。変化は次のように現れているという。

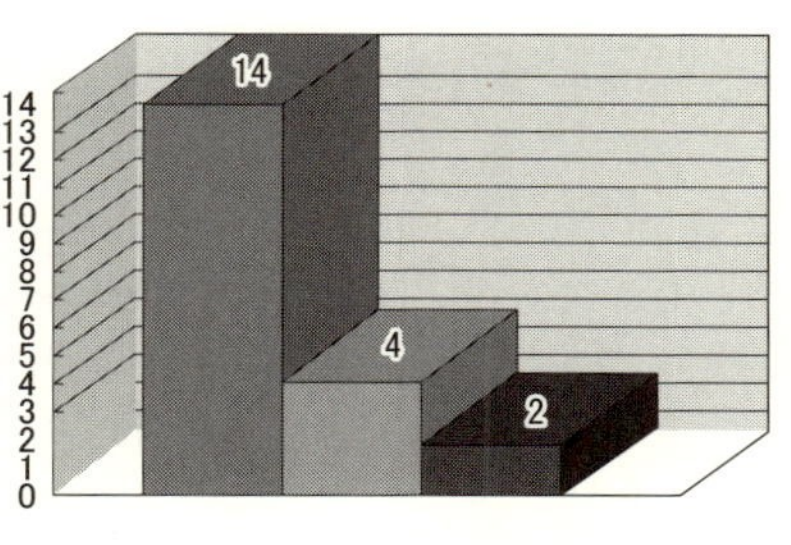

行事等の変化

A　戦前まで出店が出ていた。

B　以前は部落の行事だったが、現在は管理者だけで祀る。

C　昭和三五（一九六〇）年頃までは盆踊りが併催され、子供や老人たちをはじめ、各自が弁当を持ち寄って楽しんだ。

D　以前は親子が一緒によく参拝し、祭日は年一度の祭りだったので盛んだったが、約二〇年ほど前から参拝する人を見かけなくなった。並行して行なっていた虫送り行事は、約三〇数年前から部落ではしなくなった。

現管理者の目には私が思ったほど衰微の兆候は現れていないようで、約三分の二に当たる一四件が「変化なし」と答えている。ただ、回り持ちの管理者がどれだけの意識を持っているか不明確ではあるが。

意外なのは、「盛んになった」との答えがあったことだ。二件のうち一件は木造町千年のもの(番号30)で、最近はここの水虎様の命日に合わせて、商工会が安全祈願と灯籠流しを行うようになったからだろう。

七月二〇日、ご神体を祠から祭のための小屋に移し、實相寺の住職を呼んで講中七名が宵宮を行い、「水虎大明神守」のお札を分け与えるというのが従来からの行事だった。現在、古田川に臨む祠の前(最初に祠が建立された柳の木のあった場所)は水路改修に伴って「かっぱ広場」に整備され、川を横断する人道橋は「めどち橋」と名づけられている。従来の行事に加わって、この旧古田川に並行する道路に出店が立ち並び、別の橋で別の住職が読経をしてから、川に河童を描いた灯籠を流す、という一連の行事が行われるようになった。

もう一件は、衰微事例Dとは逆に、従来は年寄りしかお参りしなかったのが、平成二年頃から若い奥さんが子供に関するいろいろな願いを込めてお参りしているようだ、との回答だった。

行事の衰退とともに将来は消滅してしまうのではないか、との思いが拭いきれなかった。回り持ちの当番になったらいつか自然消滅してしまうというのは、私の知っているいくつかの地蔵尊のたどった道だったし、いろいろな伝統行事によくあるパターンだから。

それについては、すべての回答者が「続ける」と答えている。ホッとした。どのような形であれ、少なくとも現在の状態以上に衰微してほしくないものだ、とは傍観者の独りよがりだろうか?

※　前述のように、平成二八(二〇一六)年現在、千年の水虎様は管理者の死去に伴い、本尊としての實

相寺に戻っている。また、主が不在となった祠は撤去され、道路が拡幅されたことで以前の面影もない。灯籠流しは水虎様と切り離して行われているようだ。

他地域の水神行事との比較

水神の像

全国で水神として祀られているものがある。だが、『石仏事典』類で調べてみても、多くは「水神」と文字を彫っただけのもので、そもそも像としてあることが稀らしい。しかし、そのわずかの中で像刻はやはり弁天像が主のようだ。天女形のものは福島県福島市腰浜町の神明神社と大分県下毛郡三光村の神護寺にあるという。いずれも津軽と同じような亀の背に載った女神像が彫刻されている。

津軽の水神様に彫られた女神はいったい何者なのか、河上説のように弁天なのか？ 煩わしいが少し寄り道してみる。

可能性の一つはやはり弁天である。本来インドの土着神で河川の神とされており、わが国では七福神の一人となっている。もとの「弁才天」より、江戸で流行したこじつけの福の神「弁財天」として崇められることが多い。上野不忍池のほか、全国には五弁財天として、近江の竹生島、陸前の金華山、大和の天川、安芸の宮島、相模の江の島(『白浪五人男』の弁天小僧菊之助の台詞は「江の島の岩本院の稚児上がり……」)のものが有名である。使いとして蛇を持っているので、災厄を祓って運を改め直すという伝統的な蛇(巳)に対する信仰が付加されて福の神になったのではないかといわれる。蛇はまた龍とともに水神の化身でもある。

蛇神・龍神の関連では、龍宮に棲む龍女(乙姫)の可能性がある。水虎様がリューゴンサマの使いとされていることに関係が深い。龍女は胸肩(宗像)神社系の祭神、市杵島姫と田心姫、湍津姫の三女神であり、これがまた弁天様として祀られている。また、日蓮宗では法華経を守護する七面天女が龍女である。津軽でよく七面様として祀られるのがこれである。

神仏習合の結果、同じ女神を宗派によって異なる名前で呼んでいるだけの違いのような気もするが、さらにもう一つの可能性として、罔象女神(弥都波能売神)がある。この神は、伊邪那美神が火の神迦具土神を生んだときに焼け死んだときに生まれ、あるいは切り殺した剣から、さらには苦しみのあまり漏らした尿が化生したともいわれる水の女神である。

いずれにせよ、神仏あるいは神神習合でこれらの神や仏がごっちゃになっているが、水を司る女神がご神体とされていることには間違いがない。そして、津軽の水神様の像の特徴として、飾りが乏しく、手にも何も持たないで、ただ合掌するものが多いことが挙げられる。このことはまた、仏像などを形象するときの決めごとにとらわれず、つまり由緒はともかく、水の女神を素朴に祀りさえすればよかった、という事実を物語っているようだ。

河童の神様

次に河童の神に移る。さきに「河童の伝承は多いけれども、神像にまで昇格している所はまずない」と書いた。それは不正確で、神に昇格している所も少しはある。

民俗学の巨人と呼ばれる南方熊楠は、生地和歌山県(田辺市)のことや文献を中心に河童について書いた。その一つにこうある。

夜話続篇三五に、河伯の仮面を図し、『日本紀』や『神名帳』、『倭名類集抄』、『蜻蛉日記』等を引き、本邦に古く河伯（和名加波乃賀美）の崇拝あった由述べおる。『蜻蛉日記』に「はらからの陸奥守に下るを、長雨しけるころ、その下る日晴れたりければ、かの国に河伯という神ありとて歌に、云々」と序べて、かはく（河伯）を乾くの意に通わせた歌を出せるを見ると、その名を音読して呼んだらしい。

（「河童の薬方」『南方随筆』所収）

つまり、松浦静山の随筆集『甲子夜話続篇』（文政八〈一八二五〉年）巻三十五にそういう記述があることを紹介しているのだ。ここで言う「河伯の仮面」は、奈良薬師寺東金堂の天井の上に残る「火災水難祓除河神霊面真図」であり、鬼の面である。『蜻蛉日記』の方は、巻末歌集（道綱母歌集）にあるやりとりである。

わがくにのかみのまもりやそへりけんかはくけありしあまつそらかな（藤原長能）

かへし

今ぞしるかはくときけばきみがためあまてる神のなにこそありけれ（道綱母）

歌のやりとりのテーマとなっている河伯の神は、陸奥国（現宮城県）亘理郡の安福河伯神社だといわれる。また、『甲子夜話』は、相模国金沢村で川太郎が「福太郎」という名で水難・疱瘡除けの神として祀られたことを図入りで書いている。東京浅草のかっぱ寺、曹源寺には「波乗福河童大明神」がおり、他の地方にも河伯神社など河童の神がある。

このように、津軽の水虎様と同様、河童が神像にまで昇格している所はいくつかあろう。でも、いずれも特定の寺社、あるいは遠野市の河童淵のように特定地点だけのものである。これに対して、水虎様は点ではなく、各集落に広く分布しムラで祭りが行われている。

一方、水の神が各集落に祀られる地域もある。東京都江戸川区の講を伴う水神群、静岡県の大井川、安倍川流域の川除け地蔵とか、愛知県津島市の津島神社の祭の際、神社のお札を葦や蒲で作った仮の祠に収めて祀った後川に流すオミヨシサンとかもそうだし、用水源のほとりに立つ水神の祠は各地にざらにある。だが、河童の造形を主にして信仰する所はまずないのではないか。

津軽の水虎様は、河童を神像の造形にまで高めたことと、各集落で祀っていることとの二重の特徴を持つ。どちらかの特徴を持つ地域はあるが、二重に持つ所はない。したがって、水虎様は全国でもきわめてユニークな存在といえよう。

三 「実」の世界――物質的基盤

弘前藩の新田開発と村の姿

水虎様の信仰でも河童の伝説でも、裾野には津軽の農村の成立事情が深く係わっている。

津軽平野の集落（これまでもそうだったが、物理的な側面を問題にする場合には「集落」、社会的な側面は「ムラ」と表現する）の多くは、「派立（はだち）」（または「派（はだち）」）と呼ばれる弘前藩の新田開発によって生まれた。詳細は他書に譲るが、文禄元（一五九二）年に石高四万五、七八九九石、村数一三三であったものが、慶応四（一八六八）年に三一万七、六三三石に達した、という事実だけ指摘しておきたい。先人の労苦の賜物である。しかもこれは郷村帳に記載された石高であり、裏高は七二万石（安政元〈一八五四〉年）といわれる。

大々的な開発は、廻堰（まわりぜき）大溜池や土淵堰などの大規模な用・排水路の設置や岩木川沿岸への築堤を伴い、岩木川中・下流域の低湿地帯に及んだ。また、凶作飢饉のたびごとに既耕地が失われ、藩はしばしば復旧に追われなければならなかった。

新田開発がもたらしたもの、それは人を寄せつけない荒蕪地を定住可能な環境へと改変する営みが描き出した景観だった。度重なる開発は、一方では岩木川水系の決まった流域面積から流出する河川水を分割し合うことであるし、他方、天然のままでは利用できない湿地（萢）の水を抜くことであり、いずれも水路を縦横に開削しなければならない。

模様を「地（じ）」と「図（ず）」という言葉で表すことがある。新田開発が創り出した景観でいえば、「地」は萢ないし不安定な水田であり、「図」は水路である。この「地」は伝説の住処、河童の出現場所となり、「図」は河童が人々の子供に危害を加える場所だった。

生まれたばかりの新田村は、現在あるような確固とした姿ではなかった。集落というより何軒かの家々の固まりといった方がいい。いや固まってさえいなかったかもしれない。そんな家々の周囲に田畑があった。

岩木川中・下流域は自然堤防帯（氾濫原）である。集落は、河川の氾濫が土砂を堆積してわずかな高まりとなった所（微高地＝自然堤防）に立地する。自然堤防は帯状もしくは飛び石状に続き、その間は一〜三m低い後背湿地で、自然のままなら葦原や池沼、手を加えて水田とされる。

元文検地（一七三六）によると、現在も同名の集落がある木造町の永田村では水田が圧倒的に多く、しかも条件のよくない下々田が大半を占める。「荒地」もある。

田（上、下、下々）　三七町二反三畝　四歩
　うち下々田　二六町一反四畝一三歩
畑（下、下々）　一町九反四畝二九歩
　うち下畑　一町一反六畝　三歩
屋敷（百姓一三名）　三反六畝一七歩
荒地（五ヶ所）　三町　二畝
（この他に下々畑とされる大日堂の建立された土地七畝二〇歩がある）

どこの村も多かれ少なかれ同じで、荒地を抱えていた。木造町内で元文検地帳掲載の七六か村のうち、沼や芦原、萱場、池床、川原という記載があるのは四三か村に及ぶ。下遠里村のように、田畑の合計が八町八反余でしかないのに荒が三三町六反余になる村も二、三ある。さらには荒の面積を「場広故不及検地」と表現した所もある。広すぎて検地するに及ばないというから、検地担当者の溜息が聞こえてきそうだ。

木造町より少し上流の板柳町でも事情は同様だ。ここは津軽領内でも比較的早く開発され、貞享検地

（一六八七）時には既に現存の集落のほとんどが形成されていた。しかし、それから約二百年経った明治の初めでも、その景観は変わらない。

〈貞享検地帳（一六八七年）〉　　　　〈新撰陸奥国誌（一八七六年）〉

石野　池床（三ヶ所）　一町　九畝二七歩　　沼（一ヶ所）六、〇〇〇坪

　　　萢　（三ヶ所）　四反八畝　四歩

狐森　沼　（二ヶ所）　一町六反七畝一〇歩　　沼（二ヶ所）三、〇〇〇坪

　　　萢　（三ヶ所）　三反六畝一〇歩

また、検地帳で見逃してはならないのが、散見される「永荒田（畑）」である。将来の開発余地（可能地）だが、水害などで荒廃した田畑のことでもあり、こんな土地を抱えた村も稀ではなかった。つまり、津軽平野の村々では、水田と自然の区別のつかない湿地帯が広がり、いわば集落と農地が萢の海に浮かんでいたような様子だったのである。

新田開発は、前にも述べたとおり、人を寄せつけない荒蕪地を人々が定住可能な環境へと改変する営みだった。人々の生活する世界を未踏の地へ拡大する過程といえる。しかし、村の姿からすれば、安定と同時に不安を内に抱え込んでいかざるをえない過程でもあった。だから、洪水などによって侵されやすい状態にあった村々の境界に、さまざまな民間信仰のモニュメント（石塔や虫）が造立された。村の内部に有形無形の害が及ぶのを境界で防ぐことがよけいに強く意識されたのだろう。

風景の「地」と「図」

苞――「地」

さて、その苞である。柳田國男『地名の研究』にこんな一節がある。

入海の口に砂嘴が成長すると、その内側の光景の変化することは、ひとり水の鹹淡ばかりではない。潟に入り込む川は淡水を運び入れるのみならず、土をも砂をもたくさんに持ってくる。入江の水が外海から隔絶して静かになれば、その影響は川口より遙か奥におよび、あらい川砂を早く上流の方で沈澱させて、細かい泥のみが多く来る。岸にはいろいろの水草が繁茂し、朽ちてまた泥を作る。したがって周囲からは、おいおい浅くなる。十三潟・八郎潟の湖岸がしだいに田になってゆくのは、すなわちこの種類の排水であって、単に水のたまる場所をせまくしたのみで、水を落としたのではないから、ときどきの出水をまぬがれぬのみならず、常からきわめて卑湿である。こんな土地を奥羽ではアイヌ語を襲用してヤチと呼び、苞の字などをあてている。……（中略）……ただだいたいの趨勢から考えて、新時代のわれわれのためには潟は決して快適の地ではない。われわれは平忠常ではないから、別にこんな要害の地を求める必要がないのである。ただまるまる海であるよりははるかに利用に便だということを、人口のあふれる現代としては大いに珍重し、さらにまた水蒸気の変化に基づく風光の美しさをもって、この辺の生活の楽しみとすべきである。

（「地名考説」『地名の研究』所収）

萢の成因や「新時代のわれわれ」のコメントが過不足なく書かれている。アイヌ語かどうかは別にして、ヤト、ヤツ、ヤと発音したり、谷地、谷戸などの字を当てる地名が各地にある。青森での湿田の名称も、県内共通に「ヤジタ」(ヤッタ、ヤジを含む)である。ただ、「ヌカリタ」(ヌカリ、ヌガタ、ノガリタとも)という名称も一般的で、中・西津軽郡の一部では「シドロタ」(フドロ)とも呼ばれる。

古川古松軒が下北半島の原野の風景を「中華にて虎のすむ所」と表現したことや鶴が棲んでいたことは既に紹介したが、萢は恐ろしげな神の住処でもあった。神と湿地といえば、『常陸国風土記』に出てくる行方郡(現茨城県)の夜刀神の挿話がある。

箭括氏麻多智が谷の葦原を開いて田にしようとした。夜刀神の群れが妨害したため、彼は自ら仗を取って打ち殺し駆逐した。そして谷の入口に標の杖を立て、社を設けてこれを祀り、やっと十町歩余の開田にこぎつけた。夜刀神は蛇身で頭に角がある。何代も後、郡を平定した壬生連麿が谷に池を造ってこの地をすべて拓いた。夜刀神は椎の木に集まって退散しなかったので、連麿は「恐れず打ち殺せ」と労役に従事した人々に命令した。命令が終わるやいなや、夜刀神は退散したという。

また、記紀神話によく知られているように、「豊葦原の瑞穂の国」はわが国の創世神話に由来している。泥土の中から葦の芽が生え出るように、泥が固まるように神が生じ、神が神を生んで、稲の豊かに実る国になっていくというのだ。水稲が湿地を適地とすることから湿地が聖地とされ、そこにちなんださまざまな儀礼も全国各地に見られる。

津軽の萢は河童の生息に必要な湿性世界に独特の位置を占めている。河童の住処、新田地方の景観の

「地」としての苞は、こうした神話とどこかでつながっていそうである。

開発と水路網――「図」

景観の「図」に移る。

岩木川が潤す津軽平野の水利系統はきわめて複雑で錯綜していた。左岸側では、早くから岩木川上流部のわずか七㎞足らずの間に一一ヶ所の堰が集中して設置されたほか、岩木山麓の沢から流出する小河川にも簡易な構造の取水施設が設けられ、溜池とともに平野を灌漑していた。右岸側でも、浅瀬石川や平川などから次々と堰を設けて取水され、分岐した水路が下流へ導かれていた。昭和三二(一九五七)年の岩木川水系調査では、用水取水四〇〇ヶ所、排水一四〇ヶ所に上る。この数字が複雑さを物語っている。

岩木川の堰は両岸に沿う水田を灌漑するばかりでなく、余り水を下流に流して全域に水を配る。多くの場合、取水後、水路は直ちに本流を離れずに本流と並行する。並行して進むうちに上流の水田からの漏水を拾う。つまり水路自体が一つの取水堰の機能を果たすから、上流の取水が必ずしも下流の不足を招かないのだった。

また、水量が最も安定している岩木川本流の堰に寄生するための工夫が用水系統や水路構造を複雑にしていた。分水路に簡易な堰(後述のトメ)を設けて盗用したり、余水を集めて下流へ導く河川に水源を求めたり、水路を掘り下げて交差する水路からの落ち水や周囲の水田の浸透水を受けたりした。渇水時に上流の堰に水代を払って水を融通してもらうことや、灌漑期間中にも番水をする所があり、そういうのがもはや常の姿となっていたから、〝寄生〟ではなく、対立しながらも危うい均衡の上に〝共生〟していたといえる。

下流域では、土淵堰を中心に、廻堰大溜池及び岩木山北麓の溜池群や屛風山東縁の溜池群が水源となっていた。灌漑された水は、山田川をはじめ出精川、出崎放水（はなしみず）、妙堂川ほか多くの「放」が受けて田光沼に注がれ、山田川を経て十三湖に排出される。これらは余水を集める排水路であるが用水源でもあった。いわゆる反復利用である。

広大な津軽平野に水は足りない。間接的ではあるが、全国的な眼でそのことを主要河川の流域面積と灌漑面積の比率で見る。岩木川水系は相当に高い値だ。高率は、農業用水の河川に依存する度合の大きさを表す。

＜河　川＞	＜灌漑面積／流域面積＞
九頭龍川（福井）	八・七％
加古川（兵庫）	一三・七％
吉野川（徳島ほか）	一一・九％
筑後川（福岡ほか）	七・〇％
岩木川	一六・〇％

限られた水資源を有効に使わない限り、平野の全面的な開発、荒蕪地の農地化などとうてい実現しない。異様に水路密度を高くしたうえで、用水と排水が、また上流と下流とが奇妙に共生することでそれは実現したのだった。

津軽平野の奇観

次に、新田のまっただ中に入る。昔の津軽平野の地形図を見れば、水路が「よくこれほどまで」と感心するくらい密に走っている。その中で、かつて存在していた独特の景観を「多条並列灌漑水路」と名づけて「奇観」とまで表現したのは、籠瀬良明という地理学者である。昭和三五（一九六〇）年頃の調査でこれを発見した彼は、そのときの驚きを持続させて日本各地、そして外国でも同様のものがないか探究したが、他の地方では見つけられなかったようだ。ということは、この水路の形状は世界にも稀な景観ということになる。

彼は言う。「多条並列水路は筆者らにとってこそ物珍しいが、永年眺めてきた村人にとってはそれは特別なものではない。郷土史家の筆にのったとしても、それは微弱にしか描かれない」と。私自身、学生時代に津軽特有の景観として学び、驚きの記憶は青森に来たときも持続していた。それで周囲を見回してみたが、現在となっては現物は望むべくもなく、痕跡や資料さえ見つけるのに注意を要した。

籠瀬は津軽平野の水路を次のように分類する。

①　多条並列灌漑水路……三条以上、多くは五条以上（一五条以上のものもある）が並列するもの

①－a　扇状分岐型：端末で左右に間隔を広げて消失

①－b　電話回線型：端末で最外列のものから逐次消失

②　隣地通過型灌漑水路……長い用水路で田畑を通り抜けて下流を灌漑するもの

③　流末不鮮明型灌漑水路……確かな排水路へつながらず流末が不鮮明なもの

④　落ち水利用型灌漑水路……確かな水源を持たず、上流側の落ち水を受けるもの

⑤　立体交差型灌漑水路……他の水路と立体交差するもの

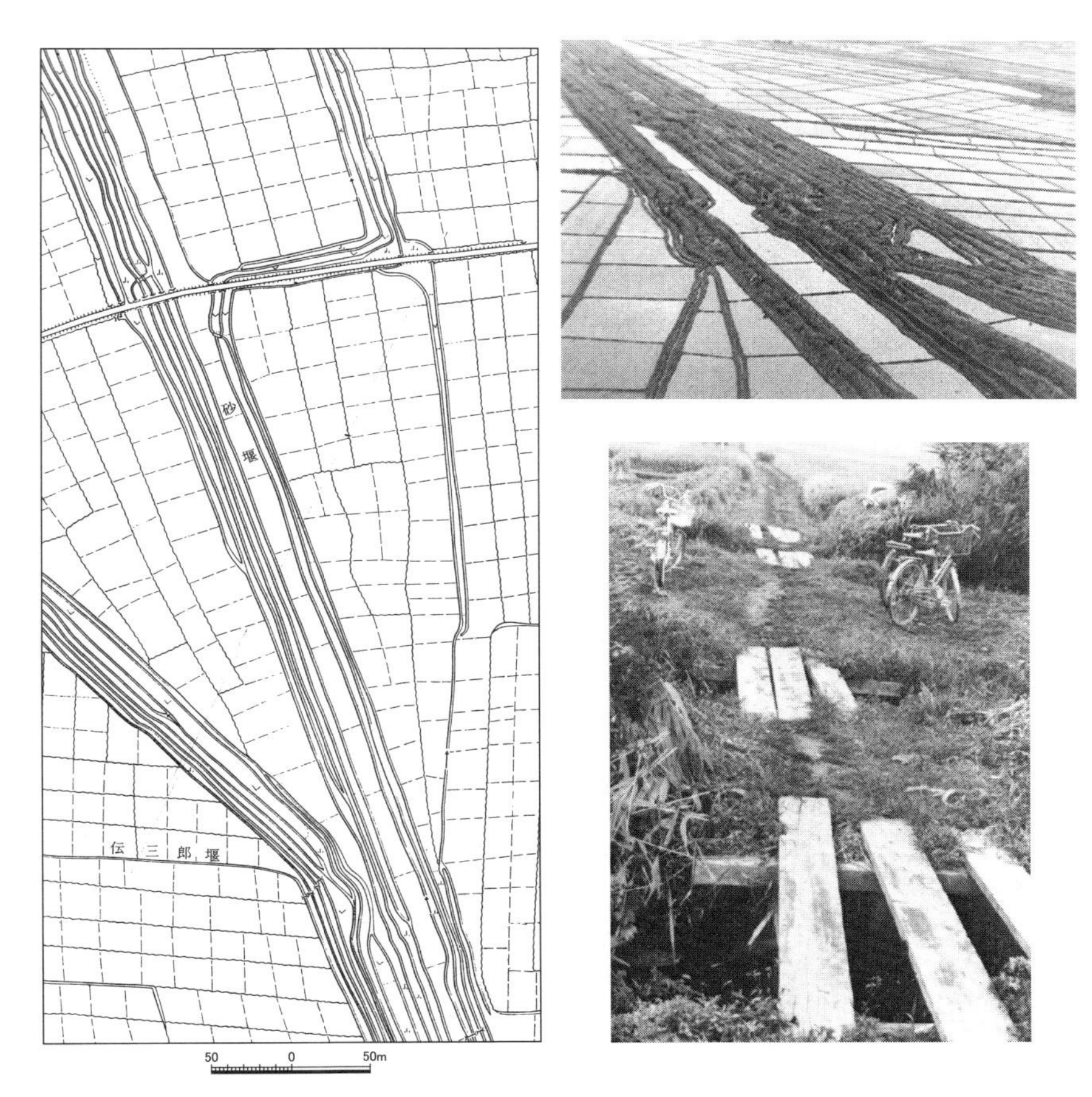

左図は青森県土地改良課が1962年に作製したもの（1/2500原図を縮小。籠瀬良明『大縮尺図で見る平野』より）。右上の写真には、草に覆われてやや不分明ながら、何条もの水路の平行と分岐が見られる（東北農政局西津軽農業水利事業所『西津軽事業誌』より）。右下の写真では、４条の水路が並列し、人が通れるようそれぞれに板が渡されているのが見える。おそらく1960年代のもの（上記の籠瀬著書より）。

多条並列水路

①は純粋に形態上の分類で、②以下は機能上の分類であるから重複可能であり、こうした形状のものが錯綜して独特の景観の「図」を形成していたのである。

なぜこのような「奇観」が生じたのか？　籠瀬は「灌漑用水がひどく不足すること、またはその不安感がその基礎に横たわるとだけは言い切れる」とし、旱魃時に上流に用水の全量を取られる不安から、できる限り上流で分けておけば安心という心理が働いた結果と推察している（『地図を追って』）。

一方、『農業土木史』（篠辺三郎執筆）の見解はもう少し踏み込んでいる。

小知行派による開田……（中略）……が適地を見つけえたとしても、用水源を新しく岩木川、その他から求めることは道程も長く資力も乏しい。したがって近くにある古田用水または派立用水から、いくばくかの代償（労力、資材の割高な負担など）を払って用水の分水を認めてもらっていたのである。このことは、開発時期が早ければ河川からの取入れ口を持つ用水路でカンガイできるが、それより後に成立した派立は用水確保が困難であり、派立と新しい派立の間で分水がまとまればよいが、それができない時には、全く関係のない用水路から分水してもらう方法が取られた。このため、派立が極めて接近しているのに取水場所が全く違う場所にあったり、延々と平行に何本もの水路が平行して走り、近くのカンガイを互いにしているとか、他のセキ（津軽では用水路のこと）を掛ヒで横断したり、伏せ越す等の複雑な水利を発生させた。

ここでは用水の事情だけが述べられているが、莅の排水も水路を通して行われ、一旦排水路に落とした水を再び用水としても用いる。とすれば、水路の密度はさらに高まる。

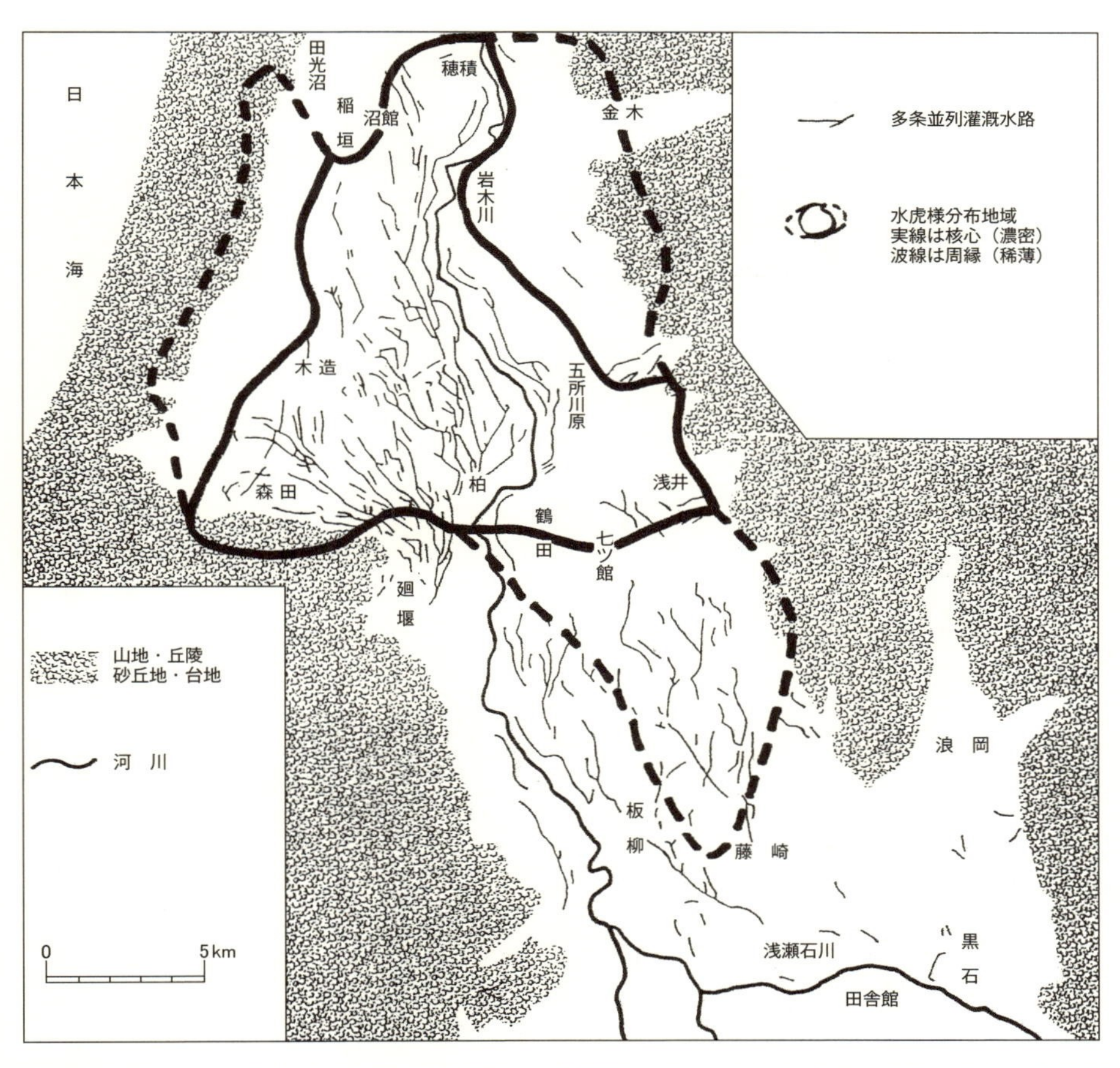

籠瀬良明が作成した多条並列水路の分布図に、前掲図にプロットした水虎・水神の分布の包絡線を重ね合わせた。水路分布図の１本の線は３本以上(多くは５条以上)の水路を示している。両者の粗密はよく重なっている。

水虎様と多条並列水路の分布

しかし、灌漑用水の不足とその不安感は全国各地に存在するはずだし、もっと絞って、新田開発時の切実で錯綜した水源確保の要請だとしても同様であろう。河川への依存度合は高く、旱魃の危険も大きかった。だが、特殊性をこれだけで説明するわけにはいかない。低湿地の条件を加えたとしても、似たような特性を持つ地域は大河川下流平野部に多い。それなのに、こんな独特の形態で水路が走っている地域は他にない。籠瀬が執拗に問いかけ、結論を留保しているのも無理はないようにも思われる。

そして水虎様はこの「奇観」のまっただ中に出現した。水虎様の分布を多条並列水路が存在した地域に重ね合わせてみると、後者の核心部といえる濃密に分布する地域に見事に重なる。周縁に行くに従って粗になっていく傾向も同様だ。

多条並列水路のように錯綜した水路が多数ある地域で水路に子供が落ちて死ぬ事故が続発し、死んだ子供を弔い再び取られることがないよう、昔話などで親しんだ河童を「祀り上げ」て神格化した水虎様が伝播していった。水虎様の信仰の基盤はここにある。

堰とトメ

水路の始まりであり、付帯物でもある堰に視点を移してみる。水路が「図」なら、これらは「図」に散りばめられた文様に当たるだろうか。

岩木川本流の堰は「留」といわれ、上流と下流の対立を緩和する構造を持っていた。文政一三(一八三〇)年の「青女子堰御本帳」の指示では、岩木川上流部一一ヶ所の堰のうち上流三ヶ所は石留、それより下流は蛇篭留、土淵堰は土俵留となっており、水量に恵まれた上流の堰は下流に水を流れ落とす仕掛けになっていたのである。

石留は、たとえば最上流の杭止堰では、河川内の大きな石積みの上に毎年石俵を積み重ねる構造だった。また、木工沈床(続枠)という、丸太を組み合わせて連続した枠を作り、その中に石を入れて沈めるものもあった。もっと小さな沢水や支線水路の堰き止めは、当然ながらもっと簡易な構造だ。

青森市郊外の戦前の米作りを方言で描写する三浦義雄『青森・米作りの方言』にこうある。七月下旬頃の記述だ。

暑さでよく小学校のワラハ(ン)ド(原注:童共。以下同じ)がトメや川の上を跨ぐ樋の下で、ミズアブリ(水浴り)をして川の土手や樋の淵の土を崩してしまうことがある。関係者はその都度補修をするが「ワラハ(ン)ドノ　ゴトダ　ハ(ン)デ(子供達のことだから)」と軽い注意をするだけである。学校でも厳しく注意することはない。ワラハ(ン)ドもまた、このことをわきまえて、年上の子が年下の子に注意をしながら水をアブル(浴る)。

ここで「トメとは、水田への水路つまりヘゲに水を流すには、田の地盤より高い川の上流をせき止め、せき止めるには、長い杭を数本打ち込んで土のうを埋めて止める、その川の関係者で決められている時間に交代で止める、その場所」(同書)をいう。

このような堰の維持管理はヘゲ掘りと草上げといい、春と真夏に行なった。一度目は田起こしが終わる五月下旬頃、三浦は「川やヘゲを掘ったり、ヘゲ淵の草を刈ったり、トメ(止め)や川の上を跨ぐヘゲの樋の修理」と書いている。

作業は、あらかじめ用意した材料を用いて、淵の草を刈り、ヘゲの底の泥を上げ、腐った杭を交換し、ネズミの穴をふさぎ、土手を修理する。これを川全体の関係者が上流から行い、自分たちのトメまで来るとその関係者だけになり、さらに自分だけのヘゲになれば別れるというように、決められた日程に従い、分担して行う。

補修は、普段気がつけば個人で応急措置するが、八月上旬頃もう一度、相当草が伸び、大きな流木が引っかかって杭を折ったり、穴を開けたりしているので、川の上流から水口まで、春と同じように共同作業で行う。

河童の伝承は「堰で遊ぶな」という注意の代わりだった、という説がある。簡易なトメのような構造物（堰）は村人が手をかけて維持している。それを子供に崩されたのではたまらない。だから堰の深みが河童の目撃場所ないし住処となっていたのである。

水死事故

水虎信仰の発端は子供の水死事故だった。津軽では以上のような農業用水路での水死が多かった、との本にも書いてある。

水死事故の統計を県警で調べてもらっても、あまり古い時期の様子は知ることができなかった。藤崎町に大正一五（一九二六）年造立の水難供養碑があり、そこには明治一四（一八八一）年から大正四（一九一五）年までの合計七人の戒名と命日が刻まれている。「童女」と「童子」が多いことから、子供の水死者の多さが村中の悩みだったことをうかがわせる。

少年や幼児を中心に発生する水死事故は、いつの時代においても重大な警察問題であった。とくに本県においては一層その感が深い。水死事故は水泳中をはじめ、川や沼などへ転落して溺死する例が大部分である。昭和期において本県では、三年頃からこの種事故が年とともに増加し、七年には遂に死者が百人を超すに至った。翌八年も七月には、学校の夏休みを前にしてすでに前年の死者を上回り、さらに増加が予想された。

（青森県警察史編纂委員会『青森県警察史　下巻』）

同書には「幼児の水死事故はとくに農繁期に多発する」とある。事情はこうだ。

田の草取りになると、ワラハ（ン）ド（童共）のゴガズヤスミ（五月休み）のような休みもなくなりビッキ（嬰児）をカデル（あやしたり遊んだりする）人がいないので、若い夫婦の家ではタモデ（田面）にビッキを連れて行き、休み場にエンツコ（えいじこ）や、さもなければ篭や箱を用意してそこにビッキを入れておく。仕事に夢中でいると泣き声が聞こえず、気がついたときはヘゲ（堰）にエンツコのまま落ちていて死んだ例もある。（引用者注：ガは原文のまま、青森特有のカの鼻濁音を表す）

（三浦『青森・米作りの方言』）

昭和一〇（一九三五）年、黒石警察所管内で二六歳の日雇A女が藁工品の作業中に、保護の不注意から四歳の長女が外に飛び出し、自宅前を流れる堰に落ちて溺死する事故もあった。このような事態に対し、県警では昭和五（一九三〇）年頃から農村託児所の設置を各市町村に指導したとあるが、幼児の水死事故は依然として多発していたようだ。

板柳町日新付近

弘前市鬼沢

水に近づけさせないよう、恐ろしげな表情で子供を威嚇する。
危険報知の看板

昭和二（一九二七）から一二（一九三七）年（六、一一年を除く九年間）の水死者は二人（二年）から一四一人（九年）、単純平均すれば毎年七一人だった（『青森県警察史　下巻』）。ちなみに、昭和六三（一九八八）年以降平成九（一九九七）年までの一〇年間、水難事故の死亡・行方不明者は年平均で三二人と、昭和初期からは半減している。

子供たちの遊び方が変化したことに加え、農業水利事業や圃場整備事業が大々的に行われ、津軽平野全域にわたって多条用水路が征伐され終わっており、水利施設の安全対策にも配慮がなされるようになったこともあって、子供の水死事故は激減しているのではないかと思われる。なお、最近は成人の水死事故が多く、六五歳以上の高齢者の割合もかなり高くなってきた。「用水堀」の場合、通行中に転落して溺死することが多い。

ところで、子供の水死事故を防ぐために行うことの一つに、水路に注意を促す看板を立てることがある。普通なら「水泳禁止」とか「水遊びするな」と書くところを、「メドツが出るぞ」と書く例が八戸市田向の用水路のほとりにあった。私自身も河童の絵を描いた警告立札を弘前市や板柳町で見た。まさしく河童・ミズガミが身近に信じられる土壌の産物である。

※　八戸市田向の看板は、昭和五一（一九七六）年七月に八戸市吹上地区防犯協会と同市吹上青少年協議会の手で設置され、水路の廃止に伴い、平成二七（二〇一五）年三月に撤去された。「きけんだ！／よるな近づくな／メドツが出るぞ」と書かれていた。水死事故の多発していた昭和四〇年代から、同じ所に同じ文面のものがあったらしい。
設置時の新聞報道によると、子供はメドツが何かわからないので親に聞く、親は恐ろしいメドツを教え、水死事故に気をつけるよう注意する、というのが設置の狙いだという。設置意図はともかく、当時既に「メドツ」の語が子供に理解できなくなっていたことがわかって興味深い。

なお、撤去された看板は八戸市博物館に所蔵され、経緯や水路図面などとともに平成二八（二〇一六）年開催の「かっぱ展」に展示された。

四　「虚」の世界――精神的基盤

信仰の土壌

水虎様の信仰は、津軽の信仰の土壌からさまざまな養分を摂取して育ったようだ。

和歌森太郎編『津軽の民俗』によれば、津軽では民間信仰の伝承がきわめて多彩で濃厚なことが特徴である。なかでも、災厄を祓うイタコやカミサマが大きな役割を果たす。こうした存在が目立つ地方は北東北や南島などで、人々の生活が貧困と病気に長く苦しんできたことを意味しているのだという。

周知のとおり、津軽では度重なる冷害、旱魃、洪水などの災害やそれによってもたらされる飢饉が常にあった。太宰治の『津軽』には、飢饉の「不吉な一覧表」(同書)が文庫版で延々三ページに及ぶ。彼が言うように「溜息をつかざるを得ない」。

幻覚や精神障害を引き起こす、栄養障害由来のシビ・ガッチャキと呼ばれる独特の病気もあった。イタコの盲目も、燃料に使うサルケ(泥炭)の煙もあるが、米食に偏り不良基調のこの地域の栄養状態にも起因したのだろう。子供の出生は多いが死亡も多かった。

危機からの防衛は、大地主と小作の階層分解が進んでいたから、同族で団結して行うという形では叶わなかった。確固としたムラの組織も残っておらず、多くは五石以下だった農民がイエを守ろうとすれば、同じく弱小の農家と兄弟分(ケヤグ)の関係を結び、また、藩の保護を直に受けざるをえなかった。だから、農業生産に不可欠の虫送りをはじめ、祈りや儀礼、呪術は、明日をも知れない生活を安泰に導くきわめて切実な思いのこもったものだった。路傍の神仏は津軽地方に多く、特に地蔵、百万遍、庚申などが顕著であり、現在でも車で主要な道路を走ると、五分と間をおかずに信仰のモニュメントである石塔類が目につく。

このような地域では、神社には手当しないくせに川原の石ころでも尊いものとして神棚に供えて祀る土地柄だ、とある神社の宮司が嘆いたのも無理はない。藩体制(もしくは明治政府)に組み込まれて形式化した寺社に、人々は魅力を失う。葬式仏教や埋葬寺院として扱うか冷遇してきた。「冷遇」は言い過ぎかもしれないが、関西などで「宮座」という祭祀組織を作ってムラが維持するのと比べて、そのような組織がないという意味である。しかも、津軽の人々は、病気の治癒であれ悩みの相談であれ、現世の御利益を重視した。

確かに、村々には神社が祀られている。新田開発の歴史の新しい部落では、産土神（オボスナという）は、今の村人の祖先を祀っているのではなく、分村・移住してきたときに団結と信仰の中心として何かを祀った。「何か」でよかった。元々住んでいた土地の堂社であったり、近隣のものであったり、地域の流行神であったり、修験者が選んだりした。結果として稲荷、八幡、神明、熊野宮が多くなった。

人は、普通であれば誕生―死―祖霊―祖神（―誕生）という生まれ変わりのサイクルをたどる。津軽では岩木山に収まった祖霊が村を守ってくれると信じられ、それを春に村に迎えると産土神として村を守ってくれるので、神社の名は産土神に関係ない。秋の収穫が終わると感謝の祭りをして山に帰ってもらうのだった。

だが、子供の死亡が多く、平和な生まれ変わりのサイクルから逸脱してしまった者との交信のために、死者の口寄せを行うイタコが維持されていく。また、子供の死を悼む親の心を慰めるために地蔵信仰が広まり、イタコが地蔵信仰を普及宣伝し、地蔵信仰がイタコという仕事を維持していくことになった。

水虎様は、結論的に言って、社会の激動から来る不安感と救いを求める時代の心情を背景に、幼いわが子を水難で亡くした親の癒されたいという切実な想いが生み出した一種の流行神（はやりがみ）と思われる。その根の深さと広がりに不可欠な土壌を見ていくことにしよう。

青森の水の神

河童の伝説類を見たときには陰に隠れていたが、もう一つ豊かな想像力の根源であり、それ自体も伝説の産物でもあるものに水の神の信仰がある。

青森の水の神については、小舘衷三が『水神竜神　十和田信仰』（昭和五一〈一九七六〉年）に伝説、寺社やその祭礼を網羅的に明らかにしており、付け加えることはない。

全国の水神系の神々とその青森での形は次頁の表となる。水の神、龍蛇神だけでなく、穀物の神、風の神、海の神といった性格の神もあるが、一括して水の神としておく。これでも数が多いし、神道系と仏教系が神仏習合で一緒になるなど、実態はややこしい。小舘も「民間信仰の対象として見る時、分類等がなかなか明確に出来ない」と書いている。

神々の多くは、記紀の最初の方に出てくる。以下、素性を簡単に紹介する（煩わしいので水の神以外は片仮名表記する）。天御柱命・国御柱命はイザナギ・イザナミの国生みの際オノコロ島に建った柱、宇迦乃御魂神（倉稲魂命）は彼らが飢えたとき生まれた。イザナミが火の神カグツチを生んで焼け死んだときに罔象女神が生まれ、イザナギがカグツチを切った剣から高龗神・罔象女神・闇龗神の三神が生まれたともいう。その後黄泉（よみ）の国に赴いたイザナギが戻り、穢れを海で祓って住吉三神（海神三神は同一異名）が生まれた。天照荒御魂は、言わずと知れたイザナギ・イザナミの子、アマテラスの別名である。その弟スサノオが高天原に向かい、迎えたアマテラスと清い心を証明し合った際、アマテラスがスサノオの剣を噛み砕いて吹き棄てたときに宗像三神が生まれた。金比羅様の大物主命は、スサノオの子孫大国主命の別名である。

天水分神と国水分神は、水門（みなと）の神ハヤアキツヒコ・ハヤアキツヒメの子である。若宇迦売命は宇迦乃御魂神や伊勢神宮の豊受大神と同一神といわれ、賀茂別雷神は比叡山・山王神社の祭神オオヤマクイ神とワタツミ神の娘で水の神の巫女タマヨリヒメとの子とされる。ともあれ、神々の氏素性論議にはあまり深入りしない方が賢明だ。津軽の人々も細かいことは考えていなかったはずだから。

水神系神社

系統		祭神	代表堂社	津軽
貴船（きふね）系		高龗神（たかおかみのかみ）または闇（くら）龗神	貴船神社（京都市）	十和田様
川上系	上社	高龗神	丹生（にう）川上神社上社（奈良県吉野郡川上村）	
	中社	罔象女神（みつはのめのかみ）	同　中社（同東吉野町）	
	下社	闇龗神	同　下社（同下市町）	
水分（みくまり）系		天（あめの）水分神及び国（くにの）水分神	吉野水分神社（奈良県吉野郡吉野町）	三岳神社
四社系	広瀬	若宇迦売命（わかうかのめのみこと）	広瀬神社（奈良県北葛城郡河合町）	領内四社
	龍田	天御柱命（あめのみはしらのみこと）及び国（くにの）御柱命	龍田神社（奈良県生駒郡三郷町）	
	加茂（上）	加茂別雷神（かもわけのいかつちのかみ）	上賀茂神社（京都市）	雷電宮
	広田	天照荒御魂（あまてらすあらみたま）	広田神社（西宮市）	（広田は四社に該当せず）
宗像（むなかた）系三神		市杵島（いちきしま）姫、田心（たこり）姫及び湍津（たぎつ）姫	宗像神社（福岡県宗像郡玄海町）その他日本五弁天	胸肩神社もしくは弁天様
住吉系三神（神功（じんぐ）皇后を含めて四神）		底筒男命（そこつつのおのみこと）、中筒男命及び表筒男命	住吉大社（大阪市）	
海神（わたつみ）系三神		底津綿津見命（そこつわたつみのみこと）、中津綿津見命及び表津綿津見命	海神神社（長崎県上県郡峰町）、度津（わたつ）神社（新潟県佐渡郡羽茂町）など	海童（わたつみ）神社
金比羅系		大物主命	金刀比羅宮（ことひらぐう）（香川県仲多度郡琴平町）	宝竜宮
竜神系		諸竜神	室生寺（奈良県宇陀郡室生村）	十和田様
不動系		不動明王		
稲荷系		宇迦乃御魂神（うかのみたまのかみ）	伏見稲荷大社（京都市）	

注：小舘衷三原表を一部改変

これらの神社のうち、神道への帰依が深かった弘前藩四代藩主信政が制定した領内四社は、東津軽郡野内（現青森市）の貴船神社と西津軽郡長浜（現木造町だといわれるが村の位置は不明、神社は館岡に移転）の広瀬神社、同田野沢（現深浦町）の龍田神社、南津軽郡五本松（現浪岡町）の加茂神社である。

津軽（青森市、弘前市、黒石市、五所川原市及び東・西・南・北・中津軽郡）の神社は約千社、稲荷宮が約二四〇社、胸肩神社一二社、加茂神社及び貴船神社それぞれ一〇社、闇（高）龗神社九社、十和田神社八社である。最多の稲荷神社は別に扱い、他の神社についてふれておこう。

胸肩神社は、『日本書紀』に「筑紫の胸肩の君等が祭る神」という。美女三女神で、特に市杵島姫は神仏習合で弁天様と同一視される。龍宮の乙姫でもあろうか。加茂神社は、祭神から雷電宮として知られる。

青森で独特なのは十和田様で、貴船神社もそうであるし、水神・龍神（蛇神を含む）を祭る神社はこう呼ばれる。平尾魯仙の『谷の響』にも、「山中の窪凹（わおう）に水を湛（た）へて沼を成すもの、土人、十和田という」とある。十和田湖は、満々と湛える水塊の巨大さが稲作に不可欠な水の象徴となり、坂上田村麻呂が創建したといわれる湖畔（十和田湖町）の十和田神社が十和田様の象徴だ。青龍大権現（神仏習合で日本武尊（やまとたけるのみこと）も）を祀る。でも、県内各地の十和田様がここを頂点とするピラミッド状組織になっているわけではない。

十和田様について、南部地方では海上安全や除災招福的な傾向が見られるが、津軽では稲作の水源や岩木川の流れに関係が深い、と小舘は言う。水虎様に二、三混じる十和田様が池のほとりなど水辺に鎮座していることは象徴的だ。

そんな十和田様の代表は大鰐町の貴船神社で、平川支流の三ツ目内川を遡った山中にある。十和田湖畔と同様、神社脇の池（ここも「十和田」と呼ばれる）でサンゴを打つ。「サンゴを打つ」とは、米や銭を紙に包んで池に投げ、沈み方で吉凶を判定する伝統的な占いである。また、池を三分して早稲・中稲（なかて）・晩稲（おくて）の場所に見立て、モチと呼ばれるサンショウウオの卵塊がどこに多いかなどで植え付けを占う。このほか、津軽各地に十和田様、そして同様の占い場を持つ聖地がある。

十和田様だけでなく、水の神は水辺に祀られていることが多い。津軽の大社、岩木山神社や猿賀神社でも境内社があるが、宗像三女神を祭神とする岩木山の白雲社や猿賀の胸肩神社（弁天宮）は池に浮かぶ中の島に鎮座している。

龗系の神社は、南部地方では八戸三社大祭が行われる龗神社だけで、後は津軽にかたまる。全国的に見ても津軽の分布密度は高い。江戸時代には多くは飛龍宮とされていた。オカミは「ミ」が蛇を表し、蛇（龍）身の水神で、水の蛇（ミツハ）とすれば罔象女神と同一神となる。地元の人はこの難しい漢字を「オカミ」でなく「オー」と発音しているようだ。藁で龍あるいは蛇を作って「虫」と呼び、虫送りに用いるのは津軽独特の風習である。また、水の神には木の枝を利用して作ったリアルな蛇体が供えられており、これらの風習と龍神信仰との関係は浅からぬものがあるように思える。

水の神の信仰と水虎様との関係は何重にもある。水の神は本殿だけでなく、境内の相殿や小祠に祀られ、水虎様の祠もそこに並ぶことが多い。おそらく十和田様と水虎様は置き換え可能だろう。位置や場所だけでなく系譜の上でも、水虎様と縁の深いミズガミサマやリューゴンサマと呼ばれる女神は、どれと特定できないまでもこれらの水の神の中にもいるはずだ。そのようなものとして、津軽の水の神はある。

稲荷信仰

津軽で最多の稲荷は全国に分布し、信仰内容は複雑多岐にわたる。京都市の伏見稲荷が中心で、大きな稲荷は多くがその分社だが、関係のない社や信仰も多い。農業神、漁業神、鍛冶や養蚕の守り神、商売繁盛や病気直しの神、そのほか屋敷神としても圧倒的に多く、ビルの屋上にも祀られる。霊験あらたかな神として融通無碍に祀られているようだ。

かつて狐を田の神の使いの霊的動物と考え、水田の近くに塚を築いて田の神を祀った。それが狐塚であり地名にも残る。後にその祭場に稲荷社が勧請された、こうした田の神と使いとしての狐の信仰が稲荷信仰の基盤になったといわれる。神の系譜では、田の神や稲魂が宇迦乃御魂神となり、それが成熟して豊受大神となる、とされる。

津軽の稲荷信仰も農業神の性格を持ち、唐から稲穂をもたらしたという伝承がある。稲荷が新田開発を契機として激増した。現在津軽では稲荷社が約二割と最も多く八幡、熊野、神明などから抜きん出ているが、貞享四(一六八七)年の「支配処社調」までは観音、八幡がずっと多く、それ以降新たに建立されて倍増したのである。

稲荷社の増加には、歴代藩主の手厚い崇敬を受けたこと、村の草分けの家の内神(うちがみ)だったのが村社に昇格した場合が多いこと、村人の協議で稲荷を勧請したことの三つの形態があるという。たとえば、車力の新田村、広須新田開発で立村した富萢では、元文元(一七三六)年、かなりの人家が揃ったところで富萢稲荷神社が建立された。豊富では、十三湖から下繁田、下車力辺りに至る不毛の地に新堰を開削して田畑を拓いた千貫崎開発によって嘉永六(一八五三)年頃から移住が進み、安政四(一八五七)年に弘前城内から豊崎稲荷神社を遷座して建立したと伝えられる。このような経過をたどって、稲荷は津軽で最も多く祀られるようになり、また、その他の多くの神社にも境内の小祠として併置されるような興隆を迎えたのだった。

守護神としての動物

津軽では、稲荷信仰のうちでも稲荷神の使いまたは仮の姿として狐に対する関心が強かったという。狐にだまされた話、狐の嫁入り、狐憑きなどが各地で言い伝えられ、老狐には人の名が付けられた。鳴き方や供え物の食べ方で漁の豊凶を占うことも広く行われた。架空の河童と違って実在の動物だけに、より身近に感じられたのだろうが、生き物が信仰の背景にある点は、水虎信仰の成立事情と似かよっていて興味深い。

カミサマの影響も似ている。車力村の高山稲荷が信仰圏を拡大するのに、免状を与えてカミサマを掌握した。平坦な屏風山砂丘でひときわ高く、航海の目印として神聖視された場所にカミサマが稲荷を祀ったのが高山稲荷の原形ではなかったかと推測されている。いずれにせよ、カミサマが人々の現世の悩みを癒すとき、稲荷信仰が出てくるのである。

動物から神が生まれるメカニズムは他の地域にもある。旧仙台藩のウンナン神はその一例である。この神は宮城県の栗原郡を中心に北上川中・下流域、しかも湧水や流れの近傍に多く、由緒などは不明だが虚空蔵菩薩を本地とすることが圧倒的に多いとされている。使いは鰻である。水の底に棲み聖なる動物として扱われる。鰻は池や淵の主、水神としてあがめられ、捕って食べることはおそれ多いとされていたこともあったが、落ちぶれた姿となり、洪水を起こして宗教者に退治されるという伝説も残している。

ウンナン神の分布するのは、仙台藩が野谷地という川沿いの湿地に新田開発を進めた地域と重なっている。このために水害が増加し、洪水の中から鰻が出現して神の権化とされるようになった。一方、伊達氏の庇護もあって早くから伝わっていた虚空蔵菩薩に対する信仰は災害を除く性格を持っていたので、人々

稲荷・ウンナン・水虎の比較

神	動物（使い・本性）	元の性格	介在する宗教者	神の性格の変化
稲荷	狐	農神	カミサマ	農神→産土神
ウンナン	鰻	水神	真言系僧（虚空蔵経）	神の使い→洪水元凶→鰻の食物禁忌
水虎	河童	（水神／妖怪）	カミサマ	（水神もしくは妖怪）→水死元凶→水難除け

が水害の予知、防除を願うことにより、使いとして結びついていた鰻が聖なる存在としての性格を強めることになった。

これらの神における祀りのメカニズムには、伝説が流布している点に共通性があり、落ちぶれて害をもたらす神を祀り上げて守護神となすことや介在する宗教者、神としての性格の変化などの点で水虎様の場合と微妙に異なっているものの、総体としては似かよっているといえる。なお、津軽に広がる龍蛇神信仰、そして虫送りで虫を追う者が蛇体であることは、ウンナン神の鰻と同様、蛇が聖なる動物とされることを表すのだろうと思われる。

流行神

水虎様は流行神の一種ともいえる。流行神とは、神仏が盛んに生まれて信心される現象である。この現象は、信仰対象がきわめて雑多で、伝播が局所的で永続性があまりなく、流行しても廃る運命にあり、大きな宗教運動にはならない。このような神仏の霊験は「○○に効く」と説かれる。体制に組み込まれないカミサマのような宗教者たちが民衆に積極的に結びつくため、もっといえば霊験で経営するために、盛んに宣伝、布教活動を行なった。

よくあるパターンは、何か珍しい物が飛来したり(!!)、河海に漂着したり、土中から出現したりという形で、宗教者が介在して爆発的に広がっていく。漁村では水死人が縁起がいいとされる習俗があり、水死した人もよく信仰の対象になった。

水死人そのままでは誰にも祀られないから「祀り棄て」となり、神に祀る「祀り上げ」によって御利益を与える守護神に変わる。このような神が流行神化しやすい。流行神化すればすべてが福の神となって幸運をもたらす。貧乏神でさえ貧乏除けの福の神となった。

わが国では、先祖の霊(祖霊)は平和に死んで子孫の祀りを受け、繁栄を祝った。年忌が明けると弔い上げによって浄化され、名のない祖霊となる。非業の最期を遂げた人物はこの祖霊信仰からはみ出し、水死人のように生前の確執を残す者は、この世に災厄をもたらす怨霊や御霊(悪霊、邪霊)となる。神懸かりとなる者はそれが誰それの怨霊だ、祟りだと言う。このため、祟る人の霊を鎮めて神に祀った。祀(り上げ)れば守護霊となり、たとえば病気治癒に効く「○○明神」となってたちまちはやり出すのだった。

水虎様の場合、水死は現代の目から見れば単なる事故だが、背後に得体の知れない河童(ミズガミサマ)が潜んでいると感じられると、あるいはそういう示唆があると、事故が続発することによって次第に祟りをもたらすものとして実体化してくるのではないか。事故が各地で続けばそういった心情が伝播していったのだろう。

「祀り棄て」で祟る者が「祀り上げ」で守護神となる。このような転換のメカニズムが水虎様にも生きているのだろう。

心の飢えを満たす―激動期の信仰

水虎信仰が流行し始めた明治の頃、人々の心の状態はいかなるものだったか？
江戸末期から明治にかけて、社会そのものが大きく変化したのに伴い、わが国の宗教史はまさに激動の時代を迎えた。流行神が江戸の町人社会、特に、寛政年間から幕末にかけて特に顕著だったのと一続きの時期である。

幕藩体制は、どこかの寺に所属させる寺請制度で人々を管理した。だから寺は国教化し、人々の心の痒い所に手を届かせるよりも組織護持・経営に傾いたようだ。神仏習合だったから神社も事情は大差なかった。

人々の心の飢えを満たしたのは、治病、除災、商売繁盛など、限られた分野で現世利益に応えた雑多な宗教者だった。彼らは社会変動によって部落から脱落し、放浪して得た知識をもとにさまざまな〈神〉を創出した。神懸かりになって神のお告げをもたらす生き神様も現れた。天理教、黒住教、大本教など現在の大教団も、こんな形でこの時期に集中して誕生した。日常生活を脅かす災厄が連続し、不安が社会的につのったために、それを除去するのに神仏に、それも無名の得体の知れぬ神仏にすがり群参する現象が流行した。

津軽においてもしかり、度重なる飢饉や洪水をはじめ、人々は大きな不安を抱えていた。藩政期には人口一五五人に一人の割合でカミサマがいたという説もあるほどだったから、人々の生活に欠くことができないほど頼りにされていたのだろう。

しかし、近代国家は彼／彼女らを弾圧した。神懸かりになって祈祷や口寄せをすることは愚民をたぶらかすとか、政府が進める養蚕や種痘、近代医療に反対する輩だとかの名目で禁止令を何度も出した。「何度も」ということは、根強く人々の生活全般にカミサマの存在が食い込んでいた状況の反映だろう。新宗教の天理教が津軽に入ったのは明治二〇年代の後半からだが、入信が広まる契機はハンセン病などの病気直しだったらしい。

既成の神社が近代国家の体制に組み入れられる一方で、人々は別の場所に心の拠りどころを見い出す。あるいは、踏みつけられた雑草が生き延びるように、弾圧されれば逆にじわじわとしたたかに生き延びていくようだ。カミサマが現代に生き延びたように。

水死事故という限られた範囲ではあるけれども、水虎様にも同じ構造が見える。誰かが水難に遭ったとき、遺族はカミサマにその苦しみを相談した。カミサマはそれを水虎様のせいだと告げ、ご神体を祀るようになった。おそらくカミサマの生き残りに水虎様が、また逆に河童伝説の広まりにカミサマが、互いに存在を強め合っていったのだろう。

魂のゆくえ

人は死ねばホトケになる。津軽でも同じである。霊とか魂とかはタマといわれ、ホトケとなり、やがてカミになる。一見原始的なアニミズムと仏教の世界が、弾力的というか流動的というか、無理なく一体化しているのがわが国の祖先信仰である。

仏教寺院は、藩体制下、イタコなど口寄せ巫女を管理統制した。檀家制を普及させ、昔から死者の埋葬儀礼や供養に関わってきた彼女たちの領域をすっかりわがものにした。だから、埋葬、年忌法要などの習俗は、特別なものを除いて仏教寺院のものとなった。「葬式仏教」がよくも悪くも不可欠となったのである。だが、寺院と別の角度から、イタコは死者に関わる。ホトケ＝死者との再会、口寄せだ。一家の大黒柱や幼児の急死、水死・事故死などの変死の際にだけ回向供養のために口寄せを行う。死者を送る儀礼のうち、この種のものだけは仏教寺院が取り残したのだ。さきには話を単純化するために、政府が介在した状況での既存宗教とイタコ・カミサマとの「対立の構図」を強調したが、実際にはもっと平和的な「棲み分け」だったのかもしれない。いずれにせよ、「魂の仕事」を行う専門家として、民間宗教者ないし巫者が必要だった。

　この時の口寄せ儀式が「舟っこ流し」である。イタコを招いて祭壇を作り、供物を供えて死者の口寄せをする。藁で人形を二つ作り、一つはホトケ自身、もう一つはその案内者に見立て、舟に供物とともに乗せて川や海に流す。同じような方法はお祓いの仕方としてもある。藁人形を作って着物を着せたり供物をつけて川に流す。これはメドチ除けにこの地域にだけ行われている特殊な方法ではない。病気や災難を逃れるためにわが身の形代を流して神に無事を祈るという、これも全国によく見られるやり方だ。

　さて、民俗学の定説では、人は一生を終えると子供に供養されて祖霊と化し、祖神から氏神になっていく。そうした死生観・祖霊観は稲の発芽→成長→成熟→枯死→再生のパターンと相似している。津軽では、霊魂は岩木山に収まり村を守ってくれるという。雪消えの形で農耕の時期を教えたり、水をもたらしてくれる。それで春に村に迎え、これが産土神として村を守ってくれる。だから神社の固有名は関係なく、とにかく「何か」を祀ればいい、とした津軽の人々の気持ちは理解できる。秋の収穫が終わると感謝の祭りをして山に帰ってもらう。全国各地の田の神祭りに見られる形式である。

　しかし、普通の幸せな生き方から外れる者がいる。水子や親の不注意で死んだ幼児、戦争や事故で死亡した怨霊、祀られない死霊が化す幽霊、祀られない神が化す妖怪などである。水虎信仰の発端となった子供の水死はまさにこの場合に当たる。水死者は別として、これらの外れ者たちは、自然神の庇護の下で他界での生を送るが、自分をそんな境遇に追いやった者に対してしばしば祟り、病気などの不幸をもたらす。この災厄を免れるために供養したり祀り上げたりして守護神化するのである。

ただ、一般的にはそういえても、カミサマに見てもらったときに、平和に死んで祀りを受け入れたはずの先祖の祟りだと言われることも多い。この場合どこかに祖霊信仰からはみ出した者がいるのか？　そう

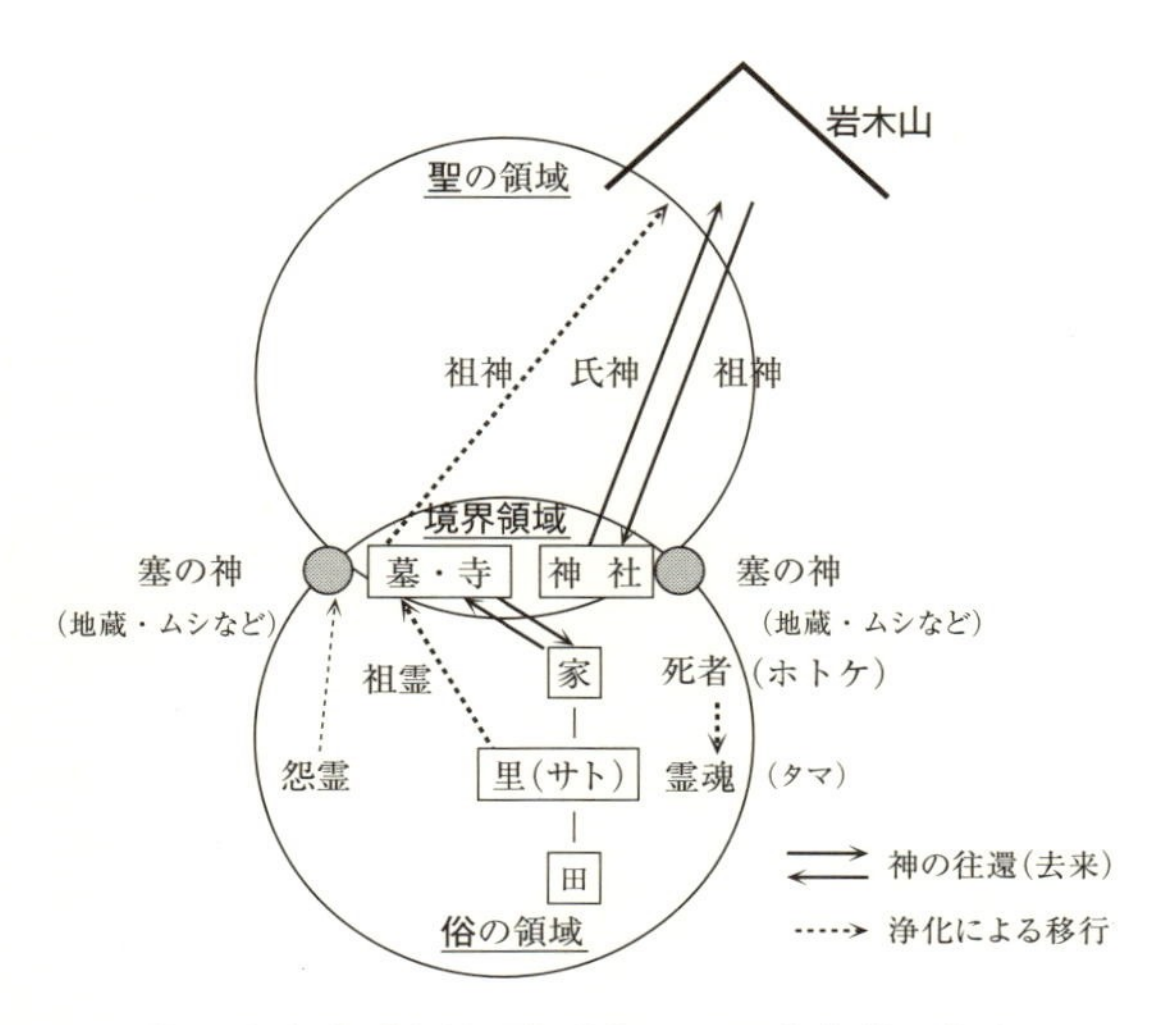

注：宮家準『宗教民俗学』の原図を参考に作成
津軽の村と祖霊、神

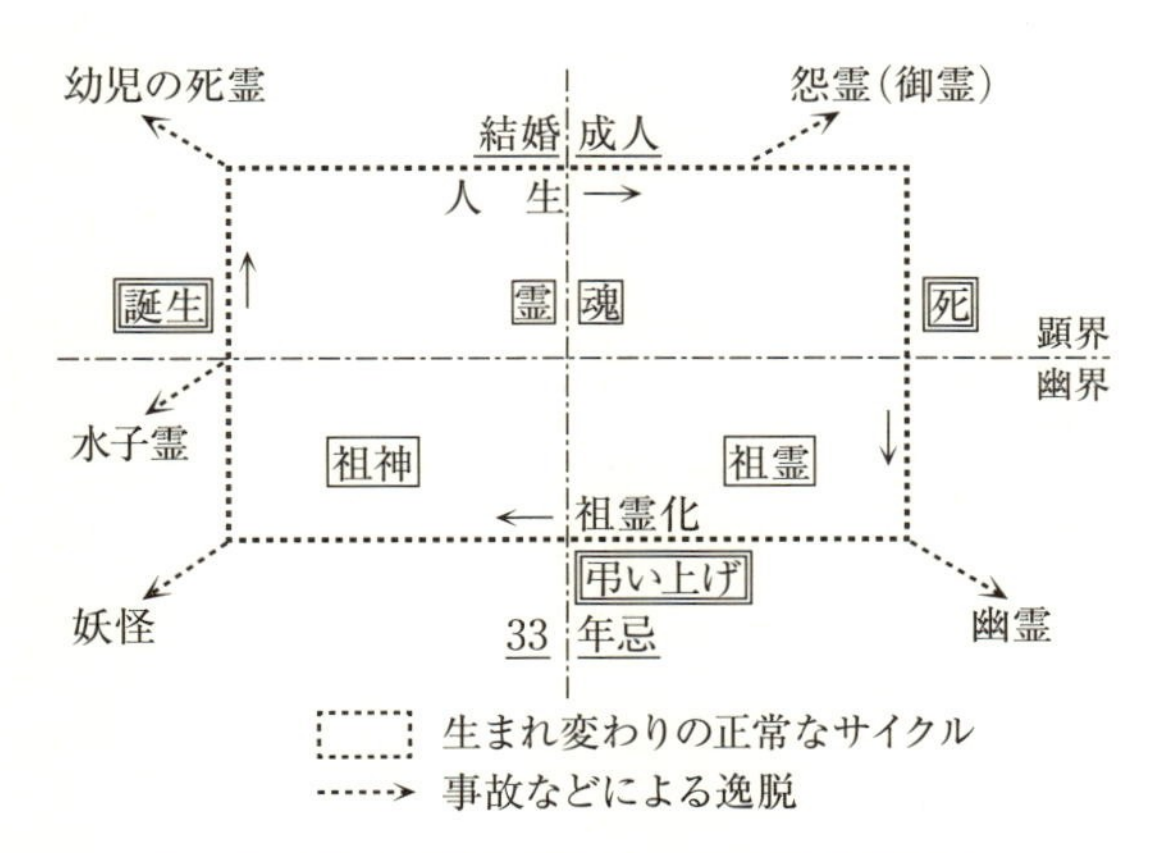

注：宮家準『宗教民俗学』の原図を参考に作成
生まれ変わりのサイクル

かどうかはよくわからないが、先祖をよくお祀りするなど、普段の心がけの改善によって初めてやっと心身の故障が取り除けることもあるらしい。

喪の仕事と悲哀への共感

死者に対する哀惜の念や供養の心情は時代と場所を超えて現れる。交通事故のあった場所に花束と香を捧げるのがそうであるし、特に幼児などの無惨な死に場所では、石地蔵を建てて特に懇ろに弔う。諸国の霊場に死児供養の地蔵が無数に造立され、また塔婆が所狭しと立てかけられているのは、今日でもなお死霊が消滅していないことを物語る。それは川倉や恐山に限ったことではない。

さきにふれた藤崎町の水難供養の石碑には七人の戒名と命日が刻まれ、「童女」と「童子」が多いことが胸を打つ。この碑は現在は共同墓地に立てられているが、元来平川沿いの地にあって、改修に伴い移された。藤崎町付近では平川が大きく蛇行し、藤崎を「渕崎」と記した文書があるとおり、水深四mにも及ぶ淵(「目処淵」?)をなしていたそうだ。子供たちが水泳する格好の場所だったが、水死者も多かった。死んだ子らを悼むために「村中有志者」の手で石碑が建てられた。

子供は、「七つまでは神のうち」という古来の観念から、生まれ変わりを願うのが普通だった。それで埋葬なども特別なやり方をとった。津軽でも南部でも魚などの特別の供え物をし、屋敷地の中や堆肥場に葬るなど特別の埋葬をした。仏式で精進して葬ると、次に生まれた子もまた死ぬと伝えられる所すらあった。

不慮の事故死の場合、子供以外でも特別なやり方を行なった。山や川、海など家の外で思いがけなく死を遂げた人の魂は、そこに残らないように死体を運んだ後に迎えに行く。死体が見つからなくても、身代わりの物を葬って供養するのが残された者の義務だった。ホトケはこの手向けを期待してわが家の辺りをさまよい続けるからだという。

そういった作法で亡き子供や不慮の事故死者を弔う心はいかなるものだったのか?

近年、大事故や大災害で近親者を失った人々に寄り添い、心の傷を精神医学的に解明しつつ癒していく仕事が増えている。それらによると、かけがえのない家族や恋人を亡くした人には、事件の直後にショックや否認、怒り、抑鬱などの症状を伴う「急性悲哀」が見られ、その後「心的外傷後ストレス障害PTSD」に至り、忘れたいと思っても意識に侵入してきて、不安や抑鬱、無関心、不眠などの症状を呈するという。そして、これら「死別症候群」により悲哀が遷延してしまう。

心の傷を負った現代人と水虎様を祀った人たちとの間に違いがあるのかどうか、明らかにする手立てを私は持たない。おそらくいつの世でも、小林秀雄が言ったように、「掛替へのない一事件が、母親の掛替へのない悲しみに釣合ってゐる」(『ドストエフスキイの生活』)のだろうと思う。

ただ、異なっているとすれば、〈カミサマ―水虎信仰〉の回路を現代人が持っていないことが挙げられるかもしれない。個々に切り離され、心の拠りどころを人的にも精神的にも持てなくなってしまった現代人にあっては、じっくりと時間をかけて行わなければならない「悲哀の作業」や「喪の仕事」(とは、精神医学者野田正彰の表現だ)は、周囲の無関心あるいは雑音に抗して、一人ひとりが裸で引き受けなければならない。

それに対して、水虎信仰が創出された時代、カミサマは悲しみを持つ人たちが感情を表出させたり、感情移入して一体となったりして心の立ち直りを助けた。「喪の仕事」にとって、この援助の重要さは強調されていい。現代でも心の症状を包み込む存在たりえている。加えて、拠りどころとして用いられた水虎様も、祈り続けられることで悲哀を緩やかに受け止めた。しかも、ムラが総出でお守りすることによって、同じ喪失体験の有無にかかわらず共感を育んでいったのだろう。何という創意に満ちた回路であることか。私は過去を理想化しすぎるだろうか？　しかし、水虎様は、そのような議論に誘われる存在である。

地蔵信仰

人の死、特に子供の死に関わる民間信仰で最も重要なのは地蔵信仰である。千葉徳爾は、これまでにふれたことも含めて、次のように述べている。

乳幼児の出生と死亡の多いこと、幻覚が多くの人々に現われることは、人々に霊魂の浮遊すること、肉体を離れて何度も生まれかわりうることなどを素朴に根拠づけさせる。そのような精霊との対話の希望が、あの世との交信のための巫女を必要とし、イタコの存在が維持されてゆく。いわゆる死口（引用者注：口寄せ）がイタコの主要な行事である要因が、このような地域の構造から結果する。また一方では幼児の死をいたむ親の心を慰める宗教としての地蔵信仰が流布し、さらにその変形として、とくに灌漑排水路の普及とその周辺における人口増加が、子供の水死の危険を増大させ、精霊としての河童をスイコサマという形で宣伝させることとなった。……（中略）……イタコの存在と地蔵信仰とは、一つの根から出た葉と花のようなものであるが、両者の関連は単にそのような形態にとどまらず、作用としてもイタコが地蔵信仰を普及宣伝し、地蔵信仰がイタコという仕事を扶持し成立させている。津軽中のイタコが、歩けるほどの健康状態ならば、みな集まるといわれた川倉の地蔵講は、その一つの表現である。

（千葉徳爾「津軽民俗の地域性」『津軽の民俗』所収）

千葉は水虎様を地蔵信仰の一変形と言う。津軽の地蔵には、村はずれの身代わり地蔵と、墓地や賽の河原に納められる地蔵との二つの系統があるといわれる。

身代わり地蔵は婆様たちの地蔵講（または念仏講）によって維持され、延命息災を願う村人が病気の治癒、豊作、家内安全、安産、子供の無事成長など、あらゆる願いを託す。来世や死者の救済も祈りはするが、現世利益の面が強い。津軽平野では集落と集落との間には萢や水田が広がり、集落の境界が明確な所が多いが、このような場所には、百万遍の石塔や虫送りの蛇体の藁人形が置かれていることが多い。身代わり地蔵は、村内へ厄災が侵入することを防ぐ境界の神＝塞の神としての性格も併せ持っているとされ、このような場所に建てられる。そんな場所は水虎様の立地場所の一つでもある。

もう一方の賽の河原の地蔵は、子供を供養するための位牌としての性格を持つ。大きな一体と多数の小さな像の組み合わせになることが多い。本尊の大きな地蔵は仏教に即して死者の引導と保護を行う。これを中心として、小さな地蔵群は、一体一体個々の死者として建てられる。霊魂と会えるという可能性が、残された家族をどれだけ勇気づけ、悲しみを解きほぐしてきたことか。

死後ホトケは山に登る。霊魂の集まる場所はやがて岩木山や恐山のような霊山に結集されるが、そんな行きにくい場所でなく、平地の村境や丘陵の水辺にも設けられた。金木町川倉や嘉瀬、車力村深沢にあるものはその名残をとどめている。このような場所はこの世とあの世（他界）との境界だった。

ここで旅の途上での感慨深い事件を記すことをお許し願いたい。津軽では、子供と同じく独身者も、

「独り身のうち」として賽の河原に祀られる。その信仰の現場にふれた。

大学の同期生の一人が未婚のままで病気で亡くなっていた。弘前市の実家にお伺いして墓参を果たし、ひとしきり思い出話を交わした帰り際、丁重なお礼の言葉とともにご両親に言われた。「あなたがお参りしてくれたことを川倉にいるD（故人の名前）夫婦に報告してくる」と。金木町の川倉、賽の河原のいわゆる冥婚、彼の写真を添えた花嫁人形が「夫婦」となっているのだ。

ご両親が、私のような者の訪れさえも報告に行かれる。そのことがどんなに慰めになるか。津軽の人々はこんなふうにして死者と語り合い、「喪の仕事」をこなしている。故人も、「死者の生」をご両親の生とともに生きているのだ。これは確かに驚愕の一件だった。だが、しばらくしてから、どこかしら安らぎを覚えたのだった。

水虎様を生み出した地域構造

「実」の世界と「虚」の世界を通じて、津軽における水虎様の形成の背後にある各要因の絡まり具合をまとめてみた。地理学者がよく描く「地域構造図」といい、互いに関連し合い、あるいは作用し合う各要因を整理したものである。

津軽平野という地域の新田開発を巡って、人々は不安を内に抱え込み、抽象的なカミに向けて、具体的な信仰の対象を求めていくのがその構造である。この不安は、農業生産に象徴される生活世界の拡大にいわば骨がらみとなって抱え込まざるをえないものだったから、それだけ深刻なものだった。構造の中心となるのは河童（伝説）と水死事故で、その間を媒介するのがカミサマである。そこにはまた、津軽の人々の

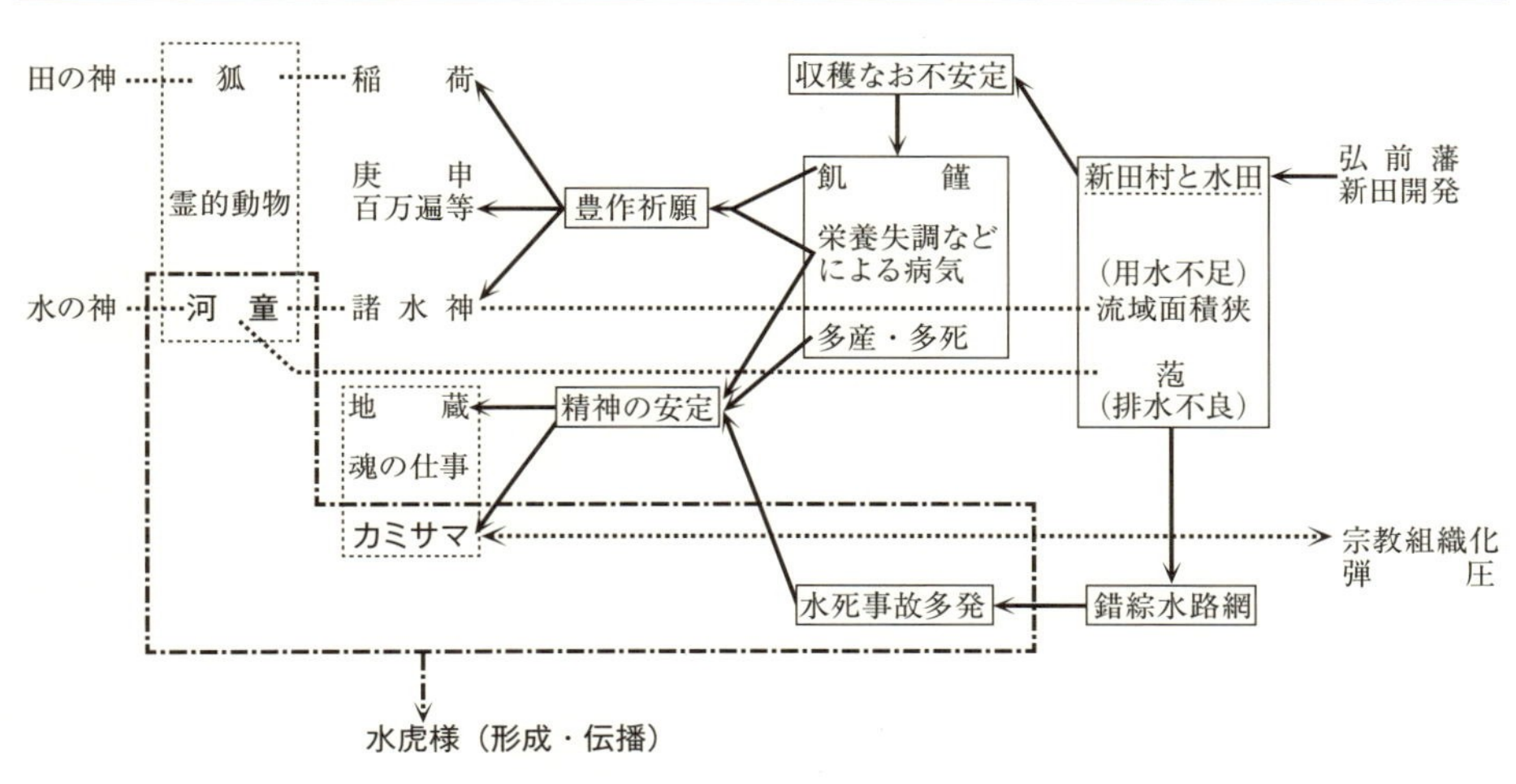

水虎様を生み出した地域構造

「魂の仕事」とでもいうような死者に対する丁重な扱い、あるいは思い入れが働いている。順を追って各要因を書き出しておこう。

① 弘前藩の旺盛な新田開発が津軽平野を人の住める沃野に変えた。

② 新たに立村された新田村は、排水の悪い萢に囲まれるとともに河川の氾濫が常であり、他方、流域面積に比べて開発面積が大きいので用水不足も深刻だった。

③ そこで営まれる不安定な稲作はしばしば飢饉を招き、そうでなくとも栄養失調などから来る病気を発生させた。また、多産であるものの、子供の死亡も多かった。

④ 人々はさまざまな水の神、稲荷、庚申、百万遍などに水源確保と豊作を願った。また、死者の魂を平和に祖霊化するために地蔵信仰があった。

⑤ 組織化され、葬式仏教化した寺院の他に、ホトケや魂、お祓いなどに関する専門家としてイタコやカミサマといった民間宗教者(巫者)がいた。

⑥ 人々が祈る最高度に抽象的なカミは、祖霊信仰、岩木山信仰と結びついた水の神、田の神だった。これらの使いとなる霊的動物として河童と狐がいた。

⑦ ②の条件を克服するために水路が開削されたが、希少資源である用水の効果的な配分や多すぎる水の排除のためには、多条並列水路のように錯綜した形態をとらざるをえなかった。

⑧ このため、水路に子供が落ちて死ぬ事故が続発した。

⑨ ②や⑥により河童の存在が普通に信じられる水土(「メドツの水土」、〈水土〉は後述)は、⑧の状況に直面して、子供は河童に取られるという通念を生んだ。また、カミサマなどのお告げもそれを人々に普及した。

⑩ 水死事故で死んだ子供を弔い、再び取られることがないように、カミの使いでもあり妖怪でもある二面性を持った河童を「祀り上げ」によって神格化した。そうした祈りと癒しは、悲哀を緩やかに癒す創意に基づいた回路だった。

⑪ 同じような条件の村々に、水虎様が流行のように伝播していった。

このような整理は、新田村の置かれた状況を重く見すぎていて、開発や農業用水路にあまりにも引きつけすぎだという非難があるかもしれない。でも、この図によって、これまでの錯綜した記述の見通しが少しでもよくなったのではないかと思う。

しかし一方で限界も感じる。これまでの記述は、風景を見てそれを構成している事物を個々に認識したにすぎない。それらが私の目に映し出す、継ぎ目や区切りのない風景そのものを描いたとはいえないからである。そもそも、そういうことは可能なのだろうか?

もし可能だとしたら、それは津軽の人々と同じように、水虎様を「知る」のではなく、ただ無心に「感じる」、あるいは「祈る」こととほとんど同じ営為なのかもしれない。

Ⅳ　水虎様の水土文化

一　水土と水土文化

〈水土〉という言葉

津軽の水虎様を成り立たせたものとして、「実」の世界（物質的基盤）には北国の厳しい稲作農業とその舞台があり、「虚」の世界（精神的基盤）には過酷な生産と生活を巡る人々の想いがあった。やや抽象的な議論を繰り広げることになるが、こうした事情を一般化して「水土文化」という考え方でとらえてみたい。

農業は植物を土に植え、水をかけて育てる営みである。どういう土に・どのように植えて・いつ水をかければいいのか、を見きわめること、また、「どのように」という条件が自然状態でよくなければ改善することが「技術」である。どんな文明の段階にあっても、水と土を扱うとき、人は素手ではなく施設や知識を含む技術を必ず用いてきた。

植木鉢で育てる場面から、農業なり国土なりに目を広げる。水であれば、土地（土壌）の湿り具合から、どれくらいの水がないと育てられないのかとか、水が多すぎたら排除（排水）する必要があるとか、考えなければならないことが広がっていく。土も同じで、土くれが広がれば「農地」になり、農業以外の用途、つまり宅地や森林なども含めると、いわゆる「土地利用」に関わってくる。こうしてミクロからマクロまでスケールの違いを見る眼によって、局所的な条件からマスとしての塊や面としての広がりの状況までを

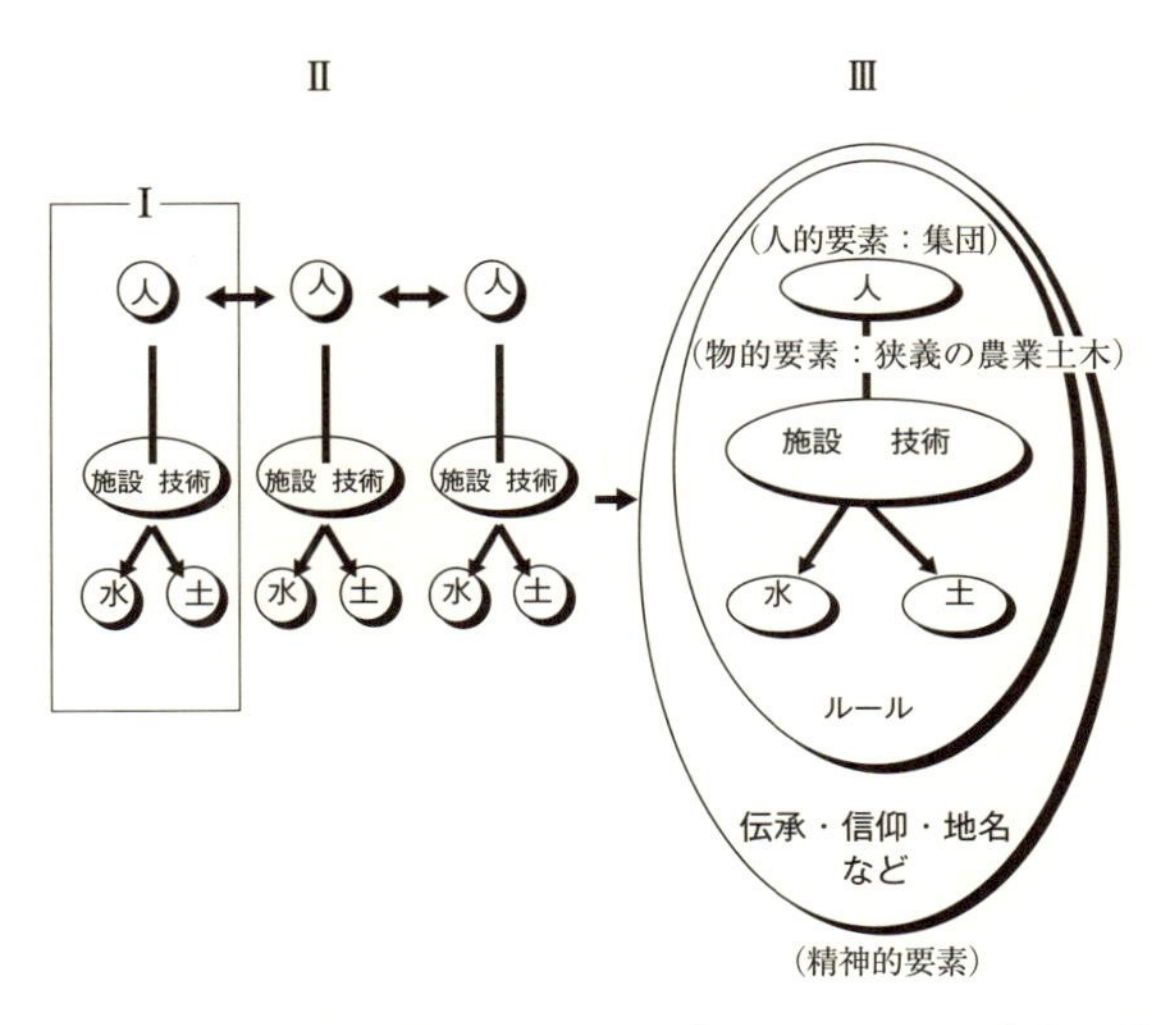

Ⅰ、Ⅱ及びⅢは、個人レベルから集団レベルへの水土の形成と文化の展開を、厳密にではないが概念的に表す。

水土の構造

見通した意味を持ってくるので、〈水〉や〈土〉と、ヤマカッコを付けてみる。

〈人〉も同じだ。〈水〉と〈土〉を相手にすると、人も複数とならざるをえない。わが国のような水田稲作では、水の確保をはじめとして、複数となるのは必然的だった。最も古い水田遺構である菜畑遺跡（佐賀県）や板付遺跡（福岡県）でさえも水利施設がセットになっていて、造成や維持管理のために協働して仕事が行われたことは明らかだ。

複数の人が集まれば利害が出てくる。それを調整するためにはルールが要る。限られた水を平等に、時には一部の人たちで独占して使うような決まりが、同じ水系の人たちに認知され共有される。岩木川のように余裕のない水系では、多条並列水路を造ったり、毎年のように廻り持ちで使う「番水」が行われた。他方、先祖伝来の農地を荒らすのは恥とされ、磨くことが美徳とされてきた。人間同士の作法やルールができ、また、人間が制御し尽くせない自然に対してさまざまな感情が働き、無形の伝承や信仰、地名といったものが人々の間に共有・蓄積されていく。

〈人〉が〈水〉と〈土〉に働きかけて農業生産を行う。このことを、農業は「〈水〉と〈土〉と〈人〉の複合系」に応じて営まれる、ととらえることができよう。「複合系」の「系」は生態系と同様に一連のつながりを持つこと、切っても切り離せない特質を表す。

この「〈水〉と〈土〉と〈人〉の複合系」を〈水土〉とし、〈水土〉に由来する文化的事象を「水土文化」ととらえてみる。

〈水土〉の広がり

「水土」とは一般になじみが薄い言葉かもしれない。哲学者の和辻哲郎はわが国に「風土」という言葉を根付かせた。その著書『風土』で言う。「ここに風土と呼ぶのはある土地の気候、気象、地質、地味、地形、景観などの総称である。それは古くは水土とも言われている。人間の環境としての自然を地・水・火・風として把捉した古代の自然観がこれらの概念の背後にひそんでいるのであろう」と。つまり水土は風土なのである。

和辻が「風土」を気候、気象…と実体のあるものとしたのに対し、「企業風土」や「津軽人の風土」などと、形のない気質や性格を表すことも多い。「水土」の用例を検討したことがある。風土と同様に意味は幅広い。しかし、どちらかといえば、精神的なものよりは実体的・物理的な地域や流域、環境を表す傾向が強い。東アジアでは「風」と「水」と「土」を二つずつ組み合わせた「風土」・「風水」・「水土」という言葉で環境を表してきた。特に中国の古典に「水土を平らぐ」(=国土平定)などの例が多く見られる。

現代的な使い方として、一九七〇年代以降、「水土」の語を使う論者が少しずつ増えた。必ず引き合いに出されるのが、江戸時代前半の儒学者、熊沢蕃山（一六一九―一六九一）である。なぜか。彼は必ずしも地域や流域の意味で「水土」を使ってはいないが、日本の水土には神道が合うなどと言い、その一方で森と雨の密接な関係を説く。その点でエコロジストともみなされるが、彼は「水土」を気質・性格と地域・流域を結ぶ意味で使っている。秋田の僧侶、釈浄因（一七三〇―一八〇四）は『羽陽秋北水土録』に、宝石や玉ではなく水土が宝であり、「水土ハ天地ノ恵徳ナリ。是レ即チ人間活命ノ本ナリ」と記す。水土は自然の恵み、人の命を生み出す基盤なのだ。

水土は生の自然そのままではない。農業、特に水田農業を続けるためには、〈人〉は生の〈水〉と〈土〉に働きかけ時代時代の技術によって加工する必要があった。津軽の新田開発では、人を寄せつけない荒蕪地を人々が定住可能な環境へと改変し、人々の生活する世界を拡大した。萢という「地」に水路という「図」を描いて、「二次的自然」である水田と村を創り出した。

〈水〉も〈土〉も〈人〉も地域固有の特性を持っている。また、地域ごと、時代によって、それらの多様な組合せが存在する。水土の豊かな個性だ。もちろん水田農業地域だけではない。水土は水田・畑を問わず農業一般の視点から見て、地表の〈水〉と〈土〉と〈人〉に関連する諸事象を複合系としてとらえた概念である。農業土木的なバイアスを多分に帯びているかもしれないが、「農業」＋「土木」では、語感としてもあまりに狭い。よって、以上のような語用や意味の広がりを踏まえ、水とか土とかでなく、「〈水〉と〈土〉と〈人〉の複合系」を〈水土〉で表す。

水土文化

水土に由来する文化的事象を「水土文化」とする。「文化」も多義の言葉であるがあまりこだわらず、最も広く「文化とは環境に対する適応の仕方である」としておく。

たとえば食事。食物が人間の口に入るまでにはさまざまな選択が介在する。食材：何が食べられ、何が食べられないか、料理の仕方：生・煮る・焼く・蒸すなどの調理方法や調理道具など、食事の作法：何を使ってどう口に運ぶか、生活上の意味：デートはファストフードかホテルのレストランかなど、細かな選択肢の数々だ。その選択肢のすべてが「食文化」を構成する。特殊な「文化財」だけではない。人間は文化という衣をまとって生活しており、まとわなければ生活できない。食文化が食事に関わる文化であるように、水土文化は水土に関わる人間の仕事、あるいは知恵の働き、〈水土の知〉の結晶である。

水土文化の具体例を列挙してみる。〈人〉が〈水〉と〈土〉に施した刻印と思しきもの、農村で広く目にする〈水〉・〈土〉・〈人〉に関わるモノ・コトが並ぶ。農業土木的バイアスから、従来の対象に近いものを基層とし、これをベースに周縁部へと広がるイメージだ。その総体を「水土文化」という言葉で一括りにとらえる。次頁の表は要素を網羅する(できる)わけではなく、一地域にすべてが同時に存在するものでもない。

これらの各要素はたがいに関係し合っている。「意味と機能のネットワーク」をなすとでもいえようか。「意味」とはそのモノ・コトに〈人〉がどんな願いや想いを託しているかということ、「機能」とはその要素が他の要素や地域社会に対してどんな役割を果たすのか、である。

表に並ぶのは、農村の文化要素のうちから何らかの「意味と機能のネットワーク」で〈水〉と〈土〉に関係づけられるものであり、水土という眼を通して見た、〈人〉のなし遂げた仕事の一覧である。内容が広範に

水土文化の内容

			有形	無形
基層	施設群		農地(土地利用・景観)、溜池、堰、水路、猪垣などモノ自体、その建造工法、建造に係る人(技術者)	左に係る史料・オーラル・ヒストリー
	制度群		運営・維持・管理組織、それに関わる装置(線香等)	運営・維持・管理ルール、組織・ルールに係る史料・オーラル・ヒストリー
	知識群		施設群や制度群に関わる文書、農書、地方書	水土の思想史、土壌・気象・災害・資源保全の知識・口承、技術の移転
周縁部	景観		地形、広域の土地利用、名勝	自然利用の知識・口承
	生業	農業	肥料、作物、農法、農具、鳥獣害予防策、共同作業	作物、土壌、農法に関する知識・口承
		その他生業	採集、漁業、加工、諸職	対象に関する知識・口承
	動植物		動植物の利用	自然一般の知識・口承
	伝承社会組織		組・株・講、宮座、相互扶助	しきたり
	生活伝承		衣類、食材、食に係る道具、住居、遊戯、娯楽、教育、自治	作法
	年中行事		行事とそれに係る道具	
	記念物		生祠、石碑・石塔、塚、史跡	
	信仰・儀礼		社寺、田の神・水神などの民俗信仰、雨乞い、虫送り、歌謡・舞踊など芸能、以上に係る服装・用具	呪(まじな)い、祭文、歌詞、所作
	口承・俗信			神話、昔話、伝説、禁忌の言い伝え
	名付け			小字・地形などの地名、モノの呼称

注：有形／無形の区分は柳田國男の民俗資料区分を参考に、おおむね言葉や心意に関わる要素を無形、それ以外の主として目に見える要素を有形とした。

わたるのは、生産と生活が一体に営まれる農村で、〈水〉と〈土〉が物理的にも大きく重要な要素であることを反映している。「自然に人工物が組み込まれた(食料生産もしくは生存)基盤」を「維持・運営するための知」という視角から事物を切り取り、あるいは関係づけ整理した時に、それらを引っくるめて水土文化ととらえるのである。

水虎様は津軽の水土文化の一要素といえる。そこには「水虎様を生み出した地域構造」が解くように、有形・無形のさまざまな要素が互いに網の目のように関係し合っている(ネットワーク、これも「系」だ)。もちろん、あくまで「津軽の」であって、他の地域では別のモノ・コトが登場して別様の水土文化を形成する。

以下、津軽を中心に、水土文化が立ち現れるさまざまな場面を見て行こう。

二　水土文化のさまざまな顔

技術と人生、自然

現代の技術は物的なものがもっぱらで、人的及び精神的なものとのつながりを極力切り離している。だが、歴史をたどってみれば、技術の性格はずいぶん変化してきた。

農業に関わる技術では、「杏の花が咲けば農地を耕せ」というような指示を連ねて暦の形をとっていたこともある。指示の連なりの中には、祖先の祭りの指示や暑い季節の養生法などの日常生活に関する指示が、農事とまったく対等な形で現れた。夫婦が一〇日間寝室を分けろというものまであったりする。農事と人生は一体だった、あるいは農業技術が農家の人生に埋め込まれていて分離していなかった。暦の形を取っていても、「AならばBをなせ」という、現代でいうマニュアルと同様の作業手順書になる。

このような世界では、作物を育てる主体は自然で、人間は補助的な役割にすぎなかった。自然は優しいばかりではなく、洪水、暴風、旱魃といった暴力的な振舞いで収穫を奪い去る。だから、自然を鎮め、自然に従いながらもその恵みを最大限に引き出すために、自然を畏敬し、願いが叶えられるように祀り祈る。行事はほとんど共同で行われ、共同体の生活の進行に埋め込まれている。生産と生活、慣行、信仰などが、人と人のつながり（ムラ）の中で、切り離すことも置き換えることもできないほどに堅く結びつけられていた。

河童が生まれた近世の津軽では、「田打ち桜」と呼ぶコブシやモクレンの花が咲けば水田を耕し始める。ウツギは「田植え桜」で田植え時を教えると同時に花の多寡で豊凶を占う。岩木山の残雪が鋤の形になれば田を打ち、苗取り爺の姿に見えると苗を取るなどの雪形の伝承もあった。稲の作柄を「世の中」といい、作物の出来を占う敏感な感覚を持つ古老を「ヨノナカジイ」と呼んで尊敬した。農事暦と年中行事を重ねてみると一目瞭然であるように、農事が人生に埋め込まれていた。水土が文化を生み育む素地がここにある。

そうした世界から、近世農業は「確実でより多くの収穫を」という明確な目的意識を持って技術を分離させていく。宝暦～天明年間の『津軽農書　案山子物語』（浪岡町）は、「制作」という行為を重視した。木を植えて風を避け、湿地の水を抜き、土地に応じた肥料を施すことを「制作」、人力の及ぶ「陽術」とする。四季の変化は天地が行い人力は及ばないから永遠で尽きることはないのに対し、人力が及べば絶えず生まれ変わって尽きないということはない、と言う。諦めの境地と読める反面、自信に満ちあふれた「制作」の宣言ともいえよう。

田舎館村の中村喜時(よしとき)による安永五(一七七六)年の『耕作噺』では、「御国の風土は春遅く秋近く、夏中不時に冷気あり」という津軽の気候に即して、冷害回避を第一とした技術を述べる。そこでも春彼岸には種浸し(種籾の浸漬)、八十八夜には種蒔卸(苗代への播種)、入梅には田植…と続く、固定されたように見える作業手順の指示もある。その一方で昔からの言い伝えも含めて総合的によく考え合わせ、臨機応変の対応が重要と再三強調する。こういう姿勢は、近代の科学的方法論と共通している。

その後の歴史は、技術も科学も文学も未分化の世界から分離の一途をたどった。自然はその中で摂理に従って生きていくというより、資源であり素材となった。生活が生産とは切り離され、生産現場は家庭から働きに通う「職場」となっていった。教育も、しつけや恥、罰(ばち)といった手法で「一人前になる」ことを目指して生活の中で行われていたが、もっぱら文字に基づく頭と知識を中心とした学校という場が分離されていった。

つながりと配慮

文化は個が担うものではない。複数の担い手がいてこそ文化といえる。複数の人の間のつながりが文化の基礎となる。水路は上下流の人のつながりとそれに対する配慮をつくり出す。モノが関係と心ばえを生み出し、文化を生み出すのだ。

水のかけ引きは稲の生育に大いに影響する。津軽のような冷害常襲地では特にそうだ。用・排水が上の田から直接下の田へ落ちて入る、いわゆる田越し灌漑の場合、隣り合う田の所有者が異なれば直接的に利害の共有もしくは対立を生む。水路が完備し、水位を調節しながら一枚一枚の田へ別々に水を入れ、別の出口から水を落とすのが理想的な姿だが、すべての水田が独立した操作のできるように整備されたのはごく最近のことである。

水路というモノが上下流の人の間に生み出すつながりは、協調でもあり対立でもある。三浦義雄『青森・米作りの方言』にいくつかの場面がある。五月下旬から六月上旬にかけて、田植え前の荒起こし(アラグリ)のとき、心を砕くことが必要だ。

> ヘゲ(引用者注：水路)でつながっていないオサ(田の区画)続きの下の田を耕作している人の作業が遅れているときは、一旦自分の田に水をカゲルと、下の方の田は乾かなくなってしまうので、気を配らなければならない。
>
> また、自分の田が上流の低いところにあるとか、ヘゲのないオサ続きの下方にある場合は、よくまわりの様子を見ながら作業を進めなければならない。自分の田に早く水をカゲようとするときは、作業が特別遅れている家(不幸か病人発生などで)を、応援することもある。
>
> お互いアラグリには、上下の田仕事の進み具合に合わせるように、遅れていればカ(ッ)ツグ(追いっく)ようにヘガネバマネ(急がねば駄目である)。

細やかな配慮は、一つのトメ(堰)からの取水を同じヘゲを通して各自の田へ入れる際に強く働く。田植え後から収穫前の九月中旬に水を落とすまでの間ずっとだ。

トメから自分の田に水をヘル(引用者注:入れる)には、ヘゲの上流の田のメナグズ(水口)を操作しなければヘルことができない。上流や下流の田で水を入れているときは、その田が終わるまで待つか、話し合いでトメを更に高くして水を多く流し、その多くなった水の量ぐらいを自分の田にヘル。……(中略)……また、隣などの田がニスル(煮干る。乾く)程、水が少なくなっているときは、その田にも水が入るようにしながら自分の田にもヘル。お互いだから、このようにしたことがわかると、相手もこちらに事情があるとき、返してくれる。これらによって仲よくすることができるが、隣の田はどうであっても自分は関係ないと勝手に水を入れるときなど、アゲの操作もせず、エガラガス(溢れさす)ことがあって争いになる。(同)

こうしたつながりを称して、研究者たちは、「公」と「私」の間に「共」という独自の世界が形成されてきたことを認める。津軽の人々の「共」の世界がどのようなものであるか、特に、「実の世界」で育まれた人と人の関係が「虚の世界」での祭りごとやそれを遂行する組織などとどのように関連し合っているかは興味深いが、詳細な検討は私の手に余る。

象徴的な場所—水口

一枚の田には必ず水の入口と出口があり、その調節で田の水位を調節する。水口にはさまざまな工夫が凝らされる。水位調節の板をはめる角落としを付ける。段差のある田で水勢を落とすよう藁や石を組んだりビニール袋などを張る。山間地で谷の冷水を引く場合は、七曲がりにして太陽熱で温める。一枚の田の中で水が動くよう上流は左、下流は右と、交互に水口を設置する、など。

こういう細心の注意が払われる水口は水田の最も重要な施設であり、だからこそ特別な場所とされる。水口での祭りは稲作の早い時期から現れ、儀礼用の土器や生贄として猪を供えた痕跡が発見されている。儀礼は現代までなお続く。水口に竹の棒、葦の茎、小正月に豊凶を占った粥占(かゆうら)の粥かき棒、ヤマブキやツツジの花などが挿される。木造町では、水口にご飯や魚、酒を供えて祀る。田植えの日には、水口に家の主人が田に入る前に御神酒を流し、おこわを供えて拝む。また、田の畔(くろ)で藁火を焚く。

特に苗代田の水口は、その年の稲に最初に水がかかる場所で、田の神を迎える場所、水田とカミの世界の架け橋として神聖視される。津軽では、いかにも菰の覆う地域らしく、葦を苗代田の中央に二、三本、×や∧の形に立てる。苗の伸長で田植時を知らせる目印(苗印)だが、田の神の依代(よりしろ)となる。

田の水にまつわる儀礼は菅江真澄も目にしている。

> 田のくろのゐせきのほとり水口のあたりには、虫をくりしたるもろもろの虫のかたしろを、わらもていと大につくり、に(引用者注:丹=赤く)ぬりて木の枝につけて立るを、見る人の虫さへ腹のうちにおどろきぬ(べ=脱)し。
>
> (『外浜奇勝』)

寛政八（一七九六）年六月二九日の中里で、水口という大切な場所で行う虫除けの儀礼である。そして、ちょうど二年後の同じ日、今度は深浦の堰を見て歌を詠んだ。

かくておなじみわだ（引用者注：流れ）を里近うわけめぐり出て、田井に水ひきわたす井堰の水際に、しら幣のさしたるを、おしうごかしたゝずみて、

みそぎするわざこそなけれそこひなくこゝろもきよしやま川の水　（同）

分水路の脇に御幣が挿され、そこに田の神が来る。神の性格や姿、信仰の実態を紹介するいとまはないが、ともかく、人力の及ばない世界、観念の世界を象徴するカミのことだとして差し支えなかろう。

農業用水を巡る伝説

人柱

水口よりもっと大きな水利施設ならば、伝説や信仰が生まれてくるのも当然だ。全国各地で広く見られるものの一つは人柱伝説である。津軽の二つの大きな堰に人柱伝説がある。まず、岩木川本流にかけられた一一ヶ堰の最上流、杭止堰の伝説から。

文明四（一四七二）年（元和年間〈一六一五～二四〉ともいわれる）の春、取水口の閉塞か決壊か、ともかく工事用に積んでいた石俵や土嚢が豪雨のために押し流され、工事が中断した。見かねた神官川崎権太夫は、旧暦四月二六日、白装束を身につけ、白馬に乗って現場に向かう。激流に身を躍らせ、人々を励まして川底に身を伏せた。彼を人柱としてさすがの難工事も完成したので、水下六ヶ村の人々は深く感謝し、権太夫を堰神として祀った。娘真手女もその後父を追うように入水した。晴れた日には川底に砂を引いた跡のような筋が見え、娘が父に着せる布をさらしているのだといわれる。

川崎権太夫額絵（杭止神社）

堰神として祀られた権太夫は、岩木町にある杭止神社に入水の絵姿が額絵（絵馬）として記憶に留められている。ここでは毎年五月一八日、権太夫への報恩感謝の念を込めて満水祈願祭が催される。

藤崎町の堰神社にもある。菅江真澄が寛政九（一七九七）年五月二七日に訪れた。

> 藤崎にいづるに福田の神といふみやどころあり。そのゆへはとへば、黒石のほとりの境松といへる処に、堰八村とて、田井に水ひく八ながれの堰あり。そこに、さもらひ（引用者注：見張り小屋）を建て守れども、いとあらき水のためにおしやれて、いつも成ることのかたければ、堰八太郎左衛門といふもの、ふ、われき

堰八太郎左衛門額絵（堰神社）

く、世に人柱といふためしあり、さりければ水をさむるにやよけんと、あめにいのり、つちにちかひして、慶長十四（引用者注：一六〇九）年己酉四月十四日、つるぎのごとき井杭のさきをわが腹につき立て、いで、うてよとて井杭とともにうたれ埋れて、塘つき柳植てよりは、露のさはりもなう（引用者注：少しの水害もなく）、千町の面に水ひくことのやすげに得たり。その太郎左衛門がみたまを神と斎ひ祭りて堰八明神と唱へ、福田の神とも堰神とも申奉る。

（『都介路迺遠地』）

刀のような杭を自らの腹に立てて人々に「これを打て」と命じた。鮮やかに彩色されたリアルな人柱の額絵を見て、人々は記憶を新たにする。毎年旧四月一四日、取水初めに神楽を奉納して報恩感謝の念を表し、その年の水の安定を願う。

全国各地に人柱伝説がある。よくあるのは、泣く泣く身を沈めたり、たまたま通りかかった母子を無理に追いやったり、「袴に継ぎの当たった者をやれ」などと提案した当人に結果的にお鉢が回ってきたりするものである。

それらに比べると、青森の二つの伝説は、自らの意志で行う誠に勇ましい「義人」伝説だ。同じような例は岡山県の児島湾干拓（沖田新田）にあり、最も困難な最後の潮止めの際、備前藩家老津田永忠の女中、おきたが自ら進んで人柱になり沖田神社に祀られた。

津軽の人神

<table>
<tr><th>人神化の時期</th><th colspan="2">人　神　化　の　契　機</th><th>例</th></tr>
<tr><td rowspan="3">生　　前</td><td>一時的</td><td>神霊の降臨・憑依</td><td>イタコ</td></tr>
<tr><td rowspan="2">永続的</td><td>霊能を持つカリスマ的指導者</td><td>赤倉山などの行者、新宗教の教祖</td></tr>
<tr><td>権威や霊威を崇め祀る</td><td>津軽信政(高照神社)、坂上田村麻呂</td></tr>
<tr><td rowspan="2">死　　後</td><td colspan="2">怨霊を鎮め祀る</td><td>(御霊神…見当たらない)</td></tr>
<tr><td colspan="2">生前の名望を讃え、徳行をしのんで祀る</td><td>川崎権太夫(杭止神社)、堰八太郎左衛門(堰神社)</td></tr>
</table>

注：『現代民俗学入門』の長谷部八朗原図を参考に作成

義人は神として祀られて「人神」となる。おきたもそうだし、大規模な農業用水の開削者も各地に祀られている。人神にはいくつかの類型があるようだが、津軽には表のような例がある。

逆　堰

もう一種、逆堰伝説が興味を引く。はるか上流の堰から取水した水を山腹に沿った水路で導くことがしばしばある。地形によっては付近を流れる沢水などの流れと逆の方向に水が流れることがあり、低い方から高い方に流れているように錯覚してしまう。逆堰あるいは逆さ水とは一般にそんな水路をいう。

岩木山麓の集落鬼沢(弘前市)に伝わる逆堰は、大人(鬼のこと)と弥十郎の伝説に由来する。この堰について菅江真澄は、ここに田を作ろうと水乞いの祈りをしたとき一夜のうちに山の水が逆に流れ出して堰ができ、山田に水が入ったと伝える(『津可呂の奥』)。

鬼沢の逆堰は、途中に昭和九(一九三四)年に完成した奈良寛溜池が余剰水を貯留する仕組みになっている。そのほとりには「誓約碑」が建てられ、「(鬼)神ノ恵澤ヲ永遠ニ子々孫々ニ傳へ」る誓約が石版に刻字された。石碑は昭和二五(一九五〇)年

鬼が使うような巨大な農具が奉納され、2、3尺もある鬼面や長さ1尺2寸、幅4寸の鉄製鍬形、7升も入る大盃などが神社の宝物とされている。

鬼神社の奉納額

五月一二日の日付を持ち、この時代においてもなお伝説が息づいていることを示す。元の鬼沢村三三三人役を継承した水利組合会議員が利用権を持つこともここに由来する。なお、鬼沢集落の鬼神社には、本殿の周囲に、大人が使うにふさわしい巨大な鎌や鍬が奉納されている。

逆堰伝説は車力村の袴潟にもある。また菅江真澄の筆を借りる。「田のくろのゐせきのほとり水口のあたり」で丹塗りの虫が腹の虫を驚かせたのと同じ日の出来事である。

田草ひく女の、手あらひ休ひて猶かたりていふ、……（中略）……今は、ふたもゝとせの昔にや過なん、弘前より来て、坂本八郎兵衛とて、よろづこよなうかしこき人なるが、この古寺、古城の辺に、田佃り家居せばよけんといふを人聞て、水はいづこよりか引もてこん。坂本、この袴潟より逆におとすべしといふを人聞あざみて（引用者注：あざけり）、おこなる（引用者注：バカな）ことか、世に、さかさまに水ひきおとすためしやはあると、をとがひをはなちて笑ふ。われ水引えずば、此はかまがたに身をしづめんとちかひて引たりける水の、今もさかさせきとて水ながれ、人集りて田作り、村となり、まさごとなんいひそめしかど（引用者注：栄えたが)、近き世となりては、車力の村とおなじう名のるなどいひて、ふと田におりぬ。(『外浜奇勝』)

バカなことだと顎が外れるほど大笑いされて、できなければ潟に身を沈めようと誓った坂本八郎兵衛は、川崎権太夫や堰八太郎左衛門と同類の「義人」だろう。とすれば、この伝説は、さきの二つの人柱伝説と同様の性格を持つように思える。

所変われば……

津軽と似た水土文化は他の地域でも知られる。「守護神としての動物」の項でふれたウンナン神は、宮城県栗原郡を中心に北上川や迫川、江合川流域に密に分布する。旧仙台藩の新田開発と軌を一にして波及し、用水安定と洪水回避を目的として祀られた。水害多発の元凶を鰻とする伝説があり、真言系僧侶や巫女が媒介して伝播したことなど、河童vs鰻、カミサマvs僧侶・巫女と、役者こそ異なるものの、水虎信仰と同じ構造を持つ。

河川の付近には水神がよく見られるが、東京の葛飾南部地域(江戸川区域内)にも水神群がある。ここは江戸川や荒川の氾濫原で、現在は市街地となっている。以前は津軽でいう萢の状態を呈する低湿な水田農業地域だった。幕府直轄領で豪農が新田開発を行なってきた地域であり、東葛飾領下小合村に設けられた小合溜井(現在の水元公園)から引く用水の最下流に位置するため、用水不足が常に生じていた。新川などの運河を含む大小の水路や、江戸川の派川、支川が複雑に通じていたが、津軽地域の多条並列水路ほどの複雑な形態と慣行は見られなかった。

水神塔
（東京都江戸川区中央４丁目）

江戸川区には四二の水神塔もしくは水神社がある。三〇～七〇cm程度の石祠で、「水神宮」と刻まれたものもある。用水のほか水運の安全を願う神でもあり、神社に移設されたものも元来水路のほとりに祀られ、水神講が組織されていた。津軽地域と同様、最近まで六月もしくは旧六月に祭事が催され、区の登録無形民俗文化財として残存する講もある。

水死は河童によるとの口承はここにもあるが、地域の東側を区切る江戸川沿岸地域に限られる。正月、川岸に牛の絵馬を立てて松飾りや供物を供える風習がある。牛に付くノミが河童の好物とされ、これを捧げることで子供の水死事故の回避を願った。

水土文化の差異は、おそらく生業・生活における水田の比重の差に求められる。この地域では、地名を冠した小松菜のような蔬菜の産地化が江戸期から進み、その後も上流部では蓮根や花卉栽培と金魚養殖が、海岸付近では貝類・海苔養殖が導入され、湿地は早くから積極的に利用するか克服する場所と観念され、用水路とも比較的疎遠だった。洪水のおそれが重大な関心事だったが、対応する伝承は河童よりは蛇の方が優勢である。

文化は変容を続けるのが常であるが、水路のような施設は鑑賞に供される遺産ではないから、生産のために持続的に更新され、高度化されるという特質を持たざるをえない。それで伝統的な姿から現代へと時代時代の農業の変化に応じて水土文化も変容し、時には機能優先か環境保全かといった問題も派生してくる。

葛飾南部地域ではこうした変容が顕著だった。市街地化が急激に進み、水運は道路交通に取って代わられた。水神塔が祀られた水路や小河川は、戦後農業用水の機能を失って汚濁雑排水の単なる受入先に、つまり人や伝承から切り離されたモノだけの存在となった。水質浄化と居住環境の向上のため、これらの水路は、都内でいち早く一九七〇年代前半から、親水公園や親水緑道へと変貌した。子供たちの水しぶきの傍らで、かつて切実な願いが込められた石塔は、所在なく佇むばかりだ。

伝説が生まれる場所

一本の水路であっても、大事にしてきた人々の想いをまとう。ありふれたもののように見えるが、さまざまな伝説・伝承が、人々が水に対してどんな想いを託してきたかを浮かび上がらせる。開拓の歴史であり、工事や水利調整の苦労であり、時には怪異であったりする。それが関係する人々にとっての水路の意味であり、水の意味である。

意味は繰り返し語られ、記憶されて定着する。伝説を持つ場所には人々の記憶が留まる。柳田國男は言う。「傳説には必ず動かぬ證據、又は記憶を新たにするだけのシルシが、土地の上に根をさして居る」(『口承文藝史考』)と。水利施設は、まさしく人々の営為の記憶、「シルシ」そのものではないか。

そして、伝説の生まれやすい場所というのがある。柳田は、伝説が「最も多いのは木と石、池沼淵川橋峠等に伴なふのだが、もっと複合したものでも家の先祖、村の草分け、宮や堂の創建者、然らずんば一つの行事、一つの事物の根源等を説く」(同)と言う。彼の監修になる『日本伝説名彙』では、所載の伝説約三千二百件のうち、水に関わるものは六五〇件ほどに及ぶ。片言隻句で気が引けるが、この「池沼淵川橋」に注目したい。すべて水との接点、水辺である。

水辺と伝説との親近性は、その昔、江戸でも浪花でも描かれた『名所図会』あるいは『百景』の類の多くが「水景」といわれる風景を題材にしていたことでもわかる。名所の「名」は伝説によって創られる。名所は寺社が立地する場でもあった。伝説＝物語は「聖」をも生み出す。そもそも物語は「もの」と「語り」からなり、「もの」は霊（タマ）で、タマはホトケからカミとなっていくから、カミの世界とは近い。それで、水辺はこうした寺社を通して、エッジ、境界としての性格のみならず、農の神、水の神の聖地としての性格も併せ持つのである。

また、神社の「社（やしろ）」は「屋代」である。「代（シロ）」は、見えない情報を人々に見えさせる装置（メディア）を意味し、カミの代理物となる。「代」と出会うときに人々は何かを感じる。それで、「代」を充実させること、斎場（さにわ）として大事にすることによって、異界と現実世界のコミュニケイションの端緒とした。シロの付く言葉、「形代」や「依代」はまさにカミに関係する。水田の苗代も、田の神が降り立ち特別の祭りがなされる。

水辺は地形の縁（へり）（エッジ）、陸地と水界との境界である。物理的なエッジは心理的にもエッジとして区別を際立たせ、イメージ形成に大きな役割を果たす。境界もまた物語を生む。この世とか現実生活の世界とは違う「異界」や「他界」に対して、人は恐れやあこがれを抱く。境界は「向こうの世界」の住人と出会える場所であり、「未知との遭遇」から物語はスタートする。くぐり抜けて行き来もできる。津軽のヤマとサトとの境界では鬼の物語が生まれた。陸地と水界の境界には河童が出現し、河童と通じて生まれた子供が棄てられる。

さらに、「傳説はあたかも北海の霧が、寒暖二種の潮流の遭遇から生ずるやうに、文化の水準を異にした二つの部曲の、新なる接觸面に沿うて現れやすい」(『史料としての傳説』)とも柳田は言う。私の関心からは、「文化の水準」は「技術の水準」と等しい。さきの伝説は人柱も逆堰も、困難を極めた難工事の場面だった。数ある人柱伝説を工法の名前や内容の反映だと主張する論者もいる。河童が技術者だという説も含め、土着の技術で解決できなかった課題を解決し成功に導いたのは、新技術(工法)、あるいは卓越した技量を持つよそ者、異界からの来訪者=異人だったかもしれない。

伝説を媒介に、景観となって現れる事物や土地に対して地域の人々がどんな想いを託したかがうかがえる。諸事物がまとう思いを明らかにすることによって、地域への理解が深まる。記憶を同じくする集団の維持・形成や地域のアイデンティティの確立、それらを資源化した地域づくりなどにとっても、基礎的で重要な作業である。さらには、見失われた伝統的な文脈を再生したり新たな文脈に置き換えたりして、より高い段階への飛躍を図ることができよう。

「場」としての伝説

現代技術の範囲は、物自体と客観化された知識に限られる。これに対し、自然を人工物で克服することが困難だった時代には、人の身体やその能力に付随した(体化された)「技能」が重要だった。技能は経験に基づいて個人の属性としてしか顕れない。対象を認識するための「見る眼」も、施設を使いこなす「体で覚える」熟練も、言葉で表現・伝達しようとしても困難だ。

江戸時代、水土に持続のための知恵を縦横に働かせ、地域に固有な資源を基盤とする生産力が高度に発展した。自然を改変しきれなければ手を替え品を替え、また多様に組み合わせ、制約を補った。個人の力量を超えた共通の目標に対しては、集団で対応するべく知の共有が不可欠だ。

言葉での表現・伝達が困難な技能の獲得に、他人がしたのと同じ体験を共有する「場」が重要となる。場とは特定の場所や時間であり、特定の（場面での）他者との関係でもある。場の共有が繰り返されて慣行や習俗となり、繰り返されることによって各人に関心や意識が共有されていく。

狭い意味での「技術」に対する「技能」ということにとどまらない。農業に関わる技術が自然や人生に埋め込まれてきた、すなわちムラの中で生産と生活、慣行、信仰などが堅く結びつけられていた社会にあっては、技術の習得も人生の一ステージとなっていたといえるのではないか。一人前をずっとやってきて、やがては「ヨノナカジイ」などになっていく。場の必要性は「ヨノナカジイ」に象徴されるような「世の中」全般にわたっていく。農業（技術）の世界では、作物を育てる力は自然にあり、時には荒れて実りを破壊してしまいもする自然を鎮め、自然に従いつつ恵みを最大限に引き出すよう、自然を神格化し、祈りと祭りを欠かさない。行事は共同で行われたから、生産と生活、慣行、信仰などがムラの社会的関係の中できわめて堅く結びつけられていた。古い世代から新しい世代へ眼も手も頭も、要するに知といえるもの一切が伝えられ継承された。そうして持たれる場の共有がまた、ムラの共同性を維持することにもなった。

場の共有といえば、これまで伝説と昔話の概念の区別にこだわらず河童を巡る物語を見てきたが、かつて昔話は語り手と聴き手がいて場が成り立っていた。だが、そうした関係や場のしつらえ（囲炉裏端から公開の語り部へ）などをはじめ、語りの場の状況が大きく変化したり消滅してきた。しかしそれでも物語は人と人との関係である。「カタル」の語は「話をする」や「だます」の他に「参加する」という意味も持ち、今でも九州地方などでそういう意味に使われる。広くいえばコミュニケイションの方法ということである。

水虎様は、同じ物語を語って同じ悩みを共感し、同一の物語が集団の苦悩を解決していった例である。近世から近代にかけて、飢饉や不安定な生活を解消するための新田開発の成果は完全なものとはいえず、水不足も洪水も、水路での水死事故の頻発も人々に共通した深刻な苦悩として残っていたから、その苦悩への対応として、水を司る神の化身であり、祀り上げ神格化することで悪さをしなくなる河童の物語が選択され、人々の苦悩を解消し心の安定を得させていくのだった。

人生の意味づけに際して、伝説や物語は有効なメディアとなっていたと思われる。いわば「共感の場」として選ばれた物語はさらに強められ広まっていく。

伝説の機能

そういう地点から、哲学者、野家啓一が言うところまではほど近いだろう。

……柳田が口承文芸あるいは物語を一種の「教育装置」ないしは「世代間コミュニケーション」の手段として考えていたことを指摘した。もちろんこれは、「経験の解釈装置」としての物語の機能と背馳するものではない。すでに物語文の考察において示唆したように、物語られた経験は絶えざる解釈を通じて生活世界の下層に沈澱し、やがては「規範」に転化することによってわれわれの生活形式を形づくるのである。それゆえ、物語の伝承は生活形式の再生産を制御する装置とも言うことができる。柳田は「文学は同時代人の間の一つの連鎖であるとともに、親や祖父母との交感の手段でもあった」（引用者注：『口承文藝史考』）と述べているが、彼が口承文芸を共同体の記憶と経験とを伝承する不可欠のメディアと考えていたことはまぎれもない。だとすれば、「物語の衰退」は同時に「経験の衰退」をも意味するはずである。

（『物語の哲学』）

農業に関わる技術が自然や人生に埋め込まれ、農業生産活動にとって重要な働きをする施設は、生活や信仰の上でも重要な働きをすることが多い。だから水利施設は、カミが降臨する場所としてふさわしい。そうした聖なる場所を清浄に確保するとともに、施設の安全を子供たちに注意させるためには、現代ならさしずめフェンスで固めて入れなくしてしまうところだが、往時は脅しとして河童が使われた。「メドツが出るぞ」の看板はその名残りである。そのような直接的な「教育装置」として機能する背景には、河童伝説の生態で述べたように、水への恐れと恵みの相反する感情が隠されていた。

鬼沢の逆堰では、誓約碑の文言は「この水利権は大人から受けたものである」と他の集落に対して宣言している、とも読める。実際、岩木山のわずかな沢水を巡って、集落間（たとえば鬼沢と隣接する貝沢）で争奪戦が繰り広げられたらしい。藤崎堰の場合も、勝手な想像ながら、伝説の記憶を毎年新たにするため、神楽奉納に他の堰の代表を連座させることにそういう意図が働いていたように思えて仕方がない。

さらに、経験から転化した「規範」が水口や水路など水のかけ引きを巡って厳然と作用していることにもふれた。個人と個人、集団と集団（あるいは集落と集落）などの間の利害調整を円滑にするために伝説が機能していることは重要である。

ここで脱線のようだが、河童よりもマイナーな妖怪「赤舌」について触れておこう。近年人気のある江戸後期の画家、鳥山石燕（とりやませきえん）『画図百鬼夜行』に出てくる。毛深い獣の口には大きな舌が見え、背後の黒雲から出た手には鋭い爪がある。注目すべきは、こいつが乗っているのが木製の水門らしいことだ（水門のない図もある）。冒頭のメドツ談義の際、南部地方でだが、メドツを「水門（戸）霊」とする解釈があった。そのことも思い出されて興味深い。

原図に解説がなく、さまざまな解釈を呼んできた。赤舌は津軽の妖怪で、水門を開けてしまうという悪さを働くとされる。この説は根拠薄弱らしいが実に興味深い。その悪さで水争いを解決したともいわれる。厳しい対立の緩和装置として赤舌が現れた（あるいは使われた）としたら、話ができすぎだろうか。

赤舌
（鳥山石燕『画図百鬼夜行』より）

三　水虎様の水土文化——新たなる〈知〉に向けて

水土文化と〈地霊（ゲニウス・ロキ）〉

これまで漠然と「場所」という語を使ってきた。まとまりを持った地表の一定の広がりをさす「地域」

の他に、「空間」と「場所」という用語がある。それらはおおよそのところ、「空間」が計量可能で広がりを与える側面が強調されるのに対して、「場所」は価値や意味、感情をまとった性格や特定の位置を強調したイメージを持つ。のっぺりとした空間に境界や禁忌といった人為的な裂け目が生じ、何か特別な意味を持ち始めるとき、空間が場所に変わる、というように使い分ける。伝説は空間を場所に変えるし、「居心地のいい場所」などはこうして生まれる。

ある場所が他の場所と区別できるのはその場所のアイデンティティによる。それを構成するのは、①物質的要素（地形、気象、建造物など）と②人間の活動（運搬、生産、消費など）、それに③意味（清浄、倦怠、複雑さ、不明確さ、明白さ…）の三つの要素であり、これらの配合が醸し出すユニークさ、「場所性」が重要視される。

この三要素とは別の次元に〈ゲニウス・ロキ〉なるものがある。元はラテン語で、「地霊」とか「土地の精霊」、「土地の気風」などと訳される。さきの三要素の単純な総和ではないし、基本要素が変化しても永続することができるとされる。狭い地域の風土（精神的な意味を強くした）、土地が引き出す霊感や連想、可能性、磁場というような意味だ。風土 climate という語が古代ギリシャの“klima”「傾く」という意味から生まれたように、その地点（地域）での特異な傾向というもの、あるいは独特の場所性、「そこらしさ」を表すといえようか。伝説類は、まさしく豊かな地霊の産物である。

地名も伝説の一部、したがって文化の精神的要素の一部と考えることができる。木造町の「木造（作）」は、軟弱地盤の上に木材を敷いて道を造ったことに由来するが、地名の中に記憶が刻みつけられている例は津軽にも事欠かない。この場合、地名を口にするたびに人々の艱難を顕彰している、と言ってもおかしくない。

本書では、津軽を例にとり、新田地帯に独特な水虎様という民間信仰を糸口にして、人々の想いにできるだけ接近しようと試みてきた。それは地霊を追い求める旅だったともいえようか。そこで見たのは「水虎様を生み出した地域構造」が解く次のような姿だった。

津軽の人々の死者に対する想いから成立したこの信仰は、広大な氾濫原であった平野の新田開発を背景にしていた。藩の旺盛な新田開発は津軽平野を人の住める沃野に変えたが、立村された新田村は、一方で排水の悪い萢に囲まれるとともに常に河川の氾濫に見舞われ、他方流域面積に比べて開発面積が大きく用水不足も深刻だった。用水の効果的な配分や排水のためには、多条並列水路のように錯綜する水路網が不可避だった。河童伝説と現実の水死事故はこうした人々の不安が生み出したものであり、不安を解消し、心の安定を得るために具体的な信仰の対象を求めた結果、水虎信仰が成立したのである。

これは水虎様の信仰が信仰として現実のものであった時代の話である。現在、メドツ伝説も、水虎様の祭りごとも、現代技術の波に呑み込まれて風前の灯火であるかのように見えてしまう。だが、地霊のどこかに水土の知の産物、すなわち水土文化が関わってきたといえるのではないか。たとえば、同じような潟湖起源を持つ日本海側の平野なりを比較してみれば、共通性も独自性も明らかになるだろう。

地霊を分解したり、どこにある、そこにないと言っても始まらない。でも、求めることを誘ってやまない魅惑的な探究ではないか。

「よいかげんな知」としての化け物は進化する

場所の観念で、「ここ」と「ここでない所」の区別は決定的だ。これをもう少し広げて内(ウチ)と外(ソト）としてみる。関係は内に濃く、外は無限の縁辺に向かって薄くなる。この世から異界、あの世へと遠ざかると同時に、関わりもまた遠く薄くなっていく。異界との境界、ぼぉっと薄れた領域に現れるのが河童のような妖怪、化け物だ。

化け物は進化する。物理学者でエッセイストでもあった寺田寅彦の言葉である（「化物の進化」）。彼は言う。「人間文化の進歩の道程において発明され創作された色々の作品の中でも『化物（ばけもの）』などは最も優れた傑作と云わなければなるまい」と。科学で認識できることの外側には化け物の領域がある。世の中を説明するのに、化け物は巧妙な作業仮説、つまり科学の仮説・理論と同等な説明のためのしかけだと言うのだ。バカなことと思われる向きもあろう。だが、「化物がないと思うのはかえって本当の迷信である。宇宙は永久に怪異に充ちている」（同）。最先端の宇宙物理学の世界でも、正体不明の「ダーク」がある。宇宙は何でできているか。我々が知っている陽子や中性子など観測されている物質は全体の約五％にすぎず、その五〜六倍を未知の物質（暗黒物質（ダークマター））が占め、残り七〇％近くはダークエネルギー、正体不明のものだという。光やX線、赤外線などの電磁波での観測では見えないから「暗黒（ダーク）」なのだ。

科学が進歩すると、見えなかった領域が見えて説明できるようになる。「きちんとした知」（後に述べる）の領域に繰り込まれ、前の時代に化け物として不可知の領域に押し込められてきたものがそうでなくなる。しかし、その外側にはまだ、さらに化け物の領域が広がっている。次の時代にはまた同様の知の拡大がある。と、その外側には化け物の領域がある。「要するにあらゆる化物をいかなる程度まで科学で説明しても化物は決して退散も消滅もしない。ただ化物の顔貌がだんだんにちがったものとなって現われるだけである。人間が進化するにつれて、化物も進化しない訳には行かない。しかしいくら進化しても化物はやはり化物である」（同）。こうした追いかけっこのような道行きが「化物の進化」なのである。

ここで教育学者、認知科学者の渡部信一による「よいかげんな知」を持ち出す。「よいかげんな知」は、「いい加減」ではなく、「いいあんばいに調整された知」ということだ。

彼はロボット操作の研究で、命題文の集合では対応できない場面に遭う。赤信号では止まれ、青になったら曲がれ、とは教えることができても、そこに歩行者がいたらとか、横にバイクがいたらなどという事態には臨機応変な判断と動作が求められる。ロボットではそういうことが条件文の束でしか指示できず、その数はほとんど無限に達してしまう。「融通がきく」とか「臨機応変」とかいうのは、命題文の集合である「きちんとした知」をはみ出し、不可能なのだ。そんな経験から生まれたのが「きちんとした知」に対する「よいかげんな知」である。「きちんとした知」にそれがつかみきれないプラスアルファが加わる。そんなイメージだ。

技術も同じだ。知の姿は多様である。あらゆる時代・地域で体系化されたハンドブックが存在している（いた）わけではないし、現代の体系化された技術も一時代の歴史の産物である。万人が使用できるようなノウハウとして体系化された知（ハンドブックや技術基準）は「きちんとした知」で、いわば知の精髄に当たる。その底辺には、体系とまで行かなくともある程度整理された知があり、そのまた基礎には、実践的ではあるが整理されない状態にある知が厚く横たわっている。現場の課題解決のために臨機応変に動員されるのは、往々にしてそんな未整理の知である。熟練とかカンとかいうのも、言葉で表現できないし、ましてやマニュアルでは教えられない性質のものだ。さらには、現代の狭義の「技術」というカテゴリーには入らないような、別の様態の知もあるだろう。技術に限らず、今は「きちんとした知」が必要以上に浸透しているのではないか。

「よいかげんな知」におけるプラスアルファの部分、それは進化する化け物の領域に近い。化け物そのものについても、実在するかどうかでなく、重要なことは、存在していると考えるのかどうかという問題である。存在を信じ必要とする人々の想いを大切にしたい。直観でないと感じられないものを見逃すべきではない。その人にとってのモノ／コトのリアリティ、人間にとっての意味であるからだ。化け物はそういう意味に通じている。

地霊だってそうだ。「きちんとした知」の科学では分解し解明できないプラスアルファが残るはず。分解するよりも感じたい。水虎様の水土文化の世界は、そうした「よいかげんな知」への扉の一つである。

地霊のゆくえ

水土文化という視点から、次のようなことが見えてきた。

①　水田や農業水利施設は建造技術だけが云々されがちであるが、現実の姿はそれだけにとどまらず、人的要素、精神的要素にも深くかかわってきた。

②　その特質は、自然の圧倒的な力の前に、その恵みを引き出し、祭りごとを行なって鎮めて暮らすという、生活の中に固く組み込まれてきた農業にその基礎を置くことに由来している。

③　人的要素は、水田を巡る水の連続性が人と人のつながりを生み出すことから生じている。

④　精神的要素は、端的にはカミの降臨場所と伝説の付与に現れている。

⑤　②～④の総合として、農業水利施設は伝説を生み出す場の一つであり、地域の中に確固とした場所を持っていると同時に、伝説は施設を維持し、利害を調整していく教育やコミュニケイションのメディアとなってきたことがしばしば見られる。

水土文化は地域の人々に大きな意味を持っている地域の性格づけ（地霊）に関わっており、その一例として扱った津軽の水虎様は、新田村の地霊が生み出した信仰といえる。

現在はどうか。地霊が従来のままではありえないことは確かである。②にあるように、農業は環境を完全に人間の思いのまま制御してしまえず、自然と切り離せないが、技術の性格は近代という重大な変化点を通過しきっていて、単純に後戻りできなくなっている。洪水や旱魃のおそれはあるものの、そのことが壊滅的な打撃を生産に、ましてや生活には与えなくなってきている。自然の要素は、生活から切り離された生産という場面の一要素にすぎなくなっている。

人と人との関係についても、均質な農家群が変容し、個人の自由な水のかけ引きを可能とする施設への要請とも相まって、かなりの社会的関係が重大な変化を被っている、といわざるをえない。たとえば利害調整は、集団同士の抗争や会合など人的な要素よりも、水量の確保を前提として、極力分水工や制御システムなどの施設で対応するようになってきた。技術の習得は、伝説の受け入れとも、人生上での意味を確認することなどとも、まったく関連を失ってしまった。伝説自体も機能を喪失している。

要するに、現代が技術と認識している純工学的な側面以外は、ほとんどすべてがいわゆる「文化財」扱いを受けることになってしまっている。カミはもちろん、人々の人生における意味を問い、何らかの方向づけを与えることは他の領域の仕事でしかない。

意味のない問いを発することになるかもしれないが、水虎様に象徴される水土文化全体を解体するに任せ、工学技術に特化していいものだろうか？　だが、この問いに対して、万人が納得する正解はおそらくないだろう。

まずは、「環境とのつき合い方」と最大限にとった文化の定義に含まれるもののうち、何が現代に生き、何を伸ばし、何を変えなければならないか、その精算をきっちり行うことが必要だと思う。

多くの研究者が指摘するとおり、まず思い浮かぶものに、用水配分を巡って形成された、「公」と「私」の間に存在する「共」の世界がある。水口を巡る細やかな配慮による人々のつながりに見たとおりだ。それは今後も水土文化が生んだ一つの資産となっていくだろう。そこから生じる人的組織、情報の共有形態、環境や社会に関する倫理など、派生する諸問題は、混迷する現代にあって、新たな光を受けて輝くことだろう。

また、地霊が生み出した水土文化を「文化財」としてお蔵入りにせず、活かしていくことも一つの道だろう。民俗学者や民俗芸能研究者が批判するフォークロリズムというのは、民俗行事をたとえばまちおこしの一端として役立てることである。だが、他人が、民俗を成り立たせてきた環境条件の変化に目をつむり、民俗を支える心だけは変質すべきでない、などと押しつけることはできない。新しい文脈で生きること、活かせることだって少なくないはずだ。豊かな発想や連想に基づく文脈の換骨奪胎、果てはリノベーションまで、「よいかげんな知」の働かせどころではないか。

柳田が「教育装置」としたように、地霊が生み出したもの、つまり施設とそこにまつわる各要素を丸ごと情報の新しいシロ(デバイス)として活用することができよう。それは伝承のあり方を変えることになるのか。遊び場や水棲生態系の観察空間に改築された水路は、確かに現代のニーズに即している。木造町でも、排水路の一部が河童をモチーフとした小公園を兼ねる。現に使用されている施設は、また異なる意味を持つ。現物を前にすれば、伝承の持つ記憶・教育装置としての機能は圧倒的である。木造町では、藩政期から現在に至る農業水利施設が小学生の体験学習に活用されたことがあり、水虎様もその文脈で発見の感動をもたらしていた。「新田木造郷土カルタ」も、新田開発や水虎様、十和田様の札で伝承の更新に役なじみらしい。

立っている。最近、高校生により、水虎様の総本山ともいえる實相寺で像を見て住職から説明を受ける街歩きツアーも始まっている。ちなみに、若い世代には「水虎」は「妖怪ウォッチ」に出現する妖怪としてなじみらしい。

つまり、水土文化をシロ＝媒介にしたコミュニケイションが地域内外でできるようになり、地域の人々が寄るべを持とうとするのに役立つだろう。とすれば、物語の生きている社会は時代遅れではないのかもしれない。新しい物語社会は、新しい組み立て方によって実現する。

ここに場所の創出という課題が関わってくる。人間は空間の中で活動する。活動は経験となり、意味を産出する。それらの累積が空間を多様性と意味によって特徴づけられた特別の場所に変える。他方、何の感情も湧かせない、どこにでもあるような〈地理学者は「没場所性」という〉空間がある。現代に求められているのは、没場所性を脱し、アイデンティティを有する〈本物の場所づくり〉である。

地霊が語らせる意味は、繰返し語られて定着する。地霊もまたその逆に、「らしさ」が強化される。意味の反映である語りをまとう水土文化はさまざまなメディアであり、本物の場所づくりのために大きな可能性を秘めている。

【同・柏村】					
70. 上派立	水虎	木像河童型	有	水 路 脇	
71. 桑野木田	水虎	木像河童型　　3体	有	神社境内	正八幡宮
【北郡・板柳町】					
72. 牡丹森	水虎	木像河童型　　1対	有	集落境界	馬頭観音敷地に併設
73. 高増	水神	石像女神型		神社境内	鹿島神社
74. 館野越	水虎	石像女神型	有	神社境内	鹿島神社
【同・金木町】					
75. 藤枝	水神宮	石像女神型		溜 池 脇	
〈所在不明のもの〉					
・嘉瀬	水虎			神社境内	八幡宮
【同・中里町】					
76. 今泉	水神	木像(像容の詳細不明)		神社境内	神明宮
【同・鶴田町】					
77. 沖	水神	木像龍型		神社境内	闇龗神社(石像女神型の2体の記録あり)
78. 廻堰	十和田	自然石		溜 池 脇	戸和田神社
【南郡・藤崎町】					
79. 柏木堰	水虎	石像女神型	有	神社境内	崇染宮
【同・浪岡町】					
80. 相沢	水神	木像河童型　(立像)	有	道 路 脇	二十三夜・百万遍・庚申併設

注：1.「様」の敬称を省略する。
2. 未見のもの、本来別物の十和田様、水天宮なども若干含む。
3. 注釈のない限り、「石像女神型」は浮彫・単体・立像、「木像河童型」は丸彫・単体・座像のもの、数は1体ずつである。
4. 同一タイプのものを同列に並べたものを「1対」とし、それ以外のものは複数扱いとする。
5. 場所の属性が重なる場合、神社と水辺の重複に限り併記する。
6.「所在不明」とは、何らかの記録があるにもかかわらず、現地に見当たらないものをいう。

54. 福富	水虎	木像河童型	有	神社境内	八幡宮
55. 細沼	水虎	木像河童型	有	神社境内	闇龗神社
56. 中派立	水虎	木像河童型	有	水 路 脇	
57. 家調	水虎	石像女神型　双体１体		神社境内	八幡宮
		石像女神型　　　２体			
		石像女神型　（立体型）			
		木像女神型			
58. 前村	水虎	石像女神型		神社境内	胸肩神社
59. 繁田	水虎	石像女神型		公 園 脇	
		石像女神型　（立体型）３体			
60. 繁菟	水虎	石像女神型		堤 防 下	
【同・森田村】 61. 大館	十和田	石版刻字型（文字不明）		溜 池 脇	十和田神社
62. 床舞	水虎	木像女神型		神社境内	八幡宮
63. 山田	水天宮	木像女神型	有	溜池堤上	
64. 漆館	水虎 （水虎大神）	木製お札		神社境内	八幡宮
65. 中田	水虎 （水虎神社）	石像女神型		集落境界	
		石像河童型　（浮彫型）			
66. 吉野	水虎	石像女神型		道 路 脇	
67. 下相野	水虎 （水天宮）	？		神社境内	八幡宮（記録にあるが紛失のため（？）未見）
68. 栄田	水虎	木像河童型	有？	集落境界	馬頭観音敷地に併設
		石像河童型　（立体型）			
〈所在不明のもの〉 ・森田	水神			溜 池 脇	
・上相野	水虎			屋 敷 内	
【同・車力村】 69. 下車力	水虎	木像河童型		集落境界	地蔵・荒神に併設
〈所在不明のもの〉 ・千賀	水虎	木像河童型　（箱型）			

36. 丸山	水虎	石像河童型 （立体型）		神社境内	八幡宮
37. 吹原	水虎	石像女神型 （立体型）		神社入口 溜 池 脇	天満宮
38. 吉見	水虎	木像女神型		神社境内	稲荷神社
39. 千代田	水虎	木像河童型	有	道 路 脇	
40. 菊川	水虎	木像河童型	有	神社境内	稲荷神社
41. 柴田	水虎	木像女神型	有	水 路 脇	
		石像女神型 （立体型）	有		
42. 中館	水虎 （水虎大明神）	石版刻字型	有	水 路 脇	
43. 中館	水虎 （水虎大明神）	木像河童型		水 路 脇	
		木像女神型	有		
44. 濁川	水虎 （仙虎大明神）	木像河童型	有	道 路 脇	
〈所在不明のもの〉 ・越水	水虎			神社境内	武甕槌神社
・下福原	水虎			神社境内	稲荷神社
【同・稲垣村】 45. 千年	水虎	石像女神型	有？	集落境界	百万遍・馬頭観音併設
46. 再賀	水虎	石像女神型 （立体型）		水 路 脇	
	水虎 （水魂神塚）	石版刻字型			
47. 語利	水虎 （水講神社）	石版刻字型		水 路 脇	
48. 語利	水虎	石像女神型		神社境内	稲荷神社
49. 沖善津	水虎	石像女神型	有	神社境内	稲荷神社
50. 吉出	水虎	木像河童型	有	神社境内 水 路 脇	大日霊神社
51. 沼崎	水虎	木像河童型	有	神社境内	稲荷神社
52. 上野田	水虎	木像河童型 2体	有	神社境内	春日神社
53. 沼館	水虎	石像女神型		道 路 脇	
		石像河童型 （立体型）			

22. 川山	水神	石像翁型	有	神社境内	神明宮
		木像河童型	有	河川脇	
23. 鶴ヶ岡	十和田	木像女神型	有	溜池脇	十和田神社
24. 鶴ヶ岡	水神	石像女神型		神社境内	八幡宮
25. 中崎	水神	石像女神型		神社境内	八幡宮
26. 毘沙門	水神	石像女神型		溜池脇	
27. 藻川	水神	石像女神型　（立体型）		神社境内 水路脇	胸肩神社
28. 長富	水神	石像女神型		神社境内	高龗神社
		木像女神型			
〈所在不明のもの〉 ・高野	水神	石像女神型　（立体型）		神社境内	広峯神社
・持子沢	水神	石像		神社境内	香取神社
・梅田	水神	石像女神型　（立体型）	有	神社境内	熊野宮
・豊成	水神	木像		神社境内	稲荷神社
・神山	水神	石像			
・神山	水神	石像女神型　（立体型）		神社境内	闇龗神社
	水虎	木像河童型	有		
・七ツ館	水神	石像女神型		神社境内	八幡宮（記録にあるが未見）
・桜田	水神	石像		神社境内	鹿島神社
【西郡・木造町】 29. 千代町	水虎 （水虎大明神）	木像河童型	有	寺院祭壇	實相寺
30. 千年	水虎	木像河童型　1対	有	水路脇	（2016年には實相寺に保管）
31. 永田	水虎	木像河童型　1対	有	水路脇	
32. 小林	水虎	木像河童型　1対	有	水路脇	
33. 林	水虎	石像女神型　（立体型）	有	水路脇	
34. 筒木坂	水虎	木像河童型　1対	有	神社境内	大山祇神社
35. 館岡	水虎	木像河童型	有	神社境内 溜池脇	八幡宮

〔別表〕

水虎様・水神様

所在地	名称	形態	彩色	場所	備考
【五所川原市】					
1．羽野木沢	水神	石像女神型	有	神社	磐余神社
2．俵元	水神	木像女神型		神社境内	天満宮
3．中泉	水神	石像女神型		神社境内	稲荷神社
4．広田	水神	石像女神型　双体１体 石像女神型　２体		神社境内	神明宮
5．富枡	水神	石像女神型		集落境界	百万遍併設
6．水野尾	水神	石像女神型		神社境内	稲荷神社
7．稲実	水神	石像女神型		水路脇	
8．二本柳	水神	石像女神型　（立体型）		道路脇	百万遍・馬頭観音・龍神・庚申・二十三夜・弘法大師併設
9．姥萢	水神	自然石陰刻		神社境内	稲荷神社(陰刻は埋設され消滅)
10．湊	水虎	木像河童型	有	神社境内	胸肩神社
11．元町	水神	石像女神型		神社境内	八幡宮
12．石岡	水神	石像女神型		道路脇	
13．唐笠柳	水神	石像女神型		集落境界	馬頭観音併設
14．米田	水神	石像女神型　（立体型）		水路脇	
15．米田	水神	石像女神型　（立体型）	有	神社境内	稲荷神社
16．川代田	水神	石像女神型　２体	有	溜池脇	
		石像女神型　（立体型）	有		
17．小曲	水神	石像女神型		集落境界	地蔵・百万遍併設
18．田川	水神	石像女神型	有	神社境内	八幡宮
		石像女神型　（立体型）	有		
19．高瀬	水神	石像女神型		溜池脇	（龍神ともいう）
20．高瀬	水神	石像女神型　４体	１体有	神社境内	熊野宮
21．種井	水神	石像女神型　２体	有	神社境内	熊野宮

あとがき

本書は、「まえがき」にあるような経緯で生まれた。大方の部分は旧版どおりほぼ二〇年前の内容で、その後の探索で得られた知見を終章を中心に加えている。近年、戯れに「水土文化研究家」などと名乗るようになったのは、この旅を端緒とした彷徨のゆえである。

国の農業土木職の公務員には転勤がつきものである。青森への赴任は家族が同行し、ともに楽しい記憶を積み重ねた後、国へ帰任後は根拠地を東京に定めた。幸か不幸か、異動は根拠地を離れることが少なく、ただ名古屋市と奄美群島の徳之島へだけ単身で赴任することとなった。異動先では往々にして喜ばしいモノ／コトに出逢う。津軽の水虎様は格別だったが、彼地でもまた、幸運といえる出逢いを経験した。

名古屋には〈黒鍬〉、「農業土木技術者」の源流とでもいうべき存在があった。詳しく述べるいとまはないが、黒鍬は徳川幕府の役職名(それ以前は工兵)、石工、出稼ぎ(タビする)土工(土木技術者)、そして名称の元となる農具としての大型鍬と、河童と似てさまざまな顔を持っている。名古屋を離れてからの数年、多彩なイメージにたゆたう楽しい探究の時を過ごした。

そして徳之島。柳田國男が古き日本の痕跡が「国の南北端」に残ると考えたのもさもありなんの事実があった。かたや水田単作かリンゴ栽培、かたやサトウキビ作を主体に畜産と野菜の複合経営が営まれる水田皆無の畑作地域と、一見津軽と徳之島では〈水土〉の特徴は大いに異なっている。だが、山川草木に宿る諸々のカミ、生者とカミないし死者とを媒介する巫女など、共通する要素が見られる。

なかでも、本土の河童に類似するケンムン話が最高だった。平成二三(二〇一一)年八月に奄美大島で「第一回奄美ケンムンふぇすた」が開かれ、群島各所のケンムン遭遇者(!?)が体験談を披露し合うシンポジウムがあった。ケンムンのものかと疑われる足跡が浜辺にあれば新聞記事になる。さらには、懇意になった家族と食事中、「○○(集落)の△△ちゃん、この前ケンムンに化かされて、一晩中海岸通りを歩かされたんだって」という話題がごく普通に交わされていた。さすがに仰天したが、顧みれば津軽でカミサマが身近におり、人々の悩み解消のうえで現実に機能していることと事情は同じなのかもしれない。

ケンムンはガジュマルの大木に棲む「木の者(ケンムン)」とも、「化(ケ)の物」に由来するともいわれる妖怪で、大島と徳之島でそう呼ばれる。他の島では別の名を持ち、沖縄のキジムナーとも近い。「化の物」から明らかなように、不思議な出来事を帰すには格好の存在である。津軽で水の魔物や不可思議、特に厄災をメドツのしわざとしてきたのと同じ心性によるものと思われる。青森と徳之島、奇しくもこの二極の地に赴任できたことは実に幸運だった。

そして改めて思う。こうした事象に対して心を開くことができるようになったのは水虎様のおかげだと。

繰り返しとなるが、本書旧版の「あとがき」に記した実情に変わりはない。本書は文献や事象をとりあえず整理したにすぎず、調査報告として見れば不十分なものである。専門的な訓練を受けた人なら必ず行うような手順を踏んでいないし、詳細な聴き取り調査には時間がなさすぎた。好事家の単独行はしばしば迷い道に入り込み、独断や誤謬、論述の詰めの甘さが多々あるに違いない。至らなさの反省はきりがない。

青森の人なら自明だが他の地方の人にはわかりにくい事柄に対しては、一応解説を加えたつもりである。

しかし、青森の常識を無意識に前提としていたり、間違った印象を与えたりしたことを恐れる。県内外のどちらに対しても中途半端になっているとしたら、それも力不足のせいだ。

そしてとりわけ、アプローチに別のやり方があったのではないかという想いが拭えない。本文中にも記したように、個々のモノ／コトに細かな蘊蓄を垂れるのではなく、人々の想いにもっと寄り添える手法がなかったのかと。だが、突き詰めれば、こんな書物にするよりも、人々とともに祠に対面し、合掌してさまざまな願いをただ念ずるしかないのかもしれない。


菅江真澄の遊覧記はじめ、文献の引用はできるだけ原文で行なった。読みにくいとの抵抗があるだろうが、それも読書の楽しみというのが私の主義だ。ご容赦願いたい。

真澄の遊覧記には随所で心を打たれた。今の私というよりも、二〇年前に青森を去るときに特に惹かれた一節がある。間山祐真という人との別れの場面だ（『都介路迺遠地』寛政九〈一七九七〉年五月二六日）。

克明な日記をつけている真澄に向けて祐真が、あなたが故郷へ帰って行かれると、みちのくの風俗を詳細に描いた記録を皆が珍重して読むことでしょうと、「道奥のそとがはまべの真砂路にかずかずのこる水くきのあと」と詠んだ。それに対し真澄が返す。


人な見そ外がはまべのまさごぢにつけしちどりのあともはづかし

真澄になぞらえるのはおこがましい限りだが、離青寸前の私の気持ちも同じだった。この外ヶ浜（青森）での「はづかし」い探索の「あと」を、誰かがもっと丹念にたどってくれることを、現在もなお心から願っている。

本書が再び日の目を見るのは、津軽書房の伊藤裕美子さんのおかげである。行政資料ではなく一冊の「書物」とするに当たり、大いにお世話になった。他にもお礼を述べなければならない方々は多い。まずはきっかけを作って下さった元北方新社の二部洋子さん、そして元青森県職員の船越和幸さんと素子さん。旧藩都、弘前でのそぞろ歩きの宵、弘前城の満開の桜景色が思い浮かぶ。くっきりと満ちた月光の下、えも言われぬ風情は新古今歌人の象徴詩を想起させた。また、元上司の気ままな探索行に度々つき合って下さった田中孝明さん。調査当時、水虎様を管理しておられた方々も。皆さんに深く感謝の意を表す次第です。

二〇一六年一一月

著者識

参考文献

・著者の五十音順で、単著、編著、連名の順とした。また、重複は除き、最も前の参照箇所で整理した。

I

青森県文化財保護協会　津軽の農書（みちのく双書　第三六集）　一九九三　青森県文化財保護協会
青森縣廳　青森縣方言訛語　一九〇八　青森縣
池田彌三郎　まれびとの座　一九六一　中央公論社
池田彌三郎　空想動物園　一九六七（池田彌三郎著作集　第五巻　身辺の民俗と文学　一九七九　角川書店所収）
石川純一郎　新版　河童の世界　一九八五　時事通信社
石田英一郎　新版　河童駒引考（岩波文庫）　一九九四　岩波書店
内田武志　菅江真澄の旅と日記　一九七〇　未来社
内田武志・宮本常一編　菅江真澄全集　第一巻　日記一　一九七一　未来社
内田武志・宮本常一編　菅江真澄全集　第三巻　日記三　一九七二　未来社
岡田一二三　みちのく南部の方言　一九九六　伊吉書院
岡野弘彦　折口信夫の晩年　一九六九　中央公論社
岡野弘彦　折口信夫の記　一九九六　中央公論社
折口信夫全集刊行会編纂　折口信夫全集三　古代研究（民俗学篇二）　一九九五　中央公論社
折口信夫全集刊行会編纂　折口信夫全集一七　春来る鬼・仇討ちのふおくろあ（民俗学一）　一九九六　中央公論社
折口博士記念古代研究所編　折口信夫全集　ノート編　第六巻　一九七二　中央公論社
香川雅信　江戸の妖怪革命　二〇〇五　河出書房新社

河童連邦共和国監修　日本のかっぱ　一九九一　桐原書店
木村国史郎　津軽森田村方言集　一九七九　文芸協会出版
工藤隆昌　折口信夫と青森八、一〇、一一　一九九八（東奥日報夕刊一九九八年三月六日、二〇日、二七日）
工藤白龍　津軽俗説選（青森縣叢書　第一編）　一九五一　青森県圖書館青森縣叢書刊行會
国立歴史民俗博物館・常光徹編　河童とはなにか　二〇一四　岩田書院
小舘衷三　水神・竜神　十和田信仰（青森県の文化シリーズ八）　一九七六　北方新社
小松和彦　憑霊信仰論（講談社学術文庫）　一九九四　講談社
坂本太郎他校注　日本書紀　上（日本古典文学大系六七）　一九六七　岩波書店
佐々木浩材　河童―青森（妖怪のこころ三）　二〇〇七（毎日新聞朝刊二〇〇七年八月九日）
佐藤政五郎編　南部のことば　一九八二　伊吉書院
渋澤敬三　祭魚洞雑録　一九三三（渋澤敬三著作集　第一巻　一九九二　平凡社所収）
渋澤敬三　東北犬歩当棒録　一九五五（渋澤敬三著作集　第三巻　一九九二　平凡社所収）
嶋田義仁　稲作文化の世界観（平凡社選書一七五）　一九九八　平凡社
菅江真澄　菅江真澄遊覧記一（東洋文庫五四　内田武志・宮本常一編訳）　一九六五　平凡社
菅江真澄　菅江真澄遊覧記二（東洋文庫六八　内田武志・宮本常一編訳）　一九六六　平凡社
菅江真澄　菅江真澄遊覧記三（東洋文庫八二　内田武志・宮本常一編訳）　一九六七　平凡社
菅沼貴一編　青森県方言集　一九三六　青森県師範学校
太宰治　津軽（新潮文庫）　一九五一　新潮社
多田克己　河童進化論　季刊怪　第参号　一九九八　角川書店
寺島良安　和漢三才図会六（東洋文庫　四六六　島田勇雄・竹島淳夫・樋口元巳訳注）　一九八七　平凡社
中市謙三　野邊地方言集　一九二〇（一九七五　国書刊行会復刊）

中村禎里　狸とその世界（朝日選書四〇〇）　一九九〇　朝日新聞社
中村禎里　河童の日本史　一九九六　日本エディタースクール出版部
鳴海助一　津軽のことば　上・下（第一巻〜第一〇巻の合本製本版）　一九六九（初版一九五七）〜七三（同六〇）　津軽のことば刊行委員会
鳴海助一　続津軽のことば　上・下（第一巻〜第一〇巻の合本製本版）　一九六三〜七一　続津軽のことば刊行会
能田多代子　青森県五戸方言集　一九八二　国書刊行会
平尾魯仙　谷の響　付合浦奇談（青森県立図書館郷土双書一）　一九六九　青森県立図書館
平山輝男他編　現代日本語方言大辞典　第二巻　一九九二　明治書院
広瀬伸　文化としての農業土木　農業土木学会誌六九巻二号　二〇〇一
松木明　弘前語彙　一九八二　弘前語彙刊行会
宮田登他　神と仏（日本民俗文化体系　第四巻）　一九八三　平凡社
山口昌男　河童のコスモロジー（講談社文庫）　一九八六　講談社
柳田國男　定本柳田國男集　第二七巻　一九七〇　筑摩書房
柳田國男　妖怪談義（講談社学術文庫）　一九七七　講談社
和田寛編　河童伝承大事典　二〇〇五　岩田書院
若尾五雄　河童の荒魂　一九八九　堺屋図書
和田寛　河童の文化誌　平成編　二〇一二　岩田書院

Ⅱ

青森県教育委員会　津軽半島北部山村振興町村民俗資料緊急調査報告書　一九七〇　青森県教育委員会
青森県教育委員会　下北半島山村振興町村民俗資料緊急調査報告書（第二次）　一九七二　青森県教育委員会

青森県教育委員会　むつ小川原地区民俗資料緊急調査報告書（第一次）　一九七三　青森県教育委員会
青森県立郷土館　青森県の民間信仰（青森県民俗資料図集　第三集）　一九七六　青森県立郷土館
青森県立郷土館　鶏沢・有畑・浜田の民俗（青森県立郷土館調査報告第七集・民俗‐四）　一九八〇　青森県立郷土館
青森県立郷土館　小田野沢の民俗（青森県立郷土館調査報告第一四集・民俗‐七）　一九八三　青森県立郷土館
青森県立郷土館　青森県山村民俗調査報告書‐一　世増・畑内の民俗（青森県立郷土館調査報告第二四集・民俗‐一二）
　一九八九　青森県立郷土館
赤坂憲雄　山の精神史　一九九一　小学館
稲田浩二・小澤俊夫責任編集　日本昔話通観　第二巻　青森　一九八二　同朋舎出版
内田邦彦　津軽口碑集　一九二九（日本民俗誌大系　第九巻　東北　一九七四　角川書房所収）
大島建彦編　河童（双書　フォークロアの視点一）　一九八八　岩崎美術社
大野智也・芝正夫　福子の伝承　一九八三　堺屋図書
小倉肇編　津軽方言地図　一九八八　津軽書房
葛西覧造　女鹿澤村誌　一九四〇　農誠會
川合勇太郎　ふるさとの伝説　一九七〇　津軽書房
菊地元衛　津軽信政公事績　一八九八（一九三六再版　乳井龍雄）
北沢得太郎　河童の行方（郷土誌　北奥文化　第六号　一九八五　北奥文化研究会所収）
北沢得太郎・鈴木喜代春編　ほらと河童と雪女（日本の昔話一六）　一九七九　未来社
櫛引八幡宮編　南部一之宮櫛引八幡宮　一九八八　櫛引八幡宮
倉石忠彦他編　日本民俗誌集成　第二巻　東北編（一）　青森県・岩手県　一九九七　三一書房
坂本吉加　津軽の伝説一（青森県の文化シリーズ二五）　一九八六　北方新社
佐々木喜善　奥州のザシキワラシの話　一九二〇（日本民俗誌大系　第九巻　東北　一九七四　角川書房所収）

佐々木達司　昔話の周辺　一九九五　青森県文芸協会出版部
積雪地方農村経済調査所　三本木開拓誌　中巻　一九四五(一九七九「三本木開拓誌」復刻刊行会復刊)
千葉徳爾　田仕事と河童　信濃一〇巻一号　一九五七(大島建彦編前掲書に所収)
鶴田町誌編纂委員会　鶴田町誌　下巻　一九七九　鶴田町
虎尾俊哉監修　青森県の地名(日本歴史地名大系　第二巻)　一九八二　平凡社
中道等　奥羽巡杖記　旅と伝説　第二巻九号　一九二九(一九七八　岩崎美術社復刻所収)
中道等　奥隅奇譚　一九二九　郷土出版社
中道等　十和田村史　下巻　一九五五　十和田村
奈良岡弘治　青森県のトンボ類　'七七　一九七七　私家版
日本昔話学会編　昔話の比較(昔話—研究と資料—一六号)　一九八八　三弥井書店
能田多代子　能田多代子著作集　一九六七　津軽書房
野呂善造　河童を負かしたメコ鷹の話　民間伝承　第一九巻第二号　一九五五
原美穂子　遠野の河童たち　一九九二　風琳堂
森山泰太郎　津軽の民俗(郷土を科学する　第一集)　一九六五　陸奥新報社
森山泰太郎　北のフォクロア　一九九一　北方新社
森山泰太郎編著　陸奥の伝説　一九七六　第一法規
柳田國男監修　民俗学研究所編　日本民俗圖録　一九五五　朝日新聞社
山口恵一郎編集代表　日本図誌大系　北海道・東北Ⅰ　一九八〇　朝倉書店
六ヶ所村史編纂委員会　六ヶ所村史　下巻Ⅱ　一九九七　六ヶ所村史刊行委員会
和歌森太郎編　津軽の民俗　一九七〇　吉川弘文館

☆　☆

三戸地方の民話今昔二　東奥日報朝刊一九九七年六月二一日
津軽のお寺さん(下)　一九七七　東奥日報社
日本の民話　第二巻・東北Ⅰ　一九七九　研秀出版

Ⅲ

青森県編　動物分布調査報告書(哺乳類)(第二回自然環境保全基礎調査)　一九七九　青森県
青森県教育委員会　青森県民俗分布図(緊急民俗資料分布調査報告書　昭和五〇年度)　一九七六　青森県教育委員会
青森県警察史編纂委員会　青森県警察史　下巻　一九七七　青森県警察本部
青森県土地改良史編纂委員会　青森県土地改良史　一九八九　青森県農林部
秋本吉郎校注　風土記(日本古典文学大系二)　一九五八　岩波書店
網野善彦他編　海・川・山の生産と信仰(日本歴史民俗論集七)　一九九三　吉川弘文館
池上良正　津軽のカミサマ　一九八七　どうぶつ社
池上良正　民俗宗教と救い　一九九二　淡交社
石川純一郎　地蔵の世界　一九九五　時事通信社
板柳町地名調査会編著　板柳町の生い立ち　一九九五　板柳町役場
伊藤幹治　稲作儀礼の研究　一九七四　而立書房
稲垣村教育委員会　稲垣の民俗信仰(稲垣村民俗信仰調査報告書・一)　一九九二　稲垣村
稲垣村教育委員会　稲垣の民俗信仰(稲垣村民俗信仰調査報告書・二)　一九九三　稲垣村
稲垣村教育委員会　稲垣の民俗信仰(稲垣村民俗信仰調査報告書・三)　一九九五　稲垣村
今西佑一郎校注　蜻蛉日記(岩波文庫)　一九九六　岩波書店
大島建彦編　民間の地蔵信仰　一九九二　渓水社

貝森格正　津軽年中行事（青森郷土会編　郷土誌うとう　第一九号　一九三七（一九八五　国書刊行会復刊）所収）
籠瀬良明　津軽平野の多条並列灌漑水路　東北地理　第三〇巻第一号　一九七八
籠瀬良明　大縮尺図で見る平野　一九八八　古今書院
加藤慶司　津軽の神社一〇〇〇社一覧　一九九六　私家版
菊地利夫　新田開発　上巻　一九五八　古今書院
菊地利夫　続・新田開発―事例編　一九八六　古今書院
木造町教育委員会　「新田木造郷土カルタ」をよりどころにした木造町誌　一九八九　木造町教育委員会
工藤睦男編　木造町史　近世編　上・下巻　一九八四、八七　木造町
庚申懇話会編　日本石仏事典（第二版）　一九八〇　雄山閣出版
小舘衷三　岩木山信仰史（青森県の文化シリーズ二）　一九七五　北方新社
小舘衷三　津軽の民間信仰（教育社歴史新書〈日本史〉一七九）　一九八〇　教育社
小林秀雄　新訂・小林秀雄全集　第五巻　ドストエフスキイの生活　一九七八　新潮社
櫻井徳太郎　日本シャマニズムの研究　下（櫻井徳太郎著作集　第六巻）　一九八八　吉川弘文館
笹森新一　岩木川左岸地区かんがい排水事業の農家説明会から　農村整備　第四五号　一九九七　青森県農業土木技術連盟
佐藤常雄他校注・執筆　津軽農書案山子物語・農業心得記・やせかまど（日本農書全集三六　地域農書一）　一九九四　農山漁村文化協会
佐野賢治　虚空蔵菩薩信仰の研究　一九九六　吉川弘文館
車力村史編纂委員会　車力村史　一九七三　車力村役場
石仏石塔研究会　五所川原地方の石仏・石塔　上・下巻　一九八二、八三　石仏石塔研究会・歴史と風土の会
高橋秀雄・成田敏編　祭礼行事・青森県　一九九三　桜楓社

高松敬吉　巫俗と他界観の民俗学的研究　一九九三　法政大学出版局
津川武一　巫女・イタコ　一九八九　民衆社
常光徹　学校の怪談　一九九三　ミネルヴァ書房
東北農政局西津軽農業水利事業所　西津軽事業誌　一九八一　東北農政局西津軽農業水利事業所
豊島勝蔵編　森田村誌　上巻　一九八〇　森田村教育委員会
豊田武・藤岡謙二郎・大藤時彦　流域をたどる歴史二　東北編　一九七八　ぎょうせい
中山慧照　全国石佛石神大辞典　一九九〇　リッチマインド
日本石仏協会編　日本石仏図典　一九八六　国書刊行会
農業土木学会編　農業土木史　一九七九　農業土木学会
農林省農地局　昭和三二年度岩木川水系農業水利実態調査書(第一分冊)　一九五九　農林省農地局
野田正彰　喪の途上にて　一九九二　岩波書店
野田正彰　災害救援の文化を創る(岩波ブックレットNo.三六〇)　一九九四　岩波書店
長谷川成一編　北奥地域史の研究　一九八八　名著出版
長谷川成一編　「虫おくり」フォーラム報告書　一九九五　五所川原市
長谷川政春他校注　土佐日記・蜻蛉日記・紫式部日記・更級日記(新日本古典文学大系二四)　一九八九　岩波書店
八戸市博物館編　「かっぱ展」展示図録　二〇一六　八戸市博物館
平田貞雄　青森県の動物たち　一九八五　東奥日報社
福士貞蔵編　津軽平野開拓史　一九五一　五所川原町公民館
藤崎町誌編さん委員会編　藤崎町誌　第四巻(地誌)　一九九六　藤崎町
松浦静山　甲子夜話続篇三(東洋文庫三六九　中村幸彦・中野三敏校訂)　一九八〇　平凡社
三浦貞栄治他　東北の民間信仰　一九九一　明玄書房

三浦義雄　青森・米作りの方言　一九九六　北の街社
水木しげる　水木しげるの妖怪事典　一九八一　東京堂出版
南方熊楠　南方随筆（南方熊楠全集　第二巻　一九七一　平凡社所収）
宮家準　宗教民俗学　一九八九　東京大学出版会
宮田登　妖怪の民俗学（同時代ライブラリー）　一九九〇　岩波書店
宮田登　江戸のはやり神（ちくま学芸文庫）　一九九三　筑摩書房
村上健司　妖怪ウォーカー　河童の巻　季刊怪　第参号　一九九八　角川書店
山田宗睦　日本書紀史注　巻第一　一九九七　風人社

Ⅳ

大橋力　情報環境学　一九八九　朝倉書店
沖中千津留　江戸川区の水神様　水の文化　三八号　二〇一一
斎藤卓志　稲作灌漑の伝承　一九八七　堺屋図書
佐野賢治他編　現代民俗学入門　一九九六　吉川弘文館
品川弥千江　岩木山　一九六八　東奥日報社
陣内秀信　東京の空間人類学　一九八五　筑摩書房
鈴木博之　東京の［地霊］　一九九〇　文藝春秋
坪井洋文他　村と村人（日本民俗文化体系　第八巻）　一九八四　平凡社
寺田寅彦（千葉俊二・細川光洋編）　怪異考／化物の進化（中公文庫）　二〇一二　中央公論新社
トゥアン、イーフー（山本浩訳）　空間の経験　一九八八　筑摩書房
鳥山石燕　画図百鬼夜行　一九九二　国書刊行会

中岡哲郎　現代テクノロジーの素性と基本性格（岩波講座　転換期における人間七　技術とは　一九九〇　岩波書店所収）
中岡哲郎　人間と技術の文明論（NHK市民大学　一九九〇年一月 - 三月期テキスト）　一九九〇　日本放送出版協会
鳴海邦碩・橋爪紳也編著　商都のコスモロジー　一九九〇　TBSブリタニカ
農業土木学会　〝農業土木のビジョン〟新たな〈水土の知〉の定礎に向けて　二〇〇一　農業土木学会
農業農村工学会『水土を拓く』編集委員会編　水土を拓く　二〇〇九　農山漁村文化協会
野家啓一　物語の哲学　一九九六　岩波書店
野本寛一　稲作民俗文化論　一九九三　雄山閣
畠山篤　岩木山麓の水利伝承　地域総合文化研究所紀要（弘前学院大学・短期大学）　第九号　一九九七
ノルベルグ＝シュルツ、クリスチャン（加藤邦男・田崎祐生訳）　ゲニウス・ロキ　一九九四　住まいの図書館出版局
樋口忠彦　日本の景観一九八一春秋社
広瀬伸　現代水土考　農業土木学会誌七〇巻六号　二〇〇二
広瀬伸　水土と語られた歴史　農業土木学会誌七一巻三号　二〇〇三
広瀬伸　水土文化遺産研究の地平　農業土木学会誌七三巻一号　二〇〇五
藤崎町誌編さん委員会編　藤崎町誌　第一巻（古代～近世）　一九九六　藤崎町
船水清　津軽新風土記　わがふるさと（一）　弘前市・中津軽郡編　一九八〇　北方新社
古島敏雄他解題・校注　耕作噺・奥民図彙・老農置土産・菜種作リ方取立ケ条書・除稲虫之法（日本農書全集一）　一九七七　農山漁村文化協会
松本雄一　組織と技能　二〇〇三　白桃書房
柳田國男　定本柳田國男集　第四巻　一九六八　筑摩書房
柳田國男　定本柳田國男集　第五巻　一九六八　筑摩書房

柳田國男　定本柳田國男集　第六巻　一九六八　筑摩書房
柳田國男　定本柳田國男集　第九巻　一九六九　筑摩書房
リンチ、ケヴィン（丹下健三・富田玲子訳）　都市のイメージ　一九六八　岩波書店
レルフ、エドワード（高野岳彦他訳）　場所の現象学　一九九一　筑摩書房
若尾五雄　金属・鬼・人柱その他　一九八五　堺屋図書
渡邉紹裕・広瀬伸　〈水土の知〉に見る技術　水土の知（農業農村工学会誌）七九巻九号　二〇一一
渡部信一　超デジタル時代の「学び」　二〇一二　新曜社

広瀬　伸（ひろせ・しん）

1955年大阪市生まれ。水土文化研究家。京都大学で農業工学及び人文地理学を学んだ後、1979年に農林水産省に入省。東京都内及び関東地方の本省や関係機関のほか、福岡県筑後地方、岡山県笠岡市、青森県、鹿児島県奄美群島などで勤務し、2015年に退官。著書に、『大地への刻印』（共著、学研・公共事業通信社、1989）、『水土を拓く』（共著、農山漁村文化協会、2009）など。

水虎様（すいこさま）への旅（たび）
——津軽（つがる）の水土文化（すいどぶんか）

二〇一七年一月二〇日　発行

定価はカバーに表示しております

著　者　広　瀬　伸

発行者　伊藤裕美子

発行所　津　軽　書　房

〒〇三六―八三三二
青森県弘前市亀甲町七十五番地
電　話〇一七二―三三―一四一二
FAX〇一七二―三三―一七四八

印刷／㈲ぷりんてぃあ第二
製本／㈱エーヴィスシステムズ

乱丁・落丁本はおとり替えします

ISBN978-4-8066-0233-0

お岩木様一代記

坂口昌明 編

桜庭スエイダコの口述を竹内長雄が採録。これを編者が原文と対訳解説で蘇らせ残す近世津軽女語りの至宝。新書判九五〇円

神と仏の再発見
―カミノミクスが地方を救う―

長部日出雄

地方活性化のために全国19の神社寺院にまつわる物語を墨絵とともに読んで巡ろう。出雲大社、法隆寺、熊野三山、円覚寺、**岩木山神社、明治神宮、高千穂神社、伊勢神宮他**　二〇〇〇円

棟方志功の原風景

長部日出雄

「世界のムナカタ」の全貌が没後40年を経て明かされる。作品百四十三枚を観賞しながら読める決定版の愛蔵本。三二〇〇円

〈価格税別〉

続津軽の文化誌

松木　明
松木明知

〈目次より〉津軽地方におけるアイヌ語地名の研究、津軽の言葉のことなど、津軽民俗の会のことなど、旧制弘前高等学校のこと、青森県と森鷗外、津軽の医史。

〈A5判上製　三八七頁〉三三九八円

津軽の文化誌Ⅲ

松木　明
松木明知

〈目次より〉山口少佐と八甲田雪中行軍遭難事件、ねぶたの起源と呼称、一般津軽語彙。

〈四六判上製　三〇一頁〉二三〇〇円

津軽の文化誌Ⅳ
―明治、大正、昭和前期の医療事情

松木明知

〈目次より〉（明治）小山内建と「打聴診法便覧」　明治前半期における青森県の医学校　佐々木文蔚と前田魯平　『帝國醫籍寶鑑』、『日本杏林要覧』、『日本醫籍録』に見る青森県の医師　東奥日報紙に見る病理解剖　佐藤忠雄のドイツ留学とレントゲン装置の導入　全身麻酔下の開腹手術二例ほか　（大正）大正三年の森林太郎軍医総監の来弘と弘前軍医分団会ほか　（昭和前期）謎の注射薬「テルラピン」　御下賜金による救療問題ほか

〈A5判上製　三三三頁〉三〇〇〇円

津軽の文化誌Ⅴ
―幕末期の医学・医療事情

松木明知

〈目次より〉弘前藩医桐山正哲の生涯とその業績　弘前藩医渋江抽斎とその系譜　津軽と牛痘種痘法　津軽における華岡青洲の弟子たち　弘前藩士山崎半蔵と蝦夷地の壊血病　廃藩置県前後の弘前藩の医者たち　弘前藩医伊東春昌のオランダ外科修業　謎に包まれた医者星弘道について　女医戸田某のことほか〈A5判上製　三六一頁〉三〇〇〇円

〈価格税別〉